Kohlhammer

Religionspädagogik innovativ

Herausgegeben von

Rita Burrichter
Bernhard Grümme
Hans Mendl
Manfred L. Pirner
Martin Rothgangel
Thomas Schlag

Band 24

Die Reihe „Religionspädagogik innovativ" umfasst sowohl Lehr-, Studien- und Arbeitsbücher als auch besonders qualifizierte Forschungsarbeiten. Sie versteht sich als Forum für die Vernetzung von religionspädagogischer Theorie und religionsunterrichtlicher Praxis, bezieht konfessions- und religionsübergreifende sowie internationale Perspektiven ein und berücksichtigt die unterschiedlichen Phasen der Lehrerbildung. „Religionspädagogik innovativ" greift zentrale Entwicklungen im gesellschaftlichen und bildungspolitischen Bereich sowie im wissenschaftstheoretischen Selbstverständnis der Religionspädagogik der jüngsten Zeit auf und setzt Akzente für eine zukunftsfähige religionspädagogische Forschung und Lehre.

Claudia Gärtner (Hrsg.)

Religionsdidaktische Entwicklungsforschung

Lehr-Lernprozesse im Religionsunterricht initiieren und erforschen

Verlag W. Kohlhammer

1. Auflage 2018

Alle Rechte vorbehalten
© W. Kohlhammer GmbH, Stuttgart
Gesamtherstellung: W. Kohlhammer GmbH, Stuttgart

Print:
ISBN 978-3-17-034461-7

E-Book-Format:
pdf: ISBN 978-3-17-034462-4

Für den Inhalt abgedruckter oder verlinkter Websites ist ausschließlich der jeweilige Betreiber verantwortlich. Die W. Kohlhammer GmbH hat keinen Einfluss auf die verknüpften Seiten und übernimmt hierfür keinerlei Haftung.

Inhalt

Vorwort 7

I. Einblicke 11

Claudia Gärtner
Einführung in Fachdidaktische Entwicklungsforschung aus religionsdidaktischer Perspektive 11

Claudia Gärtner
Auferstehungsvorstellungen in Auseinandersetzung mit einem Kunstwerk entwerfen. Fachdidaktische Entwicklungsforschung entfaltet an einem Forschungsprojekt 31

II. Blickwinkel 83

Theresa Schwarzkopf
Ein Angebot von Fremdheit. Religionsdidaktische Pionierarbeit im interdisziplinären Kontext 83

Nicole Blanik
Von kleiner Lerneinheit zur Unterrichtsreihe: Forschungsmethodische und religionsdidaktische Hürden und Chancen fachdidaktischer Entwicklungsforschung 101

Barbara Strumann
Gewalt und deren Überwindung. Ein verbindendes Motiv zwischen Lernenden und Lerngegenstand 117

David Faßbender
Zyklisches Arbeiten als hilfreiches Gerüst im Forschungsprozess. Ein Werkstattbericht 139

III. Aus- und Außenblick 153

Hubertus Roebben
Learning in Motion. Didaktische Entwicklungsforschung
im Horizont religionsdidaktischer und praktisch-
theologischer Theoriebildung 153

Susanne Prediger
Religionsdidaktische Entwicklungsforschung. Kommentar
zu Chancen und Grenzen eines Forschungsformats 165

Verzeichnis der Autor/-innen 175

Vorwort

Seit einigen Jahren widmet sich die Religionsdidaktik verstärkt der empirischen Forschung. Insbesondere die Subjekte religiöser Lehr-Lernprozesse stehen im Fokus der Studien. So liegen mittlerweile zahlreiche empirische Untersuchungen zu religiösen Einstellungen und kognitiven Konstrukten von Schülerinnen und Schülern vor. Auch Einstellungen und Haltungen von Lehrkräften zu Religion und Religionsunterricht sind bereits einschlägig erhoben. Deutlich weniger werden hingegen religiöse Lehr-Lernprozesse erforscht. Religionsunterricht als mittlerweile zentraler Ort religiösen Lernens ist – wie jeder Unterricht – äußerst komplex, subjekt- sowie kontextabhängig und mit empirischen Instrumentarien nur schwer kontrolliert zu erheben. Aussagen, wie und was dort gelernt wird, wie Lernen und Lehren verbessert werden kann, sind empirisch gesichert nur bedingt zu treffen. Und doch ist es eine Kernaufgabe der Religionsdidaktik, Religionsunterricht und die in ihm stattfindenden Lehr-Lernprozesse zu beschreiben, zu reflektieren und weiter zu entwickeln.

Der vorliegende Sammelband will in diese spannungsreiche Forschungslage hinein einen doppelten Beitrag leisten. Erstens stellen die einzelnen Beiträge Forschungsergebnisse vor, die Einblicke in religiöse Lernprozesse im Religionsunterricht ermöglichen, wobei ein breites Feld an Lerngegenständen und -inhalten abgedeckt wird. Damit will der Sammelband inhaltlich die Erkundung religiöser Lehr-Lernprozesse vorantreiben. Bei der inhaltlichen Breite der Ergebnisse stellt der gewählte Forschungsansatz eine gemeinsame Bezugsgröße dar. Alle Beiträge entstammen der Fachdidaktischen Entwicklungsforschung, näherhin dem „Forschungs- und Nachwuchskolleg fachdidaktische Entwicklungsforschung" (FUNKEN) der TU Dortmund. Der Ansatz der Fachdidaktischen Entwicklungsforschung ist bislang in der Religionsdidaktik wenig verbreitet. Der vorliegenden Band will somit zweitens einen Beitrag zur Rezeption dieses methodischen Ansatzes in der Religionsdidaktik leisten, da dieser – so die zu Grunde liegende These – wichtige Impulse für die Religionsdidaktik liefern kann, insbesondere in Hinblick auf eine enge Verknüpfung von religionsdidaktischer Praxis und Theoriebildung.

In einem einführenden Beitrag stellt *Claudia Gärtner* Grundzüge der Fachdidaktischen Entwicklungsforschung vor und konkretisiert diese religionsdidaktisch. In einem zweiten Beitrag stellt sie eine Studie vor, die im Duktus der Fachdidaktischen Entwicklungsforschung erhebt, wie Schülerinnen und Schüler anhand einer Ikone lernen, eigene Auferstehungsvorstellungen zu entwerfen. Hierdurch wird an einem konkreten Forschungsprojekt das zyklische Vorgehen der Fachdidaktischen Entwicklungsforschung verdeutlicht und eröffnet die Möglichkeit, den religionsdidaktischen Wert und Nutzen dieses Ansatzes zu diskutieren.

Die sich anschließenden Beiträge werfen jeweils unterschiedliche religionsdidaktische Blickwinkel auf die Fachdidaktische Entwicklungsforschung. So beleuchtet *Theresa Schwarzkopf*, die mit ihrem Forschungsprojekt zum Argumentieren Lernen im Inhaltsfeld Auferstehung als eine der ersten die Fachdidaktische Entwicklungsforschung in der Religionsdidaktik anwandte, in ihrem Beitrag, wie sich Religionsdidaktik und eine interdisziplinär ausgerichtete Fachdidaktische Entwicklungsforschung oftmals in Fremdheit begegnen und sich dabei wechselseitig sowohl irritieren als auch bereichern.

Fachdidaktische Entwicklungsforschung setzt – teils in Laborsettings – oftmals bei der Untersuchung kleinerer Lerneinheit ein. In der Religionsdidaktik ist eine Strukturierung und Spezifizierung der Lerngegenstände in kleine Einheiten häufig nur begrenzt möglich und sinnvoll, insbesondere in Hinblick auf kompetenzorientierte Lernprozesse. Daher reflektiert *Nicole Blanik*, welche Herausforderungen der Ansatz der Fachdidaktischen Entwicklungsforschung bewältigen muss, wenn hiermit eine längere kompetenzorientierte Unterrichtsreihe zum Thema Theodizee erforscht wird.

Ein wichtiger Ausgangspunkt Fachdidaktischer Entwicklungsforschung liegt bei der Klärung des spezifischen Lerngegenstandes. Angesichts der starken Subjektorientierung der Religionsdidaktik sowie der Mehrperspektivität religiöser Lerngegenstände gestaltet sich diese Spezifizierung und Strukturierung in der Religionsdidaktik als äußerst komplex. *Barbara Strumann* erkundet in ihrem Projekt, wie anhand von Psalmen Gewalt und deren Überwindung Motiv und Lerngegenstand beim religiösen Lernen von Kindern und Jugendlichen mit Unterstützungsbedarf in der emotionalen und sozialen Entwicklung sein kann.

Im Mittelpunkt des Beitrags von *David Faßbender* steht das zyklisch-iterative Vorgehen in der Fachdidaktischen Entwicklungsforschung. Anhand seines Projekts zur Gleichnisdidaktik reflektiert er die Stärken und Grenzen dieses dynamischen Vorgehens insbesondere in Hinblick auf die Arbeit von Nachwuchswissenschaftler/-innen.

Die Beiträge von *Susanne Prediger* und *Hubertus Roebben* nehmen einen Aus- bzw. Außenblick auf die Fachdidaktische Entwicklungsforschung vor. *Hubertus Roebben* unterstreicht, dass religiöses Lernen immer in Bewegung ist, und betont die zeitlichen sowie räumlichen Dynamiken religiösen Lernens, die in der Fachdidaktischen Entwicklungsforschung zukünftig stärker Berücksichtigung finden sollten.

Susanne Prediger stellt den fachdidaktischen Gewinn der vorgestellten Projekte heraus und nimmt aus einer Außenperspektive die starke Subjektorientierung der Religionsdidaktik wahr. Zugleich betont sie die Fokussierung auf den Lerngegenstand und zeigt auf, wie eine subjektorientierte Gegenstandskonstituierung in der Religionsdidaktischen Entwicklungsforschung möglich ist. Hieraus leitet sie abschließend weiterführende Perspektiven für die religionsdidaktische Entwicklungsforschung ab.

Als Herausgeberin bedanke ich mich ganz herzlich bei allen Autor/-innen, die sich intensiv auf das Buchprojekt eingelassen haben. Ein besonderer Dank gilt auch allen Mitgliedern des Forschungs- und Nachwuchskollegs FUNKEN der TU Dortmund. Ohne den dort gepflegten interdisziplinären Austausch und Dialog, ohne die zahlreichen Diskussionen, Anregungen und Hilfestellungen wären die religionsdidaktischen Projekte nicht in der vorliegenden Form möglich gewesen. Ein herzliches Dankeschön auch an die zahlreichen Mitarbeiter/-innen am Institut für Katholische Theologie der TU Dortmund, namentlich an Jesko Beier, Evelin Grewe, Anna Hans, Jan Herbst und Laura Scheuer, für weiterführende Hinweise, umfangreiche formale Korrekturen und technische Hilfestellungen. Nicht zuletzt gilt mein Dank den Herausgeber/-innen von *Religionspädagogik innovativ* für die Aufnahme dieses Bandes in ihre Reihe.

I. Einblicke

Einführung in Fachdidaktische Entwicklungsforschung aus religionsdidaktischer Perspektive

Claudia Gärtner

1. Problemaufriss: Ein garstiger Graben zwischen Fachdidaktik und Unterrichtspraxis?

„Arbeiten Sie an dem Problem, wie die Fachdidaktiken wieder zusammenbringen, was sie jetzt getrennt haben: Weisheit und Forschungswissen."[1] Mit dieser Aufforderung beendete der Bildungshistoriker Heinz-Elmar Tenorth seinen Eröffnungsvortrag zur Jahrestagung der Gesellschaft für Fachdidaktik 2011. Fachdidaktik zeichne sich durch eine „*Doppelnatur des fachdidaktischen Wissenssystems*"[2] aus, nämlich „von Theoriewissen und Reflexion, von Forschungswissen und der Weisheit des Praktikers".[3]

Blickt man aus Tenorths Perspektive auf die Religionsdidaktik, so scheint seine Problemanalyse dort ebenfalls zuzutreffen: unzählige Praxishilfen und Arbeitsmaterialien für Religionsunterricht und Gemeinde auf der einen und vielfältige, oftmals wissenschaftlich äußerst differenzierte und hoch reflektierte religionspädagogische und -didaktische Modelle bzw. Prinzipien sowie Theorien zu Voraussetzungen, Rahmenbedingungen und Zielen auf der anderen Seite. Hier wird „relativ abstrakt, weil allein auf einer Theorieebene ohne empirische Grundlage, über sogenannte Konzeptionen für den Unterricht diskutiert."[4] Nun wäre es überzogen zu behaupten, zwischen dieser religionsdi-

---

[1] TENORTH, HEINZ-ELMAR: Forschungsfragen und Reflexionsprobleme – zur Logik fachdidaktischer Analysen. In: BAYRHUBER, HORST/U. A. (Hg.): Formate Fachdidaktischer Forschung. Empirische Projekte – historische Analysen – theoretische Grundlegungen, Münster/u. a. 2012, 11–27, hier: 27.
[2] Ebd., 15.
[3] Ebd., 16.
[4] SCHWEITZER, FRIEDRICH: Vom Desiderat zur evidenzbasierten Unterrichtsgestaltung? Lernaufgaben in fachdidaktischer Perspektive am Beispiel Religionsdidaktik. In: RALLE, BERND/U. A. (Hg.): Lernaufgaben entwickeln, bearbeiten und überprüfen. Ergebnisse und Perspektiven fachdidaktischer Forschung, Münster 2014, 23–32, hier: 30.

daktischen Theoriebildung und Praxisentwicklung bestünden keine Verbindungen oder es gäbe hierzwischen keinen Austausch. Gleichwohl zeigt sich hier eine deutliche Lücke, die von beiden Seiten beklagt wird. Zum einen fordern Praktiker/-innen, Studierende und Lehramtsanwärter/-innen eine stärkere Praxisorientierung der Religionsdidaktik ein, zum anderen ist von fachdidaktischer Seite zu konstatieren, dass neuere Entwicklungen und Erkenntnisse kaum ihren Weg in die Praxis finden. So zeigt eine Studie über Lehramtsanwärter/-innen für das Fach Katholische Religionslehre, dass diese im Unterricht das zuvor im Studium Gelernte kaum umsetzen, sondern vielmehr auf subjektive Theorien, Alltagsroutinen und vorgefertigte Unterrichtsmodelle rekurrieren.[5]

Exemplarisch lässt sich dies in der Bilddidaktik beobachten, wo es sowohl zahlreiche theoriegeleitete Bilddidaktiken als auch unzählige Materialien zur Bilderschließung für die Praxis sowie eine äußerst vielseitige Arbeit mit Kunst im realen Religionsunterricht (RU) gibt. Die theoriegeleiteten Bilddidaktiken zeichnen sich zum einen durch eine theologische und didaktische Erschließung von unterschiedlichen Bildwerken, zum anderen durch Entwürfe zu Zielsetzungen und Funktionsbeschreibungen von Kunst im Religionsunterricht aus. Kunst wird dann z. B. das Potenzial zugeschrieben, zu motivieren, theologische Kernthemen zu illustrieren oder problematisieren, als religiöse oder ästhetische Erfahrungsquelle zu dienen, die Ausdrucksfähigkeit der Schüler/-innen (SuS) zu unterstützen, zur existenziellen Sinn- und Wirklichkeitsdeutung beizutragen und zu ermöglichen, (Gegenwarts-)Kultur religiös wahrzunehmen und zu deuten.[6] Inwiefern diese imposante Aufzählung möglicher Lernchancen mit Kunst im RU jedoch realiter eingelöst werden (können), ist bislang nur in Ansätzen erforscht,[7] inwiefern sich hierin – in Tenorths Worten – die Weisheit und Erfahrung der Praxis widerspiegelt, ist fraglich. Umgekehrt ist die Arbeit von Religionslehrer/-innen mit Bildern stark durch subjektive – und eben nicht religionsdidaktische – Theorien geprägt, die Bildauswahl wird

---

[5] Vgl. REESE, ANNEGRET: Die entscheidenden Ressourcen für die Gestaltung von Unterricht und die Bewältigung des Alltags. Zusammenfassung und Diskussion der Ergebnisse. In: ENGLERT, RUDOLF/U. A.: Innenansichten des Referendariats. Wie erleben Religionslehrer/innen an Grundschulen ihren Vorbereitungsdienst? Eine empirische Untersuchung zur Entwicklung (religions)pädagogischer Handlungskompetenz, Münster 2006, 364–378.

[6] Vgl. Überblick GÄRTNER, CLAUDIA: Mit Bildern lässt sich besser lernen!? Die Frage nach der Funktion und Wirkung von Bildern im Religionsunterricht aus religionspädagogischer Perspektive. In: BRENNE, ANDREAS/GÄRTNER, CLAUDIA: Funktion und Wirkung von Kunst im Religionsunterricht. Entwicklung und Erprobung empirischer Verfahren, Stuttgart 2015, 13–26.

[7] Vgl. BRENNE/GÄRTNER: Funktion.

im Horizont von Alltagsroutinen und eigenen Erfahrungen getroffen.[8] Lehramtswärter/-innen mit geringeren Erfahrungen und subjektiven Theorien wiederum orientieren ihre bilddidaktische Praxis an allgemeinpädagogischen Prinzipien und didaktisch-methodischen Planungsschritten, die das Kunstwerk zum Medium deklarieren.[9] Eine konsequente Verknüpfung von fachdidaktischer Theoriebildung und Unterrichtspraxis ist eher selten zu beobachten. Insbesondere die empirische Unterrichtsforschung zur Arbeit mit Kunst im RU steckt noch in den Kinderschuhen, was auch für die religionsdidaktische Unterrichtsforschung im Allgemeinen gilt.

Im Horizont dieser Problemanalyse soll im Folgenden mit der Fachdidaktischen Entwicklungsforschung, auch Didactical Design Research oder allgemeiner Design-Based Research genannt, ein Forschungsansatz vorgestellt werden, der in der Religionsdidaktik noch wenig rezipiert wird und der explizit die Vernetzung von Praxisentwicklung und Forschung fokussiert. Dieser Ansatz – so die leitende These – kann die religionsdidaktische Forschung zum einen methodisch fundieren und inhaltlich forcieren, zum anderen für den interdisziplinären fachdidaktischen Diskurs anschlussfähig machen. In diesem einleitenden Beitrag wird somit dieser Ansatz vorgestellt und religionsdidaktisch konkretisiert. Im Anschluss daran wird anhand eines durchgeführten Forschungsprojekts der religionsdidaktische Wert und Nutzen dieses Ansatzes diskutiert.[10] Gemäß der im Folgenden zu erläuternden doppelten Zielsetzung der Fachdidaktischen Entwicklungsforschung muss dabei der Ansatz unter Beweis stellen, inwiefern er zum einen die religionsdidaktische Theoriebildung weiterentwickelt und zum anderen ganz konkret Entwicklungsprodukte für die Unterrichtspraxis bereitstellen kann. Die sich anschließenden Beiträge von Theresa Schwarzkopf, Nicole Blanik, Barbara Strumann und David Faßbender werden dann jeweils unterschiedliche religionsdidaktische Blickwinkel auf die Fachdidaktische Entwicklungsforschung werfen.

---

[8] Vgl. BURRICHTER, RITA: Individuelle didaktische Theorien von Lehrer/-innen zu „Funktion und Wirkung von Kunst im Religionsunterricht". In: BRENNE/GÄRTNER (Hg.): Funktion, 151–174.

[9] Vgl. LEONHARD, SILKE: Partizipative Zugänge zu Kunst in der Religionslehrer/-innenbildung. Eine Fallstudie. In: BRENNE/GÄRTNER (Hg.): Funktion, 175–196, hier: 188f.

[10] Vgl. GÄRTNER, CLAUDIA: Auferstehungsvorstellungen in Auseinandersetzung mit einem Kunstwerk entwerfen. Fachdidaktische Entwicklungsforschung entfaltet an einem konkreten Forschungsprojekt, in diesem Band.

2. Grundanliegen Fachdidaktischer Entwicklungsforschung

Die Fachdidaktische Entwicklungsforschung kann als eine Antwort auf die von Tenorth eingeforderte Doppelnatur der Fachdidaktiken diskutiert werden, so kann man zumindest aus dem im Folgenden vorgestellten Ansatz folgern. Die Fachdidaktische Entwicklungsforschung versteht sich dabei dezidiert als theoriebezogen und praxisorientiert, um die wahrgenommene Lücke zwischen Theorie und Praxis zu schließen. Eine einfache Anwendung von Theorie auf Praxis liegt diesem Ansatz entsprechend fern: „The ultimate aim is not to test whether theory, when applied to practice, is a good predictor of events. The interrelation between theory and practice is more complex and dynamic [...]. Direct application of theory is not sufficient to solve those complicated problems."[11] Vielmehr erweist sich der Forschungszugang als ein vernetztes, prozessorientiertes und zyklisches Vorgehen, um intensiv Theorie und Praxis miteinander zu verbinden. Das anspruchsvolle Ziel ist dabei ein Doppeltes: Die fachdidaktische Theoriebildung voranzutreiben und zugleich konkrete Anregungen für Lehr-Lernprozesse zu entwerfen, somit Forschung und Praxisentwicklung zugleich zu betreiben.

Im deutschsprachigen Raum hat sich für diesen Ansatz der Begriff der Fachdidaktischen Entwicklungsforschung herauskristallisiert,[12] im englischsprachigen Bereich finden sich hierfür Begriffe wie Educational Design Research, Design-based Research oder auch Development Research.[13] Im weiteren Verlauf wird der im deutschsprachigen Raum für dieses Forschungsformat gängige Begriff „Fachdidaktische Entwicklungsforschung" verwendet.[14]

---

[11] VAN DEN AKKER, JAN: Principles and Methods of Development Research. In: DERS./U. A. (Hg.): Design Approaches and Tools in Education and Training, Dordrecht 1999, 1–14, 8f.

[12] Vgl. z. B. PREDIGER, SUSANNE/LINK, MICHAEL: Fachdidaktische Entwicklungsforschung – ein lernprozessfokussierendes Forschungsprogramm mit Verschränkung fachdidaktischer Arbeitsbereiche. In: BAYRHUBER, HORST/U. A. (Hg.): Formate Fachdidaktischer Forschung. Empirische Projekte – historische Analysen – theoretische Grundlegungen, Münster/u. a. 2012, 29–45; EINSIEDLER, WOLFGANG (Hg.): Unterrichtsentwicklung und Didaktische Entwicklungsforschung, Bad Heilbrunn 2011.

[13] Vgl. VAN DEN AKKER, JAN/U. A.: Introducing educational design research. In: DIES. (Hg.): Educational design research, 3–7, 4f; MCKENNY, SUSAN/REEVES, THOMAS C.: Conducting Educational Design Research, London/New York 2012, 17f.

[14] Vgl. dazu das Diskussionspapier von der Gesellschaft für Fachdidaktik, Formate Fachdidaktischer Forschung Definition und Reflexion des Begriffs (2016): http://www.fachdidaktik.org/wp-content/uploads/2015/09/GFD-Positionspapier–18-Formate-Fachdidaktischer-Forschung.pdf (24.1.2017).

Der Ansatz speist sich insbesondere in seiner anglo-amerikanischen Genese aus dem lern- und kognitionspsychologisch sowie konstruktivistisch geprägten „instructional design" (z. B. Robert M. Gagné, Jeroen van Merriënboer, George Posner/Alan Rudnitsky) sowie dem „curriculum development", von denen sich Educational Design Research z. T. deutlich abgrenzt,[15] wie im Folgenden deutlich wird.

3. Übergreifendes Modell Fachdidaktischer Entwicklungsforschung

In ihrer Einführung zum Educational Design Research fassen McKenney/Reeves das vernetzte, prozessorientierte und iterative Verfahren in einem übergreifenden Modell zusammen, das jedoch fach- und gegenstandsspezifisch zu differenzieren ist.

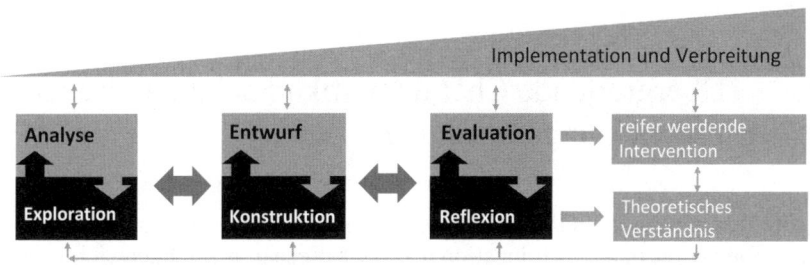

Abb. 1: *Übergreifendes Modell der Fachdidaktischen Entwicklungsforschung nach Reeves/McKenney*[16]

In dem Modell wird zum einen – im oberen Bereich der Grafik veranschaulicht – der starke Praxisbezug deutlich. Hier werden praktische Problemstellungen analysiert (1. Schritt: „Analysis"; „Exploration"), Lösungsansätze gestaltet (2. Schritt: „Design"; „Construction") und mit dem Ziel evaluiert (3. Schritt: „Evaluation"; „Reflection") ausgereifte Interventionen zu ermöglichen, die in Praxis konkret implementiert werden können („Maturing Intervention"). Dieses hier dreischrittig modellierte Vorgehen ist dabei stets mit Theorie vernetzt

---

[15] Vgl. MCKENNEY, SUSAN/REEVES, THOMAS C.: Educational Design Research, New York 2014, 7–12; 61–72.
[16] Abb. Ebd., 77.

und mündet in einer modifizierten oder konkretisierten (lokalen) Theoriebildung („Theoretical Understanding"). Die einzelnen Phasen sind aufeinander interdependent bezogen. Inwiefern die einzelnen Phasen auch in Subzyklen strukturiert sein können, veranschaulicht Abbildung 2.

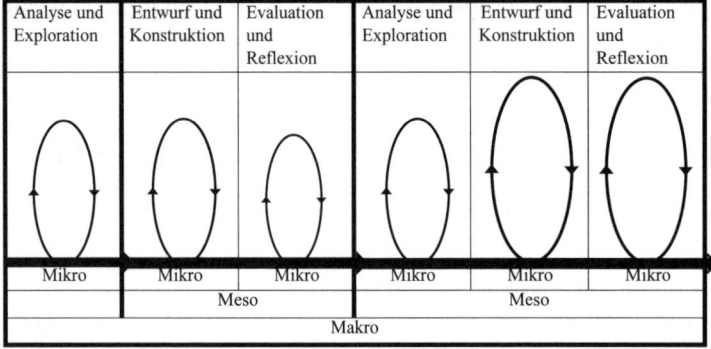

Abb. 2: *Mikro-, Meso- und Makrozyklen der Fachdidaktischen Entwicklungsforschung nach Reeves/McKenney*[17]

4. Übergreifende Charakteristika Fachdidaktischer Entwicklungsforschung

Trotz der relativen Vielfalt von Ansätzen in der Fachdidaktischen Entwicklungsforschung bzw. im Educational Design Research zeichnen sich gewisse gemeinsame Merkmale ab. Nach van Acker sind diese Ansätze, bei allen Unterschieden im Detail: „interventionist", „iterative", „process oriented", „utility oriented", „theory oriented".[18] McKenney/Reeves stellen ähnlich zum einen den Prozesscharakter des Educational Design research heraus, den sie als „theoretically oriented", „interventionist", „collaborative", „responsively grounded", „iterative"[19] charakterisieren, und unterstreichen die Reziprozität von Forschung und Praxis, von „empirical investigation and intervention development".[20]

---

[17] Abb. aus ebd., 78.
[18] Vgl. VAN DEN AKKER: Introducting, 5.
[19] Vgl. MCKENNEY/REEVES: Educational Design Research, 13–17.
[20] Vgl. ebd., 16. Vgl. ähnlich COBB, PAUL/U. A.: Design Experiments in Educational Research. In: Educational Researcher (2003), (32/1), 9–13.

Prediger et al. verstehen aus fachdidaktischer Perspektive Unterrichtsforschung dezidiert als gegenstandsorientiert, darüber hinaus als prozessorientiert, iterativ, vernetzt und lokal.[21]

Diese fachdidaktisch zugespitzten Charakteristika sollen im Folgenden gebündelt dargestellt und erläutert werden.

intervenierend
Fachdidaktische Entwicklungsforschung ist streng auf Theorie- und Praxisentwicklung ausgerichtet. Im konkreten Forschungsprozess bedeutet dies, dass sie Problemstellungen in Praxis identifiziert und theoretisch reflektiert, mögliche Praxisansätze entwirft und zyklisch erprobt (vgl. Abb. 1; 2). In diesem Sinne ist „intervention" „used broadly to encompass the different kinds of solutions that are designed [...to] make a real change on the ground"[22] Entwicklungsforschung, zumindest in dem hier verstandenen Sinne,[23] interveniert somit in der Praxis mit dem doppelten Ziel: zum einen Lösungen für Problemstellungen („utility oriented") zu finden und zum anderen die in den Interventionen gemachten Erfahrungen auszuwerten und im Horizont von Theoriebildung zu reflektieren.

Während oftmals Interventionsstudien, die streng evidenzbasiert ausgerichtet sind, bemüht sind, Variablen zu isolieren und diese möglichst konstant zu halten, um Auswirkungen der klar determinierten Intervention scharf zu erfassen, sind Interventionen in der Fachdidaktischen Entwicklungsforschung deutlich komplexer gestaltet, in dem sie „*not* emphasize isolated variables. While design researchers do focus on specific objects and processes in specific contexts, they try to study those as integral and meaningful phenomena."[24] Damit sind so ausgerichtete Studien auf das natürliche Lernumfeld konzentriert, in der Regel somit auf den Unterricht im Klassenraum.

iterativ
Die komplexen Theorie-Praxis-Konstellationen werden in der Fachdidaktischen Entwicklungsforschung in iterativen Forschungszyklen (Abb. 1, 3. Schritt) bearbeitet.

---

[21] Vgl. PREDIGER, SUSANNE/U. A.: Lehr-Lernprozesse initiieren und erforschen. Fachdidaktische Entwicklungsforschung im Dortmunder Modell. In: Der mathematische und naturwissenschaftlicher Unterricht (MNU), 65 (2012), 452–457, hier: 453.
[22] MCKENNY/REEVES: Educational Design Research, 14.
[23] Vgl. z. B. Phasen bei DIETER EULER, die m. E. einen stärkeren Fokus auf Problemlösung und weniger auf Theorieentwicklung legen: „Specifying problem, evaluation literature and experience, developing and refining design, testing design and evaluation it formatively, generation design principles, evaluation the intervention summatively." (EULER, DIETER: Design research – a paradigm under development. In: EULER, DIETER/SLOANE, PETER F. E. (Hg.): Design-Based Research. Zeitschrift für Berufs- und Wirtschaftspädagogik Beiheft 27, Stuttgart 2014, 15–41, hier: 37.
[24] VAN DEN AKKER: Introducing, 5.

Dies impliziert mehrfache empirische Testungen und Weiterentwicklungen von Forschungsdesign und Praxislösung, die in unterschiedlichen Praxissituationen erprobt und ausgewertet werden. Zugleich impliziert dies die stetige Reflexion des theoretischen Fundaments und der leitenden (lokalen) Theorien, die ebenfalls im iterativen Verlauf der Forschung modifiziert werden können. Dabei wird der komplexe Forschungszyklus in der Regel in Subzyklen strukturiert (Abb. 2), die auch separat mehrfach durchgeführt und ausgewertet werden. Insbesondere zu Beginn umfassender Forschungszyklen führt Fachdidaktische Entwicklungsforschung solche Subzyklen auch in Laborsituationen mit nur wenigen Lernenden durch. Einige Beispiele hierzu werden in den in diesem Band dokumentierten religionsdidaktischen Forschungsprojekten skizziert.

prozessorientiert
Das Erkenntnisinteresse ist dabei nicht ausschließlich auf zu verbessernde Lernergebnisse gerichtet. Denn erstens sagt die alleinige Wahrnehmung „besserer" Lernergebnisse noch wenig aus, wie diese Ergebnisse zustande gekommen sind und wie entsprechend gezielt Lernprozesse angelegt sein müssen, damit dieser Lernerfolg wahrscheinlich wird. Dies haben die Post-PISA-Jahre und unzählige Lernerfolgsstudien nachdrücklich ausgewiesen. „Eine alleinige summative Evaluation in Form von Lernergebnissen liefert keine ausreichenden Hinweise dafür, *wie* die einzelnen Komponenten des Lernarrangements weiter entwickelt werden können. Erst durch eine genauere Analyse des Weges, wie diese Lernergebnisse zustande kommen, lassen sich Ansatzpunkte für eine Verbesserung finden."[25] Der Fokus der Fachdidaktischen Entwicklungsforschung richtet sich daher insbesondere auf Lernwege und -prozesse, auf wahrzunehmende typische Verläufe, Lernhürden und –chancen. In diesem Sinne ist sie sowohl in ihrer Zielsetzung als auch in ihrer Anlage dezidiert prozessorientiert.

Zweitens wendet sich eine prozessorientierte Ausrichtung gegen „the still dominant engineering model of design, in which analysis and synthesis are seen as distinct steps in a problem-solving process."[26] Vielmehr betont die Prozessorientierung die mannigfachen Faktoren, so z. B. soziale, kulturelle, die Lernprozesse beeinflussen und die bewirken, „that neither the problem nor

---

[25] PREDIGER/LINK: Entwicklungsforschung, 40. Vgl. a. GRAVEMEIJER, KOENO/COBB, PAUL: Design research from a learning design perspective. In: VAN DEN AKKER: Educational Design Research, 17–51; PREDIGER, SUSANNE/U. A.: Design research with a focus on learning processes. An overview on achievements and challenges. In: ZDM Mathematics Education 47 (2015), 877–891.

[26] RICHTER, CHRISTOPH/HEIDRUN, ALLERT: Design as critical engagement in and for education. In: EDeR. Educational Design Research (2017), Vol 1, No 1. DOI: 10.15460/eder.1.1.1023, 15.

the possible solutions are given but are actually created in the process of design."[27]

Da Lernprozesse äußerst komplex und stark kontextabhängig sind, erweist es sich somit als äußerst problematisch, hierzu generalisierbare Aussagen zu treffen, die ggf. auch noch evidenzbasiert sind. Daher fokussiert sich Fachdidaktische Entwicklungsforschung im vorliegenden Verständnis auf die Entwicklung lokaler Theorien.

lokale Theorien
Fachdidaktische Entwicklungsforschung versteht sich als Forschungsansatz, der auch Theoriebildung vorantreibt („theory oriented"). Die Fokussierung auf lokale Theorien belegt dabei keine Reduktion dieses Forschungsansatzes, sondern resultiert aus Logik und Gegenstand der Fachdidaktik selbst. Werden Lehr-Lernprozesse in ihrem spezifischen Gegenstandsbezug und Kontext wahrgenommen – und hierauf bezieht sich ja Fachdidaktik – dann sind „große" Lehr-Lern-Theorien hierfür in der Regel zu unspezifisch, so zumindest die These der Fachdidaktischen Entwicklungsforschung. „Große" Lehr-Lern-Theorien wie der Konstruktivismus, aber auch fachspezifische Design-Prinzipien wie das der fortschreitenden Schematisierung in der Mathematikdidaktik, sind zu allgemein, um die konkrete Gestaltung von Lernumgebungen zu einem bestimmten Lerngegenstand zu determinieren und die darin stattfindenden Lernprozesse zu beschreiben oder vorauszusagen."[28]

Fachdidaktische Entwicklungsforschung bespielt somit den Zwischenraum zwischen „großen" Lehr-Lern-Theorien und Einzelfallbeobachtungen. Den Anspruch, eine lokale Theorie zu bilden entwickelt eine entsprechende Forschung dann, wenn es ihr gelingt, in den unterschiedlichen Zyklen durch Fallvergleich Muster zu erkennen, die auch losgelöst vom konkreten Kontext plausibilisierbar sind – auch im Horizont vorliegender (lokaler) Theorien. In diesem spezifischen Sinne können die Ergebnisse dann als valide („ecological validity") betrachtet werden. Allerdings bleibt die Theorie dabei im doppelten Sinn lokal, „einerseits, weil sie den Entstehungskontext der Fallstudien nie völlig transzendieren kann, andererseits, weil sie ganz bewusst gegenstandsspezifisch bleibt und nur begrenzt beansprucht, auf andere Lerngegenstände übertragbar zu sein."[29]

In der Religionsdidaktik – so die einleitend formulierte These – dominieren bislang oftmals „große" (Lehr-Lern-)Theorien. So gibt es die konstruktivistische, abduktive oder performative Religionsdidaktik oder auch eher allgemein formulierte didaktische Prinzipien wie ästhetisches, subjekt- oder handlungs-

---

[27] Ebd., 15.
[28] PREDIGER/LINK: Entwicklungsforschung, 39.
[29] PREDIGER/U. A.: Lehr-Lernprozesse, 456.

orientiertes Lernen. Auch wenn man in stärker lerngegenstandsbezogene Didaktiken wie die Bibeldidaktik schaut, dominieren hier „große" Theorien wie rezeptionsästhetische, intertextuelle oder dekonstruktivistische Ansätze der Bibeldidaktik, die im Rahmen einer Fachdidaktischen Entwicklungsforschung stärker als lokale Theorien auszudifferenzieren sind, wie im Folgenden deutlich wird.

lerngegenstandsorientiert
Die lokale Theoriebildung hängt eng mit einer dezidierten Orientierung am Lerngegenstand zusammen, wenngleich diese Gegenstandsorientierung nicht in allen Ansätzen der Fachdidaktischen Entwicklungsforschung gleichermaßen betont wird. Wenn „große" Lehr-Lern-Theorien sich als zu unpräzise erweisen, um gezielt spezifische Lernprozesse zu initiieren, dann gilt es dem Ansatz der Fachdidaktischen Entwicklungstheorie folgend, lerngegenstandsspezifische Designs zu entwickeln und zu erforschen. Dies setzt voraus, den jeweiligen fachlichen Lerngegenstand didaktisch zu spezifizieren und zu strukturieren. Eine solche Bearbeitung kann nicht in einer Reduktion des Fachgegenstandes münden, sondern vielmehr in einer didaktischen Rekonstruktion des Lerngegenstandes. Dies haben in der Religionsdidaktik die Debatten um die Elementarisierung deutlich herausgestellt. Elementarisierung bedeutet keine Vereinfachung des Fachgegenstandes, sondern eine Rekonstruktion elementarer Dimensionen in didaktischer Perspektive.

Eine solche didaktische Rekonstruktion[30] ist ein vieldimensionaler Prozess, der sich zum einen an allgemeinen und fachspezifischen Bildungszielen, allgemeinen Lehr-Lerntheorien sowie der Lernendenperspektive orientiert, zum anderen die fachliche Struktur und Logik berücksichtigt. Als zentral erweist sich bei der Erfassung der Lernendenperspektive, konkret die bereits bestehenden kognitiven Konstruktionen und Dispositionen in Hinblick auf den jeweiligen konkreten Lerngegenstand zu berücksichtigen.[31]

Die didaktische Rekonstruktion des Lerngegenstandes erfordert zudem die Identifikation geeigneter Lernanlässe und -kontexte, welche in der Religionsdidaktik als „Anforderungssituationen"[32] bezeichnet werden. Auch fragt sie nach einer geeigneten Sequenzierung zur Aneignung eines Lerngegenstandes,

---

[30] Vgl. KATTMANN, ULRICH/GROPENGIEßER, HARALD: Modellierung der didaktischen Reduktion. In: DUIT, REINDERS/RHÖNECK VON, CHRISTOPH (Hg.): Lernen in den Naturwissenschaften, Kiel 1996, 180–204.

[31] Die Forschungslage in der Religionsdidaktik ist in diesem Aspekt sehr unterschiedlich. Während einige wenige Lerngegenstände gut untersucht sind, so z. B. die Entwicklung von Gottesbildern und Schöpfungsvorstellungen bei Kindern und Jugendlichen, fehlen entsprechende Studien zu wesentlichen Lerngegenständen oder sind für die Gestaltung konkreter Lernprozesse zu undifferenziert.

[32] Vgl. OBST, GABRIELE: Kompetenzorientiertes Lehren und Lernen im Religionsunterricht, Göttingen 3. Aufl. 2010.

wobei Sequenzierung und aufbauendes Lernen in der Religionsdidaktik bislang noch zu wenig Beachtung finden – auch weil belastbare Kenntnisse über gelingende Lernprozesse oftmals fehlen.

Bereits diese kurzen Ausführungen verdeutlichen, dass in der Rekonstruktion des Fachgegenstandes als Lerngegenstand „der enorme Aufwand fachdidaktischer Forschung und Entwicklung [steckt], dass er für jeden Lerngegenstand einzeln zu vollziehen ist. Ergebnisse aus Arbeiten zu anderen Lerngegenständen erweisen sich dabei nur als partiell übertragbar!"[33] Gerade da in der Religionsdidaktik Lern- und Unterrichtsforschung noch nicht so verbreitet sind, ist die Orientierung am Lerngegenstand für die Religionsdidaktik eine große Herausforderung, insbesondere da die Lernvoraussetzungen der SuS in vielen Fällen erst eigens erhoben werden müssen.

vernetzt
In den iterativen Prozessen sind sowohl unterschiedliche Fachdisziplinen, Theorie-Praxisbereiche und insbesondere auch die unterschiedlichen Akteure mit eingebunden. Ganz im Sinne der von Tenorth beschriebenen „Weisheit" der Praxis sind Akteure des Praxisfeldes insbesondere in der Wahrnehmung und Analyse der Problemstruktur, an der Gestaltung von alternativen Lernsettings sowie an der Durchführung der Intervention und deren Evaluation mit beteiligt, jedoch in einem kontextuell je neu auszutarierendem Maße. Fachdidaktische Entwicklungsforschung arbeitet somit nicht für die Praxis, sondern mit ihr („collaborative").[34] Sie „will consider the teachers who translate curriculum into practice as an essential element of the educational design."[35] Dies geschieht sowohl in Hinblick auf die Entwicklung als auch auf die Akzeptanz und spätere Implementierung des Designs in die Praxis.

natürliches Lernumfeld
Der Fokus auf das natürliche Lernumfeld mit seinen mannigfaltigen Variablen, Kontexten und Akteuren ermöglicht es, Interventionen möglichst praxisnah „resonsively grounded" zu erproben und zu diskutieren. Indem jedoch Design-Experimente in einer solchen „learning ecology"[36] eingebettet sind, sind

---

[33] PREDIGER, SUSANNE/U. A.: Der lange Weg zum Unterrichtsdesign. Zur Begründung und Umsetzung fachdidaktischer Forschungs- und Entwicklungsprogramme. In: KOMOREK, MICHAEL/PREDIGER, SUSANNE (Hg.): Der lange Weg zum Unterrichtsdesign. Zur Begründung und Umsetzung fachdidaktischer Forschungs- und Entwicklungsprogramme, Münster 2013, 9–23, hier: 15.
[34] Vgl. MCKENNEY/REEVES: Educational Design Research, 14.
[35] LEONHARD, SIMON N./U. A.: 05 Playing with rusty nails: 'Conceptual tinkering' for 'next' practice. In: EDeR. Educational Design Research, Vol 1, No 1 (2017). DOI: 10.15460/eder.1.1.1027, 1.
[36] Vgl. Zum Begriff: COBB et al.: Design experiments, 9–13.

sie im strengen empirischen Sinne nicht reproduzierbar, da sich das natürliche Lernumfeld als zu spezifisch und komplex für Replizierbarkeit erweist. Fachdidaktische Entwicklungsforschung besitzt jedoch den Anspruch einer „ecological validity"[37], d.h. Ergebnisse sollen transparent und nachvollziehbar für das jeweilige Lernumfeld sein und dichte Beschreibungen sowie lokale Theorien bieten, die auf andere Lernumfelder adaptiert werden können. Um diese Validität zu steigern, sieht die Fachdidaktische Entwicklungsforschung unterschiedliche (Sub-)Zyklen in verschiedenen Praxissituationen und Lernumfeldern vor.

5. Fachdidaktische Entwicklungsforschung im Nachwuchs- und Forschungskolleg „FUNKEN"

In dem „Forschungs- und Nachwuchskolleg Fachdidaktische Entwicklungsforschung zu diagnosegeleiteten Lehr-Lernprozessen" (FUNKEN) wird an der TU Dortmund seit mehreren Jahren mit einem besonders auf den Lerngegenstand spezifizierten Modell interdisziplinär gearbeitet.[38] Die in diesem Sammelband vorgestellten Forschungsprojekte basieren dezidiert auf diesem Modell Fachdidaktischer Entwicklungsforschung. Dieses sei im Folgenden erläutert und anhand von religionsdidaktischen Beispielen konkretisiert.

Das Modell verdeutlicht, dass auch FUNKEN einen theorieorientierten Forschungsprozess (unterer Teil der Grafik) und einen praxisorientierten Entwicklungsprozess (oberer Teil der Grafik) im Blick hat. Diese beiden Prozessdimensionen sind iterativ miteinander vernetzt. Der Forschungsprozess setzt in diesem Modell in der Regel bei der Spezifizierung und Strukturierung des Lerngegenstandes ein.

Für diesen ersten Schritt ist es notwendig, den fachlichen Hintergrund des Lerngegenstandes zu durchdringen und diesen im Horizont gegenstandsübergreifender Bildungs- und spezifischer Lernziele zu strukturieren. Neben allgemeinen Bildungszielen fließen in der Religionsdidaktik hier insbesondere Ergebnisse aus den umfassenden Diskursen und Theoriebildungen zum religiösen Lernen sowie zur Kompetenzorientierung ein. Hier finden Theorien zu religiöser Entwicklung ebenso ihren Niederschlag wie empirische Ergebnisse zur Religiosität oder zu Gottes- und Weltbildern von Heranwachsenden. Diese werden so konkret wie möglich auf den spezifischen Lerngegenstand bezogen. Im Zuge der Kompetenzorientierung weisen hierbei einige religionsdidaktische Projekte eine Verschiebung im Verständnis vom Lerngegenstand auf. Während viele der mathematisch und naturwissenschaftlich geprägten Pro-

---

[37] GRAVEMEIJER/COBB: Design research, 44.
[38] Vgl. zum Dortmunder Modell Funken: HUßMANN, STEPHAN/U. A.: Gegenstandsorientierte Unterrichtsdesigns entwickeln und erforschen. In: KOMOREK/PREDIGER (Hg.): Der lange Weg zum Unterrichtsdesign, 25–42; PREDIGER/U. A.: Lehr-Lernprozesse initiieren, 452–457.

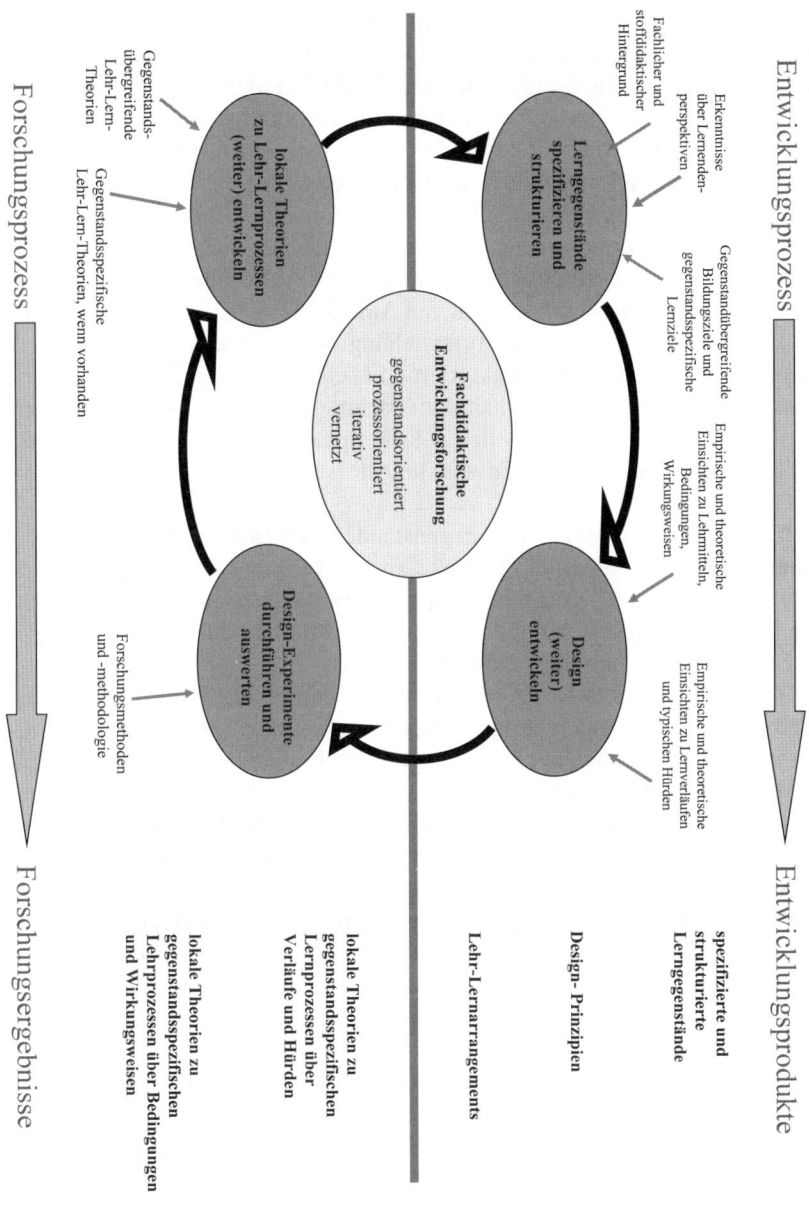

Abb. 3: *Zyklus der Fachdidaktischen Entwicklungsforschung im Dortmunder Modell*[39]

---

[39] Abb. aus PREDIGER/U. A.: Lehr-Lernprozesse, 453.

jekte den Lerngegenstand primär inhaltlich fassen, wird dieser in der Religionspädagogik in den vorliegenden Projekten zumeist als eine Kombination von Lerninhalt und Handlung verstanden wird. So fasst Theresa Schwarzkopf ihren erforschten Lerngegenstand als „Auferstehung argumentieren", was auch im interdisziplinären Gespräch teils zu Befremden und zu Diskussionen führt (vgl. Beitrag Schwarzkopf). Als zentrale Herausforderung erweist sich zudem in der Religionsdidaktik, dass die Perspektive der SuS, ihre bestehenden kognitiven Konstruktionen und Dispositionen in Hinblick auf den jeweiligen konkreten Lerngegenstand in der Regel bislang nicht spezifiziert erfasst wurden. Wie genau argumentieren Jugendliche Auferstehung (und nicht ausschließlich: Was für Vorstellungen von Auferstehung haben sie?)? Was müssen sie konkret noch lernen, um Auferstehung argumentieren zu können? Wie müssen Lernarrangements strukturiert und sequenziert sein, um dies zu erreichen? Und welche theologischen Auferstehungsmodelle sind in diese Lernsituation einzubringen? In Hinblick auf die Spezifizierung des Lerngegenstandes hat religionsdidaktische Entwicklungsforschung noch viel Grundlagenarbeit zu leisten.

Die Spezifizierung des Lerngegenstandes zielt zudem auf die Erarbeitung geeigneter Lernanlässe und -kontexte, in der Religionsdidaktik auch „Anforderungssituationen"[40] genannt, bspw. anhand welcher Anforderungssituationen lässt sich „Auferstehung argumentieren" erlernen oder woran lassen sich christologische Denkmuster entwickeln?

Gerade weil in der Religionsdidaktik die empirische Forschungslage eher dünn ist und insbesondere lerngegenstandsspezifische Erkenntnisse fehlen, ist das zyklische Vorgehen der Fachdidaktischen Entwicklungsforschung weiterführend. So werden in ersten Zyklen oftmals ohne breite empirische Kenntnisse Lernarrangements entwickelt. Diese Designs werden dann erprobt und methodisch transparent ausgewertet, wobei der Fokus nicht ausschließlich auf ein gutes Lernergebnis, sondern insbesondere auch auf den Lernprozess mit seinen Lernhürden und -chancen ausgerichtet ist. So entwickelt das Projekt von Gärtner (Beitrag Gärtner) vor dem Hintergrund neuer Erkenntnisse der Bilderschließung alternative methodische Zugänge zur Bildinterpretation, deren Auswertung schlussendlich in lokalen Theorien zur Bild- und Christologiedidaktik mündet.

Aus diesem vernetzten, iterativen, prozess- und gegenstandsorientierten Vorgehen resultieren somit praktische Entwicklungsprodukte als auch konkrete Forschungsergebnisse. Für den Unterricht der Sekundarstufe II gelang es z. B. Schwarzkopf eine literarisch-theologische Forschungswerkstatt als

---

[40] Vgl. OBST: Kompetenzorientiertes Lehren.

konkretes, phasiertes Lernsetting zu entwerfen, in dem die Lernenden Kompetenzen erwerben, Auferstehungsvorstellungen zu argumentieren.[41]
Für die (lokale) Theorieentwicklung wiederum gelang es Schwarzkopf ein Modell des sequentiellen Argumentieren-Lernens zu konkretisieren und in Teilen empirisch zu fundieren. Ebenfalls war es möglich, die Theoriebildung im Bereich Kompetenzorientierung weiterzuführen, indem ein Niveaustufenmodell für den Lerngegenstand entworfen und ebenfalls in Teilen empirisch belegt werden konnte. Auch konnte das Forschungsprojekt einen Beitrag leisten, die lokale Theorie des Umgangs mit Literatur und Ganzschriften im Religionsunterricht auszudifferenzieren.[42]

Im Unterschied zu anderen Ansätzen der Entwicklungsforschung findet in den FUNKEN-Projekten ein Großteil der Design-Experimente nicht ausschließlich im regulären Klassenunterricht statt, sondern auch in Laborsituationen, was auch der gegenwärtigen Forschungslage und den in der Regel in der Religionsdidaktik begrenzten Ressourcen für Unterrichtsforschung geschuldet ist. So steht auch die Implementierung und Evaluation – und erst recht eine Wirksamkeitsprüfung – der im vorliegenden Band vorgestellten religionsdidaktischen Projekte im natürlichen Lernumfeld des Kursunterrichts noch weitgehend aus.

6. Qualitätsmerkmale Fachdidaktischer Entwicklungsforschung

Die unterschiedlichen Ansätze der Fachdidaktischen Entwicklungsforschung rufen nicht nur die Frage nach gemeinsamen Charakteristika, sondern auch nach Qualitätsmerkmalen hervor. Im Folgenden soll daher versucht werden, Standards für entsprechende Forschungsprojekte zu formulieren. Diese werden zum einen aus der vorliegenden Forschungsliteratur zum anderen aus den Erfahrungen von FUNKEN entwickelt und können angesichts der Diversität von Lernprozessen und -gegenständen nicht mehr als ein grobes Qualitätsraster darstellen.

---

[41] Vgl. SCHWARZKOPF, THERESA: Vielfältigkeit denken. Wie Schülerinnen und Schüler im Religionsunterricht argumentieren lernen, Stuttgart 2016, 175–178.
[42] Vgl. ebd., 190–193.

Verflechtung von Forschung und Entwicklung
Grundanliegen und Fundament Fachdidaktischer Entwicklungsforschung stellt die Verknüpfung von praxisbezogenen Entwicklungsprodukten für konkrete Lernsituationen und der (lokalen) Theoriebildung dar,[43] gemäß der von Tenorth einleitend hervorgehobenen Doppelnatur des fachdidaktischen Wissenssystems mit Theoriewissen und Reflexion auf der einen und der Weisheit des Praktikers auf der anderen Seite.[44] „Die Konsequenz der inhaltlichen Verflochtenheit der Arbeitsbereiche, d.h. die Intensität des wechselseitigen Bezugs zwischen Forschung und Entwicklung, ist unserer Ansicht nach ein zentrales Qualitätskriterium der Arbeit im Paradigma der Fachdidaktischen Entwicklungsforschung."[45] Forschungsansätze, die sich entweder primär auf die Lösung von Praxisproblemen oder auf die Entwicklung von gegenstandsunspezifischen Lehr-Lerntheorien beziehen, können zwar durchaus qualitativ hochwertige Ergebnisse liefern, sind damit allerdings nicht unter die Bezeichnung Fachdidaktische Entwicklungsforschung zu fassen.[46]

Ökologische Validität
Fachdidaktische Entwicklungsforschung kann nicht an den Kriterien evidenzbasierter Forschung gemessen werden und besitzt auch nicht den Anspruch, entsprechende Ergebnisse zu produzieren.[47] Dennoch zeichnet sich Fachdidaktische Entwicklungsforschung durch methodisch ausgewiesene empirische Qualitätsmaßstäbe aus, die Gravemeijer/Cobbs als „ecological validity"[48] bezeichnen. Angesichts der Komplexität und Diversität des jeweiligen Lernumfelds („learning ecology") seien replizierbare Ergebnisse weder möglich noch wünschenswert. Jedoch müsse Fachdidaktische Entwicklungsforschung eine virtuelle Replizierbarkeit („virtual replicabiltity") und eine strenge Transparenz und Nachvollziehbarkeit („trackabilty") besitzen, zum Beispiel durch dichte Beschreibung. „The research is reported in such a manner that it can be retraced, or virtually replicated by other researchers."[49] So werde ein Funda-

---

[43] EULER, DIETER: Design principles as bridge between scientific knowledge production and practice design. In: EDeR. Educational Design Research (2017), Vol 1, No 1. DOI: 10.15460/eder.1.1.1024.
[44] Vgl. TENORTH: Forschungsfragen, 15f.
[45] PREDIGER/LINK: Entwicklungsforschung, 42.
[46] In seinen Standards für Entwicklungsforschung fordert Einsiedler ähnliche Theoriefundierung und symbiotische Unterrichtsforschung, wenn auch primär mit Fokus auf die Akteure. EINSIEDLER, WOLFGANG: Was ist didaktische Entwicklungsforschung. In: DERS. (Hg.): Unterrichtsentwicklung und Didaktische Entwicklungsforschung, Bad Heilbrunn 2011, 41–70.
[47] Vgl. zur Kritik an evidenzbasierter Fachdidaktik TENORTH: Forschungsfragen, 16–21.
[48] GRAVEMEIJER/COBB: Design Research, 44f.
[49] Ebd., 44.

ment bereitet, um die Ergebnisse einerseits intersubjektiv zu diskutieren, andererseits um eine „basis for adaptation to other situations"[50] zu entwickeln und somit in eine lokale Theorie zu münden, die wiederum Gegenstand weiterer Fachdidaktischer Entwicklungsforschung werden kann.

In eine ähnliche Richtung, wenngleich deutlicher an Wirkung und Zielen als an Prozessen orientiert, führen Überlegungen von Einsiedler, wenn er von einer Wirkungs- und Aktivierungsevaluation spricht.[51] Sollten Wirkungsnachweise kontext- oder lerngegenstandsbedingt nicht möglich sein, so setzt er als Standard Fachdidaktischer Entwicklungsforschung auf Beobachtungen und Befragungen, um Handlungsaktivitäten zu erheben, die als Indikatoren für innovative Unterrichtsziele zu betrachten sind.

Laborsituation und natürliches Lernumfeld
Fachdidaktische Entwicklungsforschung begibt sich in das natürliche Lernumfeld, vornehmlich in den Schul- und Klassenraum. Allerdings ist der Weg zur Erprobung und Evaluation im natürlichen Lernumfeld oftmals weit, viele (Sub-)Zyklen müssen insbesondere in Fächern wie der Religionsdidaktik, in der über die Lernendenperspektiven in Bezug auf konkrete Lerngegenstände wenig bekannt ist und die didaktische Rekonstruktion des Lerngegenstandes oftmals ohne existierende Vorarbeiten neu vorgenommen werden muss, vorgeschaltet werden.[52] Insbesondere in diesen Phasen können sich gerade Laborexperimente oder intensive Erprobungsphasen zusammen mit Lehrkräften[53] als sinn- und qualitätsvoll erweisen, da hier die Komplexität geringer ist und der Fokus auf Mikro- und Mesoprozesse gezielter gerichtet werden kann. Fachdidaktische Entwicklungsforschung zeichnet sich somit in der Zielperspektive durch Einsatz und Evaluation im natürlichen Lernumfeld aus, ohne dass dies Forschungszyklen in Laborsettings ausschließt.

Verbreitung und Implementierung
Da Fachdidaktische Entwicklungsforschung auf Forschung und Praxis zielt, findet diese konsequenter Weise erst zu ihrem Ziel, wenn die Entwicklungs- und Forschungsprodukte entsprechend wissenschaftlich verbreitet und in der Praxis implementiert sind. Zwar werden nicht alle (Teil-)Projekte diesem Anspruch aus der Logik ihres begrenzten Forschungsfokus heraus entsprechen können, doch muss sich die Qualität der Fachdidaktischen Entwicklungsfor-

---

[50] Ebd., 45.
[51] Vgl. EINSIEDLER: Entwicklungsforschung, 63–66.
[52] Vgl. zur Pionierarbeit bei weitgehend noch unerforschten Lerngegenständen: LEONARD/U. A.: Playing with rusty nails.
[53] Vgl. ebd.

schung insgesamt daran messen lassen, inwiefern ihr wissenschaftlicher Output verbreitet und rezipiert sowie ihre Entwicklungsprodukte in der Praxis implementiert werden.[54]

Der Einblick in die Fachdidaktische Entwicklungsforschung und speziell die ersten religionsdidaktischen Konkretionen verdeutlichen, welchen weiten Weg die Fach- bzw. Religionsdidaktik noch beschreiten muss, um fachdidaktische Forschung und Unterrichtspraxis produktiv aufeinander zu beziehen. In diesem Sinne schlägt Schweitzer vor, strategisch ausgewählte, exemplarische religionsdidaktische Forschungen zu betreiben. „Als strategisch ausgewählt bezeichne ich dabei solche Untersuchungen, die sich auf Unterrichtssituationen beziehen, die sowohl aus unterrichtspraktischer als auch fachdidaktisch-theoretischer Sicht als zentral angesehen werden können. Im Religionsunterricht wäre dies neben der Bewältigung von Anforderungssituationen etwa der Einsatz von Erzählungen oder die Analyse anspruchsvoller theoretischer Texte. Von solchen strategisch ausgewählten Untersuchungen wäre ein gewisser Ausstrahlungseffekt auch auf den Unterricht insgesamt zu erhoffen, der desto stärker ausfallen könnte, je mehr sich die Untersuchungen auf erkennbar exemplarische Unterrichtssituationen beziehen."[55]

Die folgenden Beiträge verstehen sich als eine solche strategisch-exemplarische religionsdidaktische Entwicklungsforschung. Denn sie bearbeiten zum einen zentrale theologische Themen (Tod, Auferstehung, Theodizee; Beiträge Gärtner, Schwarzkopf, Blanik) und zentrale biblische Texte (Psalmen, Gleichnisse; Beiträge Strumann, Faßbender) und greifen zudem noch aktuelle Herausforderungen inklusiven Lernens (Beiträge Gärtner, Strumann, Faßbender) auf. Zum anderen stehen zentrale unterrichtliche Handlungsprozesse (z. B. Argumentieren, Begründen oder Kreatives Schreiben) im Forschungsmittelpunkt.

Literatur

BURRICHTER, RITA: Individuelle didaktische Theorien von Lehrer/-innen zu „Funktion und Wirkung von Kunst im Religionsunterricht". In: BRENNE, ANDREAS/GÄRTNER, CLAUDIA (Hg.): Funktion und Wirkung von Kunst im Religionsunterricht. Entwicklung und Erprobung empirischer Verfahren, Stuttgart 2015, 151–174.

COBB, PETER/U. A.: Design experiments in education research. In: Educational Researcher 32 (2006), 9–13.

Diskussionspapier von der Gesellschaft für Fachdidaktik, Formate Fachdidaktischer Forschung Definition und Reflexion des Begriffs (2016): http://www.fachdidaktik.org/wp-content/uploads/2015/09/GFD-Positionspapier-18-Formate-Fachdidaktischer-Forschung.pdf (24.1.2017).

---

[54] Vgl. EINSIEDLER: Entwicklungsforschung, 41–70.
[55] SCHWEITZER: Lernaufgaben, 30.

EINSIEDLER, WOLFGANG: Was ist didaktische Entwicklungsforschung. In: DERS. (Hg.): Unterrichtsentwicklung und Didaktische Entwicklungsforschung, Bad Heilbrunn 2011, 41–70.
EULER, DIETER: Design principles as bridge between scientific knowledge production and practice design. In: EDeR. Educational Design Research (2017), Vol 1, No 1. DOI: 10.15460/eder.1.1.1024.
EULER, DIETER: Design research – a paradigm under development. In: EULER, DIETER/SLOANE, PETER F. E. (Hg.): Design-Based Research. Zeitschrift für Berufs- und Wirtschaftspädagogik Beiheft 27, Stuttgart 2014, 15–41.
GÄRTNER, CLAUDIA: Mit Bildern lässt sich besser lernen!? Die Frage nach der Funktion und Wirkung von Bildern im Religionsunterricht aus religionspädagogischer Perspektive. In: BRENNE, ANDREAS/GÄRTNER, CLAUDIA (Hg.): Funktion und Wirkung von Kunst im Religionsunterricht. Entwicklung und Erprobung empirischer Verfahren, Stuttgart 2015, 13–26.
GRAVEMEIJER, KOENO/COBB, PAUL: Design research from a learning design perspective. In: VAN DEN AKKER, JAN/U. A. (Hg.): Educational design research, London/New York 2006, 17–51.
HUßMANN, STEPHA/U. A.: Gegenstandsorientierte Unterrichtsdesigns entwickeln und erforschen. In: KOMOREK, MICHAEL/PREDIGER, SUSANNE (Hg.): Der lange Weg zum Unterrichtsdesign: zur Begründung und Umsetzung fachdidaktischer Forschungs- und Entwicklungsprogramme, Münster 2013, 25–42.
KATTMANN, ULRICH/GROPENGIEßER, HARALD: Modellierung der didaktischen Reduktion. In: DUIT, REINDERS/RHÖNECK VON, CHRISTOPH (Hg.): Lernen in den Naturwissenschaften, Kiel 1996, 180–204.
LEONARD, SIMON/U. A.: Playing with rusty nails: "Conceptual tinkering" for "next" practice. In: EDeR. Educational Design Research (2017), Vol 1, No 1. DOI: 10.15460/eder.1.1.1027.
LEONHARD, SILKE: Partizipative Zugänge zu Kunst in der Religionslehrer/-innenbildung. Eine Fallstudie. In: BRENNE, ANDREAS/GÄRTNER, CLAUDIA (Hg.): Funktion und Wirkung von Kunst im Religionsunterricht. Entwicklung und Erprobung empirischer Verfahren, Stuttgart 2015, 175–196.
MCKENNEY, SUSAN/REEVES, THOMAS C.: Conducting Educational Design Research, London/New York 2012.
MCKENNEY, SUSAN/REEVES, THOMAS C.: Educational Design Research, New York 2014.
OBST, GABRIELE: Kompetenzorientiertes Lehren und Lernen im Religionsunterricht, Göttingen 3. Aufl. 2010.
PREDIGER, SUSANNE/U. A.: Lehr-Lernprozesse initiieren und erforschen. Fachdidaktische Entwicklungsforschung im Dortmunder Modell. In: Der mathematische und naturwissenschaftlicher Unterricht (MNU) 65 (2012), 452–457.
PREDIGER, SUSANNE/LINK, MICHAEL: Fachdidaktische Entwicklungsforschung – ein lernprozessfokussierendes Forschungsprogramm mit Verschränkung fachdidaktischer Arbeitsbereiche. In: BAYRHUBER, HORST/U. A. (Hg.): Formate Fachdidaktischer Forschung. Empirische Projekte – historische Analysen – theoretische Grundlegungen, Münster/u. a. 2012, 29–45.
PREDIGER, SUSANNE/U. A.: Der lange Weg zum Unterrichtsdesign. Zur Begründung und Umsetzung fachdidaktischer Forschungs- und Entwicklungsprogramme. In: KOMOREK, MICHAEL/PREDIGER, SUSANNE (Hg.): Der lange Weg zum Unterrichtsdesign. Zur Begründung und Umsetzung fachdidaktischer Forschungs- und Entwicklungsprogramme, Münster 2013, 9–23.
REESE, ANNEGRET: Die entscheidenden Ressourcen für die Gestaltung von Unterricht und die Bewältigung des Alltags. Zusammenfassung und Diskussion der Ergebnisse. In:

ENGLERT, RUDOLF/U. A.: Innenansichten des Referendariats. Wie erleben Religionslehrer/innen an Grundschulen ihren Vorbereitungsdienst? Eine empirische Untersuchung zur Entwicklung (religions)pädagogischer Handlungskompetenz, Münster 2006, 364–378.

RICHTER, CHRISTOPH/HEIDRUN, ALLERT: Design as critical engagement in and for education. In: EDeR. Educational Design Research (2017), Vol 1, No 1. DOI: 10.15460/eder.1.1.1023.

SCHWARZKOPF, THERESA: Vielfältigkeit denken. Wie Schülerinnen und Schüler im Religionsunterricht argumentieren lernen, Stuttgart 2016.

SCHWEITZER, FRIEDRICH: Vom Desiderat zur evidenzbasierten Unterrichtsgestaltung? Lernaufgaben in fachdidaktischer Perspektive am Beispiel Religionsdidaktik. In: RALLE, BERND/U.A. (Hg.): Lernaufgaben entwickeln, bearbeiten und überprüfen. Ergebnisse und Perspektiven fachdidaktischer Forschung, Münster 2014, 23–32.

TENORTH, HEINZ-ELMAR: Forschungsfragen und Reflexionsprobleme – zur Logik fachdidaktischer Analysen. In: BAYRHUBER, HORST/U.A. (Hg.): Formate Fachdidaktischer Forschung. Empirische Projekte – historische Analysen – theoretische Grundlegungen, Münster/u. a. 2012, 11–27.

VAN DEN AKKER, JAN/U. A., Introducing educational design research. In: dies. (Hg.): Educational design research, London/New York 2006, 3–7.

VAN DEN AKKER, JAN: Principles and Methods of Development Research. In: DERS./U. A. (Hg.): Design Approaches and Tools in Education and Training, Dordrecht 1999, 1–14.

Auferstehungsvorstellungen in Auseinandersetzung mit einem Kunstwerk entwerfen. Fachdidaktische Entwicklungsforschung entfaltet an einem Forschungsprojekt

Claudia Gärtner

Obwohl in den letzten Jahren die Christologie mehr Beachtung in der Religionsdidaktik gefunden hat, so zählt diese Thematik in der Fachdidaktik und insbesondere im Religionsunterricht zu den randständigen Themen. Zugleich bildet theologisch die Christologie und insbesondere die Auferstehung das Zentrum der christlichen Identität. „Wenn es keine Auferstehung der Toten gibt, ist auch Christus nicht auferweckt worden. Ist aber Christus nicht auferweckt worden, dann ist unsere Verkündigung leer und euer Glaube sinnlos." (1 Kor 15, 13f). Christologische Vorstellungen können dabei durchaus schon Kindergartenkinder aufweisen,[1] im Grundschulalter entwickeln sie komplexere, eigenständige christologische Deutungsmuster.[2] Diese Fähigkeiten frühzeitig bei Kindern und Jugendlichen zu entwickeln und zu fördern, erscheint daher ein theologisch zentrales und religionsdidaktisch mögliches und zugleich notwendiges Unterfangen zu sein. Im Folgenden sollen hierzu im Sinne der Fachdidaktischen Entwicklungsforschung sowohl auf der Ebene religionsdidaktischer Theoriebildung als auch auf der Ebene unterrichtlicher Lernsettings Ideen entwickelt, erprobt und evaluiert werden.

Im zyklischen Vorgehen wird im Folgenden (1.) der Lerngegenstand spezifiziert und strukturiert. (2.) wird das zyklische Vorgehen, die Entwicklung und Erprobung des Designs vorgestellt. Dabei soll ein Lernsetting entwickelt werden, in dem sowohl christologische Denk- und Deutungsangebote gemacht als auch Anreize zum eigenen Theologisieren gegeben werden. Das zu entwickelnde Lernsetting lässt sich somit auch im Rahmen des Theologisierens mit Kindern und Jugendlichen verorten. Wie noch näher zu zeigen und zu begründen ist, wird hierbei die Arbeit mit einem Kunstwerk erprobt. Das Designexperiment kann somit auch ausloten, inwiefern Kunst das oftmals kognitiv enggeführte Theologisieren mit Kindern und Jugendlichen bereichern kann und

---

[1] Vgl. ZIMMERMANN, RUBEN: Jesus als Brot (Joh 6,35.48) und Weizenkorn (Joh 12,24). Wie Kindergartenkinder Christologie „bilden". In: JaBuKi (2006). Sonderband Teil 2: Neues Testament, 122–138.

[2] Vgl. BUTT, CHRISTIAN: Kindertheologische Untersuchungen zu Auferstehungsvorstellungen von Grundschülerinnen und Grundschülern, Göttingen 2009.

hierzu konkrete unterrichtliche Entwicklungsprodukte liefern. In einem dritten Schritt (3.) werden die Designexperimente vorgestellt und ausgewertet. Die Reflexion und Evaluation der Ergebnisse führt dann (4.) zur Entwicklung lokaler Theorien.

Ziel dieses Beitrags ist es zum einen, die Ergebnisse dieses Projekts zu präsentieren und zu diskutieren. Zum anderen soll dieser Beitrag den Gesamtprozess der Fachdidaktischen Entwicklungsforschung exemplarisch vorstellen, wohingegen die anderen Beiträge dieses Buches einen spezifischen Aspekt intensiver beleuchten und reflektieren.

1. Strukturierung und Konkretisierung des Lerngegenstandes

Der Begriff des Lerngegenstandes ist äquivok und wird in den einzelnen Fachdidaktiken unterschiedlich gebraucht. Im Folgenden entfalte ich den Begriff „Lerngegenstand" in Anlehnung an Reis/Schwarzkopf als eine Handlung oder Tätigkeit an einem Inhalt.[3] Zu unterscheiden sind somit eine beobachtbare Lernhandlung und ein Lerninhalt. „Auferstehung" ist diesem Verständnis nach der Lerninhalt. Eine Lernhandlung an Auferstehungsvorstellungen kann dabei bspw. „deuten", „entwerfen" oder „beschreiben" sein. „Eigene Auferstehungsvorstellungen entwerfen" wäre dann z. B. ein Lerngegenstand, der in einem Design anzueignen ist. Der Lernprozess muss dabei so strukturiert sein, dass sowohl die Inhaltsdimension „Auferstehungsvorstellung" als auch die Handlungs- und Tätigkeitsstruktur „Entwerfen" umfasst werden. Die folgenden Kapitel zielen darauf, eben diesen Lerngegenstand – und damit die Lerninhalte und Lernhandlungen – im Horizont der religionsdidaktischen Forschung präziser zu fassen und zu strukturieren. Dazu wird zuerst umfassender der Lerninhalt fachwissenschaftlich entfaltet (1.1.), woraus sich bereits erste Hinweise auf fachwissenschaftlich angemessene Lernhandlungen ableiten lassen. Diese werden anschließend im Horizont von Vorstellungen zu Auferstehung (1.2.) und Tod (1.3.) von Schüler/-innen (SuS) näher spezifiziert und in Hinblick auf curriculare Vorgaben reflektiert (1.4.), woraus sich ein konkreter Lerngegenstand ableitet lässt (1.5.), der für die vorliegende Studie leitend ist.

---

[3] Vgl. REIS OLIVER/SCHWARZKOPF, THERESA: Diagnose im Religionsunterricht. Konzeptionelle Grundlagen und Praxiserprobungen, Berlin 2015, 65–76.

1.1. Fachwissenschaftliche Strukturierung des Lerninhalts „Auferstehung"

Im Folgenden kann nicht umfassend in die biblischen und dogmengeschichtlichen Grundlagen von Christologie und Auferstehung eingeführt werden, vielmehr werden Grundstrukturen aufgezeigt, die für die Spezifizierung des Lerngegenstands „Auferstehung" relevant sind. Dabei deutet biblisch die Vielfalt an Bekenntnisformeln und Ostererzählungen darauf hin, dass ein angemessenes Verständnis der Auferstehung von Anfang an eine große Herausforderung war, die nie endgültig bewältigt worden ist, auch wenn zahlreiche christologische Dogmen eine Klärung strittiger Fragen herbeiführen wollten. Das Ringen um Auferstehung ist eine bleibende theologische und spirituelle Herausforderung, die denkerisch bewältigt werden muss.

Aus fachwissenschaftlicher Perspektive ist dabei zentral, dass Tod und Auferstehung Jesu Christi als „für uns" (pro nobis), als stellvertretender Tod betrachtet wird, der die Erlösung aller Menschen ermöglicht. Christologie und Soteriologie stehen hier in engstem Zusammenhang. Auferstehung Jesu ist damit kein isoliertes historisches Ereignis oder Glaubensbekenntnis, sondern ein Heilsgeschehen, das – so der christliche Anspruch – jeden Menschen zutiefst betrifft und erlöst. Auferstehung Jesu Christi und Auferstehung aller Menschen hängen unauflösbar miteinander zusammen. Dass diese Auferstehung der Menschen als eschatologisches Ereignis gedeutet wird, das auch auf die gesamte Schöpfung zu beziehen ist, sei hier nur weiterführend angedeutet. Stellvertretender Tod und Auferstehung Jesu Christi haben sowohl biblisch als auch theologiegeschichtlich eine große Pluralität an soteriologischen Ansätzen hervorgebracht: als Sühneleiden für die Sünden der Menschheit, als Überwindung dämonischer Mächte, als bedingungslose, liebende Zuwendung Gottes uvm.[4]

Versteht man Auferstehung Jesu Christi soteriologisch, dann rückt diese in den Lebenshorizont von Kindern und Jugendlichen. Die Frage nach einem angemessenen Verständnis der Auferstehung Jesu besitzt dann Bezug zum erlösungsbedürftigen Leben im Hier und Jetzt und zum eigenen Leben nach dem Tod. In dieser Perspektive lässt sich „Auferstehung" auch korrelativ didaktisch transformieren.

Religionsdidaktisch bedeutsam ist darüber hinaus die deutlich gewordene Pluralität von Verstehensansätzen. „Auferstehung" zählt zu den unentscheidbaren Fragen. Heinz von Foerster unterscheidet Fragen, die in einem bestimm-

---

[4] Vgl. einleitend WERBICK, JÜRGEN: Soteriologie, Düsseldorf 1990; SATTLER unterscheidet staurologische, inkarnatorische und vitale Soteriologien. Vgl. SATTLER, DOROTHEA: Erlösung? Lehrbuch der Soteriologie, Freiburg i. Br. 2011.

ten normativen Rahmen klar entschieden werden können, von unentscheidbaren Fragen.[5] So können z. B. mathematische Ergebnisse im Horizont geltender mathematischer Regeln, historische Beurteilungen im Rahmen anerkannter Interpretationsregeln historischer Quellen oder Handlungen als „richtig" oder „falsch" bezeichnet werden. Die zweite Kategorie von Fragen ist durch Unentscheidbarkeit geprägt. Die Antworten auf diese Fragen sind „durch die Freiheit unserer Wahl bestimmt"[6]. Fragen nach dem Sinn des Lebens, nach der Existenz Gottes oder nach der Liebe zu einem Menschen können allgemeingültig nicht beantwortet, sondern müssen vielmehr individuell und zugleich (denkerisch) verantwortet werden. Religiöse Fragen sind weitgehend unentscheidbare Fragen – und damit zugleich für Bildungsprozesse so relevant wie reizvoll zugleich.

Eine Antwort auf eine unentscheidbare Frage kann allerdings wiederum in eine entscheidbare überführt werden, wenn sie in einen normativen Rahmen gesetzt und damit zugleich die Freiheit der Wahl eingegrenzt wird. Einigt man sich z. B. auf einen exegetischen oder theologischen normativen Rahmen, dann können innerhalb dessen auch Aussagen über die Auferstehung Jesu Christi als „richtig" oder „falsch" betrachtet werden. Das Ringen um Christologie und Soteriologie kann auch als ein stetiges Ringen um solche normativen Rahmen verstanden werden. Fragen nach „Auferstehung" können jedoch ohne solche normativen Rahmen allgemeingültig nicht beantwortet werden: Ob Auferstehung wahr ist, welche Bedeutung sie für uns besitzt uvm. sind dann unentscheidbare Fragen. Für den religionsdidaktischen Umgang mit „Auferstehung" ist somit zentral, dass es bereits innerchristlich unterschiedliche Denk- und Interpretationsmuster von Auferstehung gibt, in denen sich Heranwachsende orientieren lernen können, um verantwortet eine eigene Entscheidung dieser unentscheidbaren Frage nach Auferstehung zu fällen. Darüber hinaus existieren mannigfaltige weitere postmortale Vorstellungen, die in einer religionspluralen Gesellschaft relevant werden. Um angemessen mit „Auferstehung" in dieser Pluralität umgehen zu können, eigene Entscheidungen treffen und diese denkerisch verantworten zu können, bedarf es die Wahrnehmung von und die Auseinandersetzung mit unterschiedlichen Auferstehungsvorstellungen. Es kann somit nicht um die Vermittlung eines „richtigen" Auferstehungsverständnisses gehen, sondern vielmehr „um die strukturierte und reflek-

---

[5] Vgl. FOERSTER, HEINZ VON: Lethologie, Eine Theorie des Erlernens und Erwissens angesichts von Unwißbarem, Unbestimmbarem und Unentscheidbarem. In: VOß, REINHARD (Hg.): Die Schule neu erfinden. Systemisch-konstruktivistische Annäherungen an Schule und Pädagogik, Neuwied 2002, 14–33.

[6] FOERSTER: Lethologie, 29.

tierte Auseinandersetzung mit der Auferstehung als Gegenstand, die mehrperspektivisch verstanden wird, was den Auferstehungsglauben selbst bereichert."[7]

Hier wird deutlich, dass der Lerninhalt aus seiner spezifischen Strukturierung heraus auf spezifische Lernhandlungen bezogen ist. Der Lerninhalt „Auferstehung" legt nahe, dass es Kompetenzen im (theologischen) Argumentieren und Urteilen ebenso wie Kenntnisse hinsichtlich unterschiedlicher Auferstehungsvorstellungen bedarf.[8] Um diese Kenntnisse und Fähigkeiten zu fördern, ist es nötig, die kognitiven Strukturen und Vorerfahrungen der SuS in Hinblick auf den Lerninhalt „Auferstehung" sowie deren Fähigkeiten, sich zu diesem zu verhalten (Handlungs- und Tätigkeitsstruktur) zu erfassen.

1.2. Auferstehungsvorstellungen von Kindern und Jugendlichen

Die christologiedidaktische Forschungslage ist überschaubar,[9] in Hinblick auf Auferstehungsvorstellungen von SuS eher gering.[10] Dennoch lassen sich aus den bereits vorliegenden Arbeiten Perspektiven für die Designentwicklung ableiten.

Bemerkenswert ist, dass bereits Kinder im Vorschulalter in Ansätzen christologische Denkfiguren besitzen, die für ein umfassenderes Verständnis von Auferstehung Jesu notwendig sind.[11] Auch kann eine deutliche Lernpro-

---

[7] REIS, OLIVER: Wie kommt die Rede von der Auferstehung in den Lernprozess? Das Verstehen von Auferstehung und seine Bedeutung für schulische Lernprozesse. In: RpB63 (2009), 39–56, hier:54.

[8] Vgl. SCHWARZKOPF, THERESA: Vielfältigkeit denken. Wie Schülerinnen und Schüler im Religionsunterricht argumentieren lernen, Stuttgart 2016.

[9] Vgl. die Forschungsüberblick bei GÄRTNER, CLAUDIA: Ästhetisches Lernen. Eine Religionsdidaktik zur Christologie in der gymnasialen Oberstufe, Freiburg 2011, 262–279; PEMSEL-MAIER, SABINE: Gott und Jesus Christus. Orientierungswissen Christologie, Stuttgart 2016; DIES.: Empirie trifft Christologie: Einblicke in christologische Aneignungsprozesse von Kindern und Jugendlichen. In: DIES./SCHAMBECK, MIRJAM (Hg.): Keine Angst vor Inhalten! Systematisch-theologische Themen religionsdidaktisch erschließen, Freiburg 2015, 211–231; SCHAMBECK, MIRJAM: Ganz Gott und Mensch?! Chakedon updated - Christologische Konzepte Jugendlicher im Gespräch mit der Christologie. In: ebd., 232–254.

[10] POHL-PATALONG, UTA: Kaum zu glauben und doch so wichtig. Auferstehung als Thema im Religionsunterricht. In: JRP 26 (2010), 205–214.

[11] Vgl. ZIMMERMANN: Jesus, 122–138; VAN `T ZAND, MARIEKE/DE ROOS, SIMONE: Ich denke, diese Kreuze auf dem Hügel sind Vogelscheuchen! Die Vorstellung kleiner Kinder von Ostern. In: JaBuKi 2 (2003), 75–88.

gression in den ersten zwei Grundschuljahren festgestellt werden, die zu differenzierteren Kenntnissen der Auferstehungsthematik und zu höheren hermeneutischen Kompetenzen führen.[12]

Empirische Studien kommen jedoch zu unterschiedlichen Ergebnissen, inwiefern Kinder im Grundschulalter bereits eigenständig soteriologische Kategorien verwenden. Während teils eine weitgehende Abkopplung von Jesu Tod und Soteriologie festgestellt[13] oder die Unfähigkeit, Kreuz und Auferstehung theologisch zu deuten herausgestellt wird,[14] können andere Studien durchaus Verbindungen aufzeigen.[15] Auffällig hierbei ist, dass soteriologische Vorstellungen im Horizont von Populärkultur oder Märchen entwickelt werden, wo Opfer und Erlösung oftmals eine zentrale Bedeutung besitzen.[16] Zwar bringen Kinder Auferstehung durchaus mit Passion und Kreuz Jesu Christi in Verbindung. Sie betrachten die Kreuzigung als Voraussetzung, dass Jesus zu Gott kommt.[17] Aber selbst wenn Kinder dezidierte Kenntnisse von Kreuz, Tod und Auferstehung Jesu besitzen, wird in der Regel kein Zusammenhang mit der eigenen Auferstehung oder der Auferstehung aller Menschen gesehen.[18] Die Kinder ringen um eine angemessene Beschreibung des Auferstandenen, um zugleich eine Kontinuität und Diskontinuität zum irdischen Jesus auszudrücken.[19]

---

[12] Vgl. BENZ, SABINE: Wer ist Jesus – was denkst du? Christologische Wissen- und Kompetenzentwicklung in den ersten beiden Grundschuljahren – eine qualitative Längsschnittstudie, Göttingen 2015, 459–463.

[13] Vgl. BÜTTNER, GERHARD: Christologie von Kindern und Jugendlichen. In: Glauben und Lernen 19 (1/2004), 41–53, hier: 52.

[14] Vgl. ALBRECHT, MICHAELA: Für uns gestorben. Zur Heilsbedeutung des Kreuzestodes Jesu Christi aus Sicht Jugendlicher, Göttingen 2007, 239; SCHAMBECK, MIRJAM: Das Kreuz zwischen theologischer Lehre und existenzieller Irrelevanz. In: KNOP, JULIA/NOTHELLE-WILDFEUER, URSULA: Kreuz-Zeichen. Zwischen Hoffnung, Unverständnis und Empörung, Ostfildern 2013, 307–319.

[15] ZIMMERMANN, MIRJAM: Jesus im Garten Gethsemane (Mt 26,36–46) - Elementare Zugänge zu Passion und Tod Jesu. In: JaBuKi (2006), Sonderband Teil 2: Neues Testament, 178–193; BENZ, Jesus, 459–463.

[16] Vgl. GÄRTNER, CLAUDIA/PISARSKI, BERNADETTE: „Erlösung ist, wenn man befreit ist von einem Fluch, wie bei Fluch der Karibik". Mit Grundschulkindern über Erlösung sprechen – empirische Einblicke und Praxisbausteine. In: JaBuKi 12 (2013), 159–170; GÄRTNER, CLAUDIA: Erlösung. In: BÜTTNER, GERHARD/U. A. (Hg.): Handbuch Theologisieren mit Kindern. Einführung - Schlüsselthemen - Methoden, Stuttgart/München 2014, 175–179, 175; ZIMMERMANN, MIRJAM: Die (Be-)Deutung des Todes Jesu in der Religionspädagogik. Eine Skizze. In: FREI, JÖRG/SCHRÖTER, JENS (Hg.): Deutungen des Todes Jesu im Neuen Testament, Tübingen 2005, 609–647, 637.

[17] Vgl. BUTT: Untersuchungen, 100; 259f.

[18] Vgl. ebd., 65; ähnlich: BÜTTNER: Christologie, 41–53, 43f.

[19] Vgl. ähnlich DERS.: „Vielleicht hätten wir ihn ja ganz vergessen, ohne dass wir nochmal die Auferstehung von ihm haben" - Grundschulkinder der 4. Klasse deuten den „ungläubigen Thomas" (Johannes 20,24–29). In: JaBuKi 7 (2008), 25–35, 35.

Als Vermittlung zwischen Irdisch und Nicht-Irdisch werden auch Kategorien wie Seele und Geist, teils auch Vergleiche zur Fantasywelt und deren Helden getroffen.[20]

Im späten Kindes- bzw. frühen Jugendalter zeichnen sich zu diesem Befund keine grundlegenden Veränderungen ab. So lassen sich bei elf- bis zwölfjährigen Gymnasiast/-innen (evangelisch/ohne Bekenntnis) drei Typen von Auferstehungsvorstellungen feststellen.[21] Gefragt nach „Auferstehung" allgemein verwenden die Kinder a) biblische Motive wie das leere Grab, mit teils aufschlussreicher Dialektik von bleibender Anwesenheit Jesu auf Erden und gleichzeitiger Abwesenheit. Eine zumeist aus Jungen bestehende Gruppe fertigt b) Bilder vom auferstandenen Jesus bzw. von auferstandenen Menschen als Geist oder Engel an, wobei diese Vorstellungen auch durch Fantasywelten angereichert werden und eine deutliche Trennung von Geist und Materie zum Ausdruck bringen. Eine kleinere Gruppe knüpfte c) an Vorerfahrungen mit verstorbenen (Haus-)Tieren an, die unsichtbar auferstanden und nun schützend für die Kinder da seien.[22] „Auferstanden-Sein heißt für die Kinder vornehmlich: weiter gegenwärtig sein, wenn auch unsichtbar und eventuell sogar in einem anderen Körper."[23] Diese Vorstellung steht teils unverbunden nebeneinander zu Vorstellungen aus der Fantasywelt oder Vorstellungen aus der religiösen Frömmigkeitskultur.

Die Transformation von kindlichen religiösen Vorstellungen zum sog. Erwachsenenglauben stellt eine erste zentrale Herausforderung religiöser Bildung dar. Als zentral zu erwerbende Kompetenzen macht Ziegler die Fähigkeit aus, Komplementarität denken zu können.[24] Christologiedidaktik fordert er dazu auf, komplementären oder auch paradoxen Denkmustern, wie sie auch in Auferstehungsvorstellungen ihren Ausdruck finden, nicht auszuweichen. Grundschulkinder, die ja durchaus in Ansätzen entsprechende eigene christologische Vorstellungen entwickeln, diese Denkanstrengung zu erlassen hieße auch, notwendige Entwicklungen im Jugendalter zu erschweren. Ähnlich wie bei Kindern macht Ziegler zweitens auch bei den befragten Jugendlichen eine

---

[20] Vgl. BUTT: Untersuchungen, 260.
[21] Vgl. LINK-WIECZOREK, ULRIKE/WEILAND, ISOLDE: Können Kinder 'Auferstehung' denken?. In: JabuKi Sonderband „Manche Sachen glaube ich nicht", Stuttgart 2008, 86–98.
[22] Vgl. LINK-WIECZOREK/WEILAND: Kinder, 94f.
[23] Ebd., 97.
[24] Vgl. zum komplementären Denken, auch in Hinblick auf die Christologie: REICH, KARL HELMUT: Kann Denken in Komplementarität die religiöse Entwicklung im Erwachsenenalter fördern? Überlegungen am Beispiel der Lehrformel von Chalkedon und weiterer theologischer „Paradoxe'. In: BÖHNKE, MICHAEL./U. A. (Hg.): Erwachsen im Glauben. Beiträge zum Verhältnis von Entwicklungspsychologie und religiöser Erwachsenenbildung, Stuttgart 1992, 127–154.

weitgehende Verbindungslosigkeit von Christologie, Soteriologie und Eschatologie aus.[25] „Jugendliche, die an ein Leben nach dem Tod glauben, begründen dies kaum mit Jesu Auferstehung, sondern – wenn überhaupt – eher mit Nahtod-Erfahrungen."[26]

Damit können in Hinblick auf Auferstehungsvorstellungen zwei zentrale Herausforderungen ausgemacht werden, die sowohl im Kindes- als auch Jugendalter virulent sind. Christologie im Allgemeinen sowie Auferstehung im Speziellen setzt fachwissenschaftlich und fachdidaktisch erstens voraus, dass Kinder und Jugendliche in der Lage sind, die Menschlichkeit und die Göttlichkeit Jesu, sein irdisches Leben und Wirken sowie seine nachösterliche Erscheinung auf der Welt, zusammenzudenken. Während Kinder zur Lösung dieses christologischen Topos eigene Ideen entwickeln, reiben sich Jugendliche zunehmend an wahrgenommenen logischen Ungereimtheiten. Gelingt es ihnen nicht, komplementäre Denkstrukturen zu entwickeln, gerät der Christusglaube in eine Krise oder wird gänzlich abgelehnt. Hier wird erneut deutlich, dass Lerninhalt und Lernhandlung eng miteinander verbunden sind. Aus dem Lerninhalt „Auferstehung" resultieren Lernhandlungen, die notwendige Fähigkeiten anzielen, um den Lerninhalt angemessen verstehen und mit ihm umgehen zu können.

Soteriologie und Christologie sind zweitens theologisch untrennbar aufeinander bezogen. Diese Verbindung wird sowohl von Kindern als auch Jugendlichen kaum gesehen. Es erweist sich somit als religionsdidaktische Herausforderung, die theologisch notwendigen Zusammenhänge von Leben nach dem Tod sowie Tod und Auferstehung Jesu deutlicher didaktisch zu konturieren.

1.3. (Post-)mortale Vorstellungen von Kindern und Jugendlichen

Für die didaktische Transformation der Vorstellungen von Auferstehung sind zudem Strukturen und Entwicklungen von Todeskonzeptionen bei Kindern und Jugendlichen relevant. Lange dominierende (religions-)psychologische Stufentheorien des Todesverständnisses in der Tradition von Piaget[27] werden mittlerweile aus unterschiedlichen Perspektiven hinterfragt,[28] ohne dass sich

---

[25] Vgl. ZIEGLER, TOBIAS: Jesus als „unnahbarer Übermensch' oder„ bester Freund'? Elementare Zugänge Jugendlicher zur Christologie als Herausforderung für Religionspädagogik und Theologie, Neukirchen-Vluyn 2006, 495.

[26] DERS.:, Jesus, 163.

[27] Vgl. den Überblick über unterschiedliche Stufenmodelle WITTKOWSKI, JOACHIM: Psychologie des Todes, Darmstadt 1990, 43–65.

[28] Vgl. STREIB, HEIN/KLEIN, CONSTANTIN: Todesvorstellungen von Jugendlichen und ihre Entwicklung. In: JRP 26 (2010), 50–75.

eindeutige alternative Entwicklungstheorien etablierten. Mette stellt zwei größere, konträre Richtungen heraus.[29] Viele Ansätze gehen von einer fließenden Entwicklung zwischen 5–10 Jahre aus. In dieser Zeitspanne entwickle sich auch die Vorstellung einer möglichen Trennung von biologischen und psychischen Vorgängen.[30] Der biologische Tod bedeute dann nicht zwangsläufig den Tod der Person, sondern ermögliche Vorstellungen eines Lebens nach dem Tod, eines Weiterlebens der Seele, der Reinkarnation uvm. Diese Entwicklung sei zwar multifaktorisch bedingt, zugleich jedoch ein kulturübergreifendes Phänomen, so dass von einer endogenen Entwicklung thanatologischer Vorstellungen gesprochen werden könne. Dagegen gehen Theorien in Anlehnung an Paul L. Harris davon aus, Konzeptionen eines Lebens nach dem Tod entwickelten sich stets in Folge exogener Faktoren und zwar erst ab einem Alter von etwa 11 Jahren.[31]

Explizite Theorien zur Entwicklung von postmortalen Vorstellungen sind weniger stark empirisch gestützt. Bereits Grundschulkinder verfügen über Vorstellungen von einem Leben im Himmel oder von der Reinkarnation, auch wenn sie weitgehend „sky" und „heaven" miteinander vermischen und deutlich konkret-lebensweltlich[32] und kontextuell geprägt sind.[33]

Einige Grundschüler/-innen gehen auch davon aus, nach dem Tod komme „Nichts",[34] eine Vorstellung, die zum Jugend- und frühen Erwachsenenalter stark zu-, danach aber quantitativ wieder abnimmt. Entsprechende Theorien sprechen daher von einem agnostisch-atheistischen Durchgangsstadium im frühen Erwachsenenalter.[35] Von 8000 befragten Berufsschüler/-innen glauben 31%, nach dem Tod sei nichts. 28% glauben an ein Wiedersehen mit allen, die sie kennen, 21% an eine Begegnung mit Gott. Die Vorstellung eines Paradieses besitzen 17%, die der Wiedergeburt 12%. Himmel und Hölle erhalten 11%,

---

[29] Vgl. METTE, NORBERT: Vorstellungen von Kindern über den Tod und ein Leben nach dem Tod. In: JRP 26 (2010), 43–49.

[30] Vgl. ähnlich MARSAL, EVA/DOBASHI, TAKARA: „Die Menschen, die tot sind, leben so lange, wie man an sie auch denkt" Der Tod in der Weltkonstruktion von japanischen und deutschen Kindern. In: JaBuKi 8 (2009), 132–155. In einer kulturvergleichenden Studie stellen MARSAL/DOBASHI heraus, dass bereits Grundschulkinder die Trennung von Leib und Seele, Geist und Materie in Zusammenhang mit dem Tod entwickeln und die Vorstellung einer Auferstehung des Fleisches weitgehend ablehnen (vgl. ebd., 139; 143).

[31] Vgl. METTE: Vorstellungen, 48f.

[32] Vgl. NAURATH, ELISABETH: „Um Himmels willen…!" Mit Kindern im Religionsunterricht über das irdische Leben und Sterben hinausfragen. In: JRP 26 (2010), 215–224, hier: 221.

[33] Vgl. MARSAL/DOBASHI: Menschen, 146; NAURATH, ELISABETH: „Wer früher stirbt, ist länger tot?" Was christliche und muslimische Kinder nach dem Tod erwarten. In: JaBuKi 8 (2009), 60–70.

[34] Vgl. MARSAL/DOBASHI: Menschen, 140.

[35] Vgl. STREIB/KLEIN: Todesvorstellungen, 73.

das Weiterleben der Seele 18% und die Begegnung mit Allah 9% Zustimmung.[36] Zugleich konnte ein hoher Zusammenhang von Todes- und Gottesvorstellungen bei Jugendlichen herausgestellt werden. „Wer eine Vorstellung von Gott als Helfer und Retter hat, glaubt mit sehr hoher Wahrscheinlichkeit auch an ein Weiterleben im Himmel"[37].

Für die religionsdidaktische Frage nach der Thematisierung von Auferstehung resultiert hieraus, dass die Thematisierung von Tod und Auferstehung durchaus im Grundschulalter möglich ist. Da stufenförmige, teleologisch ausgerichtete Entwicklungstheorien obsolet geworden sind, können didaktische Designs nicht (länger) auf die Entwicklung eines spezifischen Todes- oder Auferstehungsmodells ausgerichtet sein. Insbesondere im Jugendalter herrschen vielmehr sehr vielfältige postmortale Vorstellungen vor, wobei insbesondere agnostisch-atheistische Positionen stark zunehmen. Daher sollten die je individuellen postmortalen Konstruktionen der SuS berücksichtigt und in eine Auseinandersetzung mit unterschiedlichen Modellen und Vorstellungen überführt werden.

1.4. *Gegenstandsspezifische Lernziele*

Ein in der Fachdidaktischen Entwicklungsforschung entworfenes Design orientiert sich an Lernzielen, die sowohl aus dem fachwissenschaftlich reflektierten Lerngegenstand resultieren als auch aus allgemeinen Bildungszielen, wie sie z. B. in Rahmenrichtlinien und Kerncurricula ihren Niederschlag finden. Als zentral bei der Formulierung von Lernzielen hat sich dabei die Modellierung der Handlung oder Tätigkeit erwiesen – und eben nicht ausschließlich die Auswahl der Lerninhalte.[38] Unentscheidbare Fragen wie die Auferstehungsthematik sind je nach Modellierung der Handlung im RU möglich und evaluierbar. Voraussetzung dabei ist, dass „die gläubige Bejahung und die Verknüpfung mit der persönlichen Lebenswelt [...] nicht Teil der geforderten Handlung ist"[39]. „Auferstehung im eigenen Leben nachspüren" wäre somit ein Lerngegenstand, der nicht messbar, „Auferstehung glauben" nicht lehr- bzw. lernbar ist. Das Lernziel „Auferstehungskonzeptionen vergleichen" erwiese sich z. B. als messbar und bewertbar. Welche Aspekte für die Entwicklung

---

[36] Vgl. FEIGE, ANDREAS/GENNERICH, CARSTEN: Lebensorientierung Jugendlicher. Alltagsethik, Moral und Religion in der Wahrnehmung von Berufsschülerinnen und -schülern in Deutschland, Münster 2008, 94–101; 175–179. Mehrfachantworten waren möglich.

[37] STREIB, HEINZ/GENNERICH, CARSTEN: Jugend und Religion. Bestandsaufnahmen, Analysen und Fallstudien zur Religiosität Jugendlicher, Weinheim/München 2011, 147–164, hier: 161f.

[38] Vgl. REIS/SCHWARZKOPF: Diagnose, 42–47.

[39] Ebd., 44.

von Lernzielen zum Lerninhalt „Auferstehung" zu berücksichtigen sind, soll im Folgenden ausgelotet werden.

Erste Hinweise hierzu ergeben sich bereits aus den vorangestellten Analysen zum Lerninhalt. Die (theologische) Pluralität von Auferstehungskonzeptionen und die Unentscheidbarkeit der Frage nach Auferstehung erfordert hohe Kompetenzen, um mit dieser Pluralität verantwortet umgehen zu können.[40] Es bedarf somit Kenntnisse unterschiedlicher Auferstehungsmodelle, es Bedarf Kompetenzen, diese zu beurteilen, miteinander zu vergleichen, gegeneinander abzuwägen, eigene Positionen zu plausibilisieren, zu argumentieren und diskutieren, um zu verantwortetem Denken und Verhalten in Hinblick auf Religion und Glaube zu befähigen (Synodenbeschluss 2.5.1.).

Diese Lernziele sollen im Folgenden anhand von (Kern-)Lehrplänen konkretisiert und damit zugleich in Hinblick auf ein zu entwerfendes Design auf schulische Rahmenbedingungen hin entfaltet werden. Exemplarisch wird dies anhand der (Kern-)Lehrpläne NRW durchgeführt. Der Kernlehrplan für die Sek II thematisiert Auferstehung dezidiert christologisch und implizit auch soteriologisch. Dabei greift er die bereits beschriebene Pluralität von Auferstehungsvorstellungen auf und zielt auf Wahrnehmungs-, Deutungs- und Urteilskompetenzen. Diese Aspekte korrelieren weitgehend mit den fachdidaktisch und -wissenschaftlich entwickelten relevanten Aspekten. Dennoch setzt der Kernlehrplan, um mit von Foerster zu sprechen, einen normativen Rahmen für einige Lernhandlungen, indem die Deutung der biblischen Ostererzählungen „als Zeugnisse des Glaubens an den Auferstandenen" oder die „Ostererfahrungen als den Auferstehungsglauben begründende Widerfahrnisse" festgelegt und anderslautende Deutungen damit ausgeschlossen werden.[41] Hier wird die fachwissenschaftlich herausgestellte Modellpluralität von (christlichen) Auferstehungsvorstellungen in ihrer fachdidaktischen Transformation eingegrenzt. Auffallend ist auch, dass zwar die Relevanz des Auferstehungsglaubens für Menschen heute erörtert werden soll, aber eine eigene Positionierung begründet einnehmen oder eigene Vorstellungen argumentieren können hingegen nicht dezidiert als Lernziele ausformuliert werden.

Auch für die Jg. 7–9 werden christologische und soteriologische Lernziele deutlich formuliert: Die SuS deuten „Osterzeugnisse als Ausdruck von Glaubenserfahrungen und als Hoffnungsgeschichten angesichts von Gebrochenheit, Leid und Tod, deuten die Symbolik künstlerischer Darstellungen von Kreuz und Auferstehung, stellen den Zusammenhang zwischen der Auferweckung Jesu und der christlichen Hoffnung auf Vollendung her. [… Sie] beur-

---

[40] Vgl. SCHWARZKOPF: Vielfältigkeit.
[41] Vgl. MINISTERIUM FÜR SCHULE UND WEITERBILDUNG DES LANDES NORDRHEIN-WESTFALEN (Hg.): Kernlehrplan für die Sekundarstufe II. Gymnasium/Gesamtschule in Nordrhein-Westfalen. Katholische Religionslehre, Düsseldorf 2014, 28f.

teilen die Bedeutung des christlichen Glaubens an die Auferstehung im Vergleich zu Wiedergeburtsvorstellungen."[42] Analog zur Sekundarstufe II werden Wahrnehmungs-, Deutungs- und Urteilskompetenzen in den Mittelpunkt gestellt, um der Mehrperspektivität der Thematik Rechnung zu tragen.

Während es eine weitgehende Kontinuität zwischen den Jg. 7–12 zu geben scheint, die eine explizite Lernprogression kaum ausweist, zeichnet sich zu Jg. 5–6 ein deutlicher Bruch ab. Tod und Auferstehung kommen hier explizit nicht vor, der Lerninhalt ist stark auf den historischen Jesus und seine Umwelt fokussiert, die Lernhandlungen lassen sich – altersspezifisch nachvollziehbar – auf niedrigeren Taxonomiestufen einordnen und beziehen sich vornehmlich auf Wissen, Verstehen und Anwenden. Eigene Positionierungen werden nicht, Urteile nur begrenzt vorgenommen. Eine Modellpluralität ist nicht vorgesehen.[43]

Ähnlich sieht es im Kernlehrplan der Grundschule aus. In den Jg. 3–4 wird „Jesu Tod als Konsequenz seiner Liebe zu Gott und den Menschen" und „die Auferstehung als Bestätigung Jesu durch Gott und als neues Leben bei Gott" gedeutet. Weiterhin stellen die SuS „an Beispielen dar, dass der Glaube an die Auferstehung Menschen Mut und Hoffnung gibt".[44] Der Kernlehrplan sieht erneut keine Mehrdeutigkeiten vor, die Deutungen sind in einem normativen Rahmen klar formuliert, zur Ausgestaltung eigener Auferstehungsvorstellungen werden die SuS nicht angehalten. In den Jg. 1–2 wird der RU auf die Wiedergabe und Beschreibung von Passion und Auferstehung fokussiert.

Insbesondere die Lernziele der Jg. 1–6 stehen damit zumindest partiell in Spannung zu den bisherigen fachwissenschaftlichen und -didaktischen Überlegungen: Dass Kinder fähig und motiviert sind, in Settings des Theologisierens eigenständige christologische Überlegungen anzustellen und eigene Auferstehungsvorstellungen bereits besitzen, wird hier explizit nicht mit einbezogen. Insbesondere der Fokus auf dem historischen Jesus hat sich darüber hinaus als fachdidaktisch wenig überzeugend erwiesen. Dies wirkt umso schwerer, da der Übergang von Jg. 6 mit seinem eher historischen Zugang zu den stärker christologisch ausgerichteten Lernzielen der folgenden Jahrgänge problematisch wird. Dass diese Bruchstelle im Lehrplan mit dem beginnenden Jugendalter und den von Ziegler deutlich herausgestellten „Einbruchstellen"

---

[42] Vgl. DERS. (Hg.): Kernlehrplan für das Gymnasium – Sekundarstufe I in Nordrhein-Westfalen. Katholische Religionslehre, Düsseldorf 2011, 27.
[43] Vgl. ebd., 21.
[44] DERS. (Hg.): Richtlinien und Lehrpläne für die Grundschule in Nordrhein-Westfalen, Düsseldorf 2012, 177.

des Glaubens im Jugendalter[45] korreliert, ist besonders brisant. Denn es ist gerade ein historisch fokussiertes Verständnis von Jesus und seinen Taten, das in den stark szientistischen Weltbildern der Jugendlichen obsolet wird.

1.5. Fazit: Lerngegenstand „Eigene Auferstehungsvorstellungen entwerfen"

Die in Lehrplänen wahrzunehmende Stufung vom historischen Jesus zum auferstandenen Christus des Glaubens ist weder theologisch noch religionsdidaktisch sinnvoll.[46] Es scheint daher eine notwendige fachdidaktische Aufgabe zu sein, Ansätze zu entwickeln, die christologisch ausgerichtet sind und aufbauendes Lernen ermöglichen. Dass dies nicht ausschließlich durch die Vermittlung christologischer, soteriologischer oder eschatologischer Kenntnisse geschehen kann, ist offensichtlich. Vielmehr weisen die christologiedidaktischen Überlegungen darauf hin, dass „den beliebten Unterrichtseinheiten zu Zeit und Umwelt Jesu [...] solche zur Seite zu stellen sind, in denen es gerade um die Konstruktion von eigenen 'Christologien' geht."[47] Versteht man mit Schwarzkopf/Reis den religiöse Lerngegenstand als Kombination aus Lerninhalt und Tätigkeit am Inhalt (vgl. Kap. 1.1.),[48] dann wird deutlich, dass der Lerngegenstand in dem hier skizzierten religionsdidaktischen Rahmen eine Lernhandlung erfordert, die theologische Gespräche, Diskussionen und Argumentationen umfasst und auf den Entwurf und die Entwicklung reflektierter eigener Auferstehungsvorstellungen zielt.

Aus den vorangegangenen Überlegungen wurde jedoch auch deutlich, dass eine so ausgerichtete Thematisierung von Auferstehung im Unterricht keineswegs auf die christliche Tradition und Theologie verzichten kann, denn „der Einsatz von Interpretamenten der Tradition [hat sich] durchaus bewährt, wenn diese theologischen Interpretationen nicht als undiskutierbare Wahrheit,

---

[45] Tobias Ziegler stellt 6 Einbruchstellen des Glaubens im Jugendalter heraus. Vgl. ZIEGLER, TOBIAS: Abschied von Jesus, dem Gottessohn? Christologische Fragen Jugendlicher als religionspädagogische Herausforderung. In: BÜTTNER, GERHARD/ THIERFELDER, JÖRG (Hg.): Trug Jesus Sandalen? Kinder und Jugendliche sehen Jesus Christus, Göttingen 2001, 106–139.

[46] ZIEGLER: Jesus; DERS.: Abschied S. 106–139, 137–139; BÜTTNER, GERHARD/RUPP, HARTMUT: 'Wer sagen die Leute, dass ich sei?' (Mk 8,27) Christologische Konzepte von Kindern und Jugendlichen. In: JRP 15 (1999), 31–47, 45f; SCHAMBECK: Ganz Gott, 246f; KRAFT, FRIEDHELM/ROOSE, HANNA: Von Jesus Christus reden im Religionsunterricht. Christologie als Abenteuer entdecken, Göttingen 2011, 64–70.

[47] BÜTTNER, GERHARD/THIERFELDER, JÖRG: Die Christologie der Kinder und Jugendlichen. Ein Überblick. In: dies. (Hg.): Trug Jesus Sandalen? Kinder und Jugendliche sehen Jesus Christus, Göttingen 2001, 7–26, 23.

[48] Vgl. REIS/SCHWARZKOPF: Diagnose, 65–76.

sondern als Verständigungsangebote dargeboten werden."[49] Der Lernprozess, der auf die Entwicklung eigener Auferstehungsvorstellungen zielt, umfasst somit die Auseinandersetzung mit (tradierten) Auferstehungsvorstellungen im Horizont von bestehenden eigenen Auferstehungskonstrukten. Es geht somit darum ein Design zu entwerfen, in dem das Vorwissen in Form der je individuellen Auferstehungskonzepte ins Gespräch miteinander und mit der christlichen Tradition gebracht wird. Vor diesem Hintergrund kann die angestrebte Lernhandlung als Entwicklung eigener Vorstellungen als Ko-Konstruktion präzisiert werden, die in der Fähigkeit mündet, eigene Auferstehungsvorstellungen entwerfen zu können. Der Lerngegenstand wird daher als „eigene Auferstehungsvorstellungen entwerfen" bezeichnet. In den Einheitlichen Prüfungsanforderungen für das Abitur (EPA) wird der Operator „entwerfen" definiert als sich „textbezogen kreativ mit einer Fragestellung auseinander setzen". Auf der höchsten Taxonomiestufe III werden hier zentrale Dimensionen des Lerngegenstandes benannt, die auch im vorliegenden Kontext relevant sind. Es geht bei „eigene Auferstehungsvorstellungen entwerfen" um einen eigenständigen kreativen Akt, der sich mit einer – hier unentscheidbaren – Frage auseinandersetzt und seinen sichtbaren Ausdruck im eigenen Entwurf findet. Dies geschieht zwar nicht textbezogen, dafür aber – wie die folgenden Kapitel zeigen werden – in Auseinandersetzung mit einem Bild, das christliche Auferstehungsvorstellungen zum Ausdruck bringt. Als besonders herausfordernd und für die Entwicklung der Christologie bzw. Auferstehung notwendig erweisen sich die christologischen Komplementaritäten: Jesus als wahrer Gott und wahrer Mensch, als irdisch und himmlisch, als tot und lebendig usw. Lerninhalte, die diese christologische Grundstruktur aufgreifen und nicht vorschnell auflösen, fordern zu einer (Weiter-)Entwicklung der eigenen christologischen Vorstellungen heraus und entwickeln Denkstrukturen, die produktive Ansätze für eine Überwindung der christologischen „Einbruchstellen" im Jugendalter besitzen.

Auferstehung kann darüber hinaus nicht angemessen thematisiert werden, wenn nicht Christologie, Soteriologie und Eschatologie eng aufeinander bezogen dargestellt werden, was Kinder und Jugendlichen in ihren Auferstehungskonstruktionen zumeist jedoch nicht tun. Das Design zur Auferstehung sollte somit aus fachwissenschaftlicher Perspektive Potenzial bieten, um diese Dimensionen in den Lernprozess der SuS mit einzubringen. Derart soteriologisch und eschatologisch ausgewiesene Auferstehungsvorstellungen sind dabei nicht als alleiniges Deutungsmodell zu verstehen, sondern als ein Deutungsangebot im Prozess der Ko-Konstruktion von eigenen Auferstehungsvorstellungen.

---

[49] BÜTTNER, GERHARD: Jesus hilft! Untersuchungen zur Christologie von Schülerinnen und Schülern, Stuttgart 2002, 279.

2. Design entwickeln

Aus den bisher dargestellten fachdidaktischen und -wissenschaftlichen Darstellungen ergibt sich ein Rahmen für Lehr-Lernsettings, die Lernprozesse zu „eigene Auferstehungsvorstellungen entwerfen" initiieren können. Um ein konkretes Design zu entwickeln und auch evaluieren zu können, muss dieser Rahmen näher gefüllt werden. Dies soll im Folgenden durch zwei Hauptelemente geschehen: das Theologisieren mit Kindern (2.1.) und Jugendlichen und die religionspädagogische Arbeit mit Kunstwerken (2.2.), genauer mit einer Auferstehungsikone (2.3.).

2.1. *Eigene Auferstehungsvorstellungen durch Theologisieren entwerfen*

Christologische Vorstellungen von Kindern und Jugendlichen werden in der Religionsdidaktik oftmals im Rahmen kinder- und jugendtheologischer Studien erhoben, die verdeutlichen, dass Heranwachsende ihre eigenen Christologien resp. Auferstehungsvorstellungen in theologischen Gesprächen (weiter) entwickeln können (vgl. Kap. 1.2.; 1.3.). Im zu entwickelnden Design soll daher auch das Theologisieren eine wichtige Bezugsgröße darstellen. Obwohl sich dieses weitgehender Zustimmung erfreut, zeichnen sich trotzdem offene Problemstellungen ab, die beim zu entwerfenden Lernsetting berücksichtigt werden müssen.

Erstens ist Theologisieren mit Kindern und Jugendlichen subjektorientiert ausgerichtet und will die Lernenden durch Impulse und Moderation zum eigenständigen Nachdenken befähigen sowie zur Entwicklung ihrer (religiösen) Konstrukte beitragen. Dabei stellt sich die Frage, wie neue Erfahrungen im Allgemeinen und die christliche Tradition im Speziellen eingebracht werden können und welche Rolle hierbei Lehrkräfte spielen. Während in den Anfängen der Kindertheologie der Fokus stark auf die Eigenaktivität der SuS gerichtet war und die Lehrkräfte vornehmlich eine moderierende Rolle einnahmen, rückt in den letzten Jahren verstärkt in den Fokus, wie christliche Tradition und Theologie in diese Gespräche seitens der Lehrkraft eingebracht werden können.[50] Dies erweist sich zunehmend als virulent, weil Heranwachsende zu wenig Kenntnis von biblischen Geschichten und theologischer Tradition haben, weil sie teils für ihre Entwicklung schädliche und falsche Deutungen hervorbringen und weil ihre theologischen Äußerungen oftmals eher zufällig und

---

[50] Vgl. ROEBBEN, HUBERTUS: Theology made in dignity. On the precarious role of theology in religious education, Leuven 2016.

wenig nachhaltig sind.[51] Die von Schweitzer eingebrachte Unterscheidung einer Theologie von, für und mit Kinder(n)[52] klärt, dass bei einer Theologie *von* Kindern oder auch *der* Kinder der Fokus auf den Vorstellungen der Kinder liegt. Bei einer Theologie *für* Kinder wiederum wird den Kindern von Lehrkräften die christliche Tradition orientierend und kindgerecht angeboten. Theologisieren *mit* Kindern stellt eine Art Mittelposition dar, die sowohl die Theologie der Kinder integriert und zugleich Theologie für Kinder mit einbringt. Lehrende nehmen dabei aktiv gestaltende, moderierende aber auch passiv zuhörende Rollen ein. Dabei ist die enge Verknüpfung dieser beiden Pole zentral: Ohne diese gerät Theologisieren entweder zur Vermittlung von Fachwissen (Theologie für Kinder) oder wird auf einen Austausch eigener Fragen und Gedanken zu einem theologischen Thema (Theologie der Kinder) reduziert.[53]

Das zu entwickelnde Design lehnt sich an Theologisieren *mit* Kindern an. In Hinblick auf „eigene Auferstehungsvorstellungen entwerfen" bedeutet dies, dass die Lehrkraft als begleitende Expertin „Deutungsangebote aus ihrem Fachwissen"[54], d.h. geeignete Auferstehungsvorstellungen *für* Kinder und Jugendliche, auswählt, um diese in theologische Gespräche *der* Kinder einzubringen.

Zweitens zeigen die Debatten um Inklusion, dass Theologisieren auch im inklusiven Religionsunterricht auf Grund seiner starken Subjektorientierung fruchtbringend sein kann.[55] Gleichzeitig stößt es an seine Grenzen, wenn die Formen des Austauschs primär kognitiv und verbal gestaltet sind,[56] was derzeit leitende Formen sind, auch wenn die Methodenvielfalt des Theologisierens oftmals betont wird.[57] „Wie lassen sich im Rahmen des Theologisierens unterschiedliche Formen von Intelligenzen/Rationalitäten/Wissensdomänen

---

[51] Vgl. ZIMMERMANN, MIRJAM: Zur Dialektik einer aufgeklärten Kindertheologie. Die Notwendigkeit einer „Theologie für Kinder im Blick auf Zielgruppe, Basiswissen, Nachhaltigkeit und Inhalt. In: JaBuKi 12 (2013),40–56, hier: 49.

[52] Vgl. SCHWEITZER, FRIEDRICH: Was ist und wozu Kindertheologie?. In: JaBuKi 2 (2003), 9–18.

[53] Vgl. REISS, ANNIKE/FREUDENBERGER-LÖTZ, PETRA: Didaktik des Theologisierens mit Kindern und Jugendlichen. In: GRÜMME, BERNHARD/U. A. (Hg.): Religionsunterricht neu denken. Stuttgart 2012,133–145; REISS, ANNIKE: Jugendtheologie. In: WiReLex. https://www.bibelwissenschaft.de/stichwort/100022/ (10.2.2016).

[54] REISS/FREUDENBERGER-LÖTZ: Didaktik, 140.

[55] Vgl. KAMMEYER, KATHARINA/U. A. (Hg.): Inklusion und Kindertheologie, Münster 2014.

[56] Vgl. KAMMEYER, KATHARINA: Theologisieren in heterogenen Lerngruppen. Empirische Einsichten in Perspektiven von Lehrkräften und konzeptionelle Überlegungen. In: DIETRICH, VEIT-JAKOBUS (Hg.): Theologisieren mit Jugendlichen. Ein Programm für Schule und Kirche, Stuttgart 2012, 191–210, 208.

[57] So führt das „Handbuch Theologisieren mit Kindern" wie auch das Werkstattbuch „Theologische Gespräche mit Jugendlichen vielfältige Methoden auf. Vgl. BÜTTNER/U. A. (Hg.): Handbuch, 51–94; LÖTZ-FREUDENBERGER: Gespräche, 83–165.

aufzeigen/einspielen? Wie bringe ich Kinder mit unterschiedlichen Ausdrucksformen und -niveaus ins Gespräch? Bleibt Kindertheologie auch im inklusiven Religionsunterricht vor allem eine Frage der Sprachfähigkeit im eigentlichen Sinne?"[58] Ein methodischer Ansatz, um die verbale, kognitive Ausrichtung der Kindertheologie zu weiten, ist die Arbeit mit Bildern und Kunst. Diese wird in methodischen Grundlegungen der Kinder- und Jugendtheologie oftmals erläutert,[59] taucht aber in den dokumentierten Praxisbeispielen bislang nur selten auf.[60] Insbesondere die Ausweitung von theologischen Gesprächen mit Kunst in Kleingruppen hin zum Religionsunterricht „bleibt zukünftiges Thema und Desiderat kindertheologischer Forschung."[61] Das zu entwerfende Design will diesbezüglich einen Beitrag leisten.

2.2. Eigene Auferstehungsvorstellungen anhand von Kunstwerken entwerfen

Nicht nur die Arbeit mit Kunst im Rahmen des Theologisierens ist bislang erst in Ansätzen erforscht. Insgesamt kann sich die Bilddidaktik nur auf wenige empirische Studien beziehen.[62] Gleichwohl wird Kunst im RU ein hohes didaktisches Potenzial zugemessen. Dieses liegt vor allem in der Mehrdeutigkeit von Kunstwerken begründet. Somit geben diese keine eindeutigen Interpretationen vor, sondern fordern die Kinder und Jugendlichen zum eigenen Schauen, Analysieren, Deuten und theologischem Nachdenken heraus und unterstützen damit den Erwerb hermeneutischer Kompetenzen. Durch ihre Polysemie eröffnen Bilder zudem Raum für individuelle und persönliche Aneignung. „Der größte Gewinn im Theologisieren mit Bildern liegt [...] darin, dass sie als relativ offener und stummer Impuls zum Einsatz kommen können und so Kindern die Möglichkeit geben, sich *ihr* Thema zu suchen und Fragen zu

---

[58] FLAKE, SASKIA/SCHRÖDER, INA: Inklusive Pädagogik - Eine Herausforderung für die Religionspädagogik?! In: KAMMEYER/U. A. (Hg.): Inklusion, 30–64, 57. Vgl. ähnlich mit Fokus auf Bildungsgerechtigkeit: GRÜMME, BERNHARD: Bildungsgerechtigkeit. Eine religionspädagogische Herausforderung, Stuttgart 2014, 214; vgl. DERS.: Mit bildungsfernen Schülern theologisieren. Skizze einer kritisch-marginalitätssensiblen Kindertheologie. In: RpB 70 (2013), 31–42.

[59] Vgl. KALLOCH, CHRISTINA: Mit Bildern theologisieren. In: BÜTTNER/U. A. (Hg.): Handbuch, 79–84.

[60] Vgl. KALLOCH, CHRISTINA: Theologisieren mit Kunstbildern. In: JaBuKi 14 (2015), 71–81; BUNTFUß, MARKUS/FEIND, CLAUDIA: Aufgefahren in den Himmel – Das Bekenntnis zur Himmelfahrt Christi. In: JaBuKi (2008). Sonderband: „Manche Sachen glaube ich nicht", 99–107.

[61] KALLOCH: Theologisieren, 81.

[62] Vgl. GÄRTNER: Mit Bildern, 13–26.

stellen, die sie an das Bild bzw. das Thema haben, das sie für sich entdecken."[63]

Insbesondere im Dialog mit der Kunst- und Museumspädagogik kann für die Bilddidaktik herausgestellt werden, dass tendenziell alle Bilder alters- und entwicklungsunabhängig betrachtet werden können, wobei jedoch die Tiefe und Komplexität der Erschließung variiert.[64] Bilder sind somit in theologischen Gesprächen, alters- und entwicklungsspezifisch transformiert, einsetzbar. In Hinblick auf eine milieusensible und lebensweltorientierte Didaktik treten aber auch Hürden einer (religionspädagogischen) Arbeit mit Kunstwerken auf.[65] Da SuS in unterschiedlichen, gerade ästhetisch stark ausdifferenzierten Milieus leben,[66] ist ein milieu- und lebensweltorientierter Einsatz von Kunstwerken allgemein nicht zu bestimmen. Einer kunstorientierten Religionsdidaktik pauschal eine höhere Lebensweltorientierung oder Milieusensibilität zu- oder abzusprechen, ist daher obsolet. „Der Einsatz von Bildern der Kunst im Religionsunterricht verringert also sicherlich nicht in jedem Fall die Distanz zur Lebenswelt […]. Kunstwerke müssen als eigenständige Inhalte begriffen und behandelt werden, die gerade vor dem Hintergrund heterogener Milieus alle pädagogischen Herausforderungen einer ausdifferenzierten Gesellschaft mit sich bringen."[67] Kunst als Theologie *für* Kinder und Jugendliche ist somit nicht per se ein geeignetes Medium oder eine ansprechende Methode, die den Anspruch erheben kann, milieusensibel Bildungschancen für alle SuS zu ermöglichen. Vielmehr muss sich auch Theologisieren mit Kunst sensibilisiert den Herausforderungen einer heterogenen Schülerschaft stellen.

Mit Auferstehungsvorstellungen greift die Studie eine unentscheidbare Frage auf (vgl. Kap. 1.1.). Wird dieser Lerninhalt über Kunstwerke eingespeist, so tritt als Problemstellung auf, dass weder die Auferstehung Jesu Christi noch andere postmortale Vorstellungen realistisch abbildbar sind. Kunst, die als Auferstehungstheologie für Kinder und Jugendliche ausgewählt wird, muss bildimmanent diese Darstellungsproblematik reflektieren, um einem missverständlichen Abbildrealismus vorzubeugen. In der Kunst- bzw. Bildwissenschaft werden entsprechende bildimmanente Strategien auch als

---

[63] KALLOCH: Mit Bildern theologisieren, 84.
[64] Vgl. BURRICHTER, RITA/GÄRTNER, CLAUDIA: Mit Bildern lernen, München 2014, 56–63. Einschränkungen sind hierbei bzgl. der Motivwahl vorzunehmen, so z. B. in Hinblick auf Gewalt- oder Sexualitätsdarstellungen.
[65] Vgl. SCHNURR, ANSGAR: „Das sieht einfach irgendwie eklig aus!" Milieubedingte Heterogenität in der Betrachtung von Kunstwerken. In: RelliS 19 (1/2016), 16–19; BURRICHTER/GÄRTNER: Bildern, 68–71.
[66] Vgl. exemplarisch: CALMBACH, MARC/U. A.: Wie ticken Jugendliche 2012? Lebenswelten von Jugendlichen im Alter von 14–17 Jahren in Deutschland, Düsseldorf 2012.
[67] SCHNURR, Heterogenität, 19.

bildinterner Ikonoklasmus bezeichnet.[68] Zusammen mit der bereits beschriebenen Polysemie von Kunstwerken kann hierdurch dazu beitragen werden, eindeutige Vorstellungen, „wie es denn gewesen ist" oder „wie es denn sein wird" zu unterlaufen.

2.3. *Eigene Auferstehungsvorstellungen in Auseinandersetzung mit einer Anastasisikone entwerfen*

Die bislang vorgenommenen Überlegungen sollen nun abschließend in Hinblick auf ein konkretes Design fokussiert werden. Dazu ist es nötig, die Vielzahl didaktischer Möglichkeiten einzugrenzen und die fachwissenschaftliche und -didaktische Komplexität zu reduzieren. Deshalb werden im Folgenden Entscheidungen für ein konkretes Design getroffen und im Horizont der entfalteten Theorien begründet. Hierzu wird zuerst der Lerninhalt und anschließend die Lernhandlung erörtert.

Der Lerninhalt „Auferstehung" ist in kinder- und jugendtheologischen Settings zum einen durch die Vorerfahrungen und bestehenden kognitiven Konstrukte der Lernenden, die sie in den Lernprozess intersubjektiv einbringen, bestimmt. Dieser kann in der Planung des Designs durch vorliegende Studien zu Auferstehungsvorstellungen ansatzweise prognostiziert, aber nicht vollends bestimmt werden. Auf Grundlage der vorliegenden Studien geht das Design von heterogenen Auferstehungsvorstellungen aus, die sich zum einen dadurch auszeichnen, dass nahezu alle SuS ab dem Grundschulalter entsprechende Vorstellungen über das Leben nach dem Tod besitzen. Zum anderen ist hierbei zu konstatieren, dass Kinder und Jugendliche über mehr oder weniger umfassende Kenntnisse von Tod und Auferstehung Jesu verfügen. Allerdings stellen sie in der Regel keinen Zusammenhang von Tod und Auferstehung Jesu und dem eigenen postmortalem Ergehen her. Soteriologie, Eschatologie und Christologie stehen weitgehend unverbunden neben der existenziellen Frage, was nach dem (eigenen) Tod geschieht. In diesen prognostizierten Lernstand hinein wählt das Design ein Bild aus, das als Theologie für Kinder und Jugendliche mit eben dieser Verbindung von Tod und Auferstehung Jesu und der Errettung der Menschen vertraut macht. Ausgewählt wird dafür für eine Anástasisikone (Abb. 1).[69]

---

[68] Vgl. BOEHM, GOTTFRIED: Ikonoklastik und Transzendenz. Der historische Hintergrund. In: SCHMIED, WIELAND (Hg.): Gegenwart Ewigkeit. Spuren des Transzendenten in der Kunst unserer Zeit, Stuttgart 1990, 27–34; BOEHM, GOTTFRIED: Die Bilderfrage. In: DERS.: Was ist ein Bild, München 1994, 325–343.
[69] Vgl. BURRICHTER/GÄRTNER: Bildern, 72–75; LANGE, GÜNTER: Bilder zum Glauben. Christliche Kunst sehen und verstehen, München 2002, 234–244.

Abb. 1: *Anástasis (Auferstehung), russische Ikone, Anfang 16. Jhd., 131 x 104 cm, Ikonenmuseum Recklinghausen*

Die russische Ikone zeigt Christi Abstieg in das Reich der Toten. Christus hat die Türen zur Unterwelt geöffnet, am dunklen unteren Bildrand liegen Schlüssel, Nägel und zerbrochene Schlösser und Riegel. Er zieht Adam am Handgelenk aus einem Grab hervor, Eva und drei Apostel warten am rechten und Salomon, David und Moses am linken Bildrand. Dabei tritt Christus auf ein am Boden liegendes weißes Kreuz, das aus zwei Türflügeln gebildet wird. Geste und Griff bringen in der antiken Herrscherikonografie die huldvolle Erhebung eines Sklaven durch einen überlegenen Herrscher zum Ausdruck, der Tritt auf das Kreuz verdeutlicht, dass das Kreuz (und damit der Tod) besiegt ist.[70] Die Körperhaltungen spiegeln somit Macht und Rettung wider.

---

[70] Vgl. BURRICHTER/GÄRTNER: Bildern, 73.

Die Figurengruppen am rechten und linken Bildrand stehen vor einer nicht näher zu identifizierenden Felsenlandschaft, hinter dem übergroßen, zentralen und weiß-leuchtenden Christus befindet sich ein kreisförmiges abstraktes Gebilde, dass als eine Mandorla gedeutet werden kann. Darüber, nahezu zentral, sind zwei Engel zu sehen. Der Bildhintergrund ist aus Gold und zieht sich wie ein schmaler Rahmen um die gesamte Ikone.

Der auferstandene Christus rettet diesem Bildmotiv zu Folge Adam und Eva, die Tod und Sünde in Welt gebracht haben, indem er das Tor zur Unterwelt sprengt (und das auf der Ikone in Kreuzform am Boden liegt), in die Unterwelt hinabsteigt und Adam rettet. Dieses Motiv findet keine biblische Entsprechung, sondern ist allgemein mit dem Credo („hinabgestiegen in das Reich des Todes") verbunden.[71] Dabei bringt die Ikone in dichter Darstellung zum Ausdruck, dass mit Adam und Eva als erstem Menschenpaar und mit Vertretern des Alten und Neuen Testaments die Menschheit als solche gerettet ist. In der Ikone wird somit Karfreitag mit Ostern zusammengebracht und Jesu Tod als Rettung der Menschheit (pro nobis) mitgedacht. Das Bild ist somit theologisch äußerst dicht, ikonografisch voraussetzungsreich und biblisch ohne explizite Grundlage – und wirkt daher auf den ersten Blick nicht wie ein leicht zugängliches und geeignetes Unterrichtsmedium. Dennoch oder gerade deshalb – so die hier leitende These – besitzt die Ikone religionsdidaktisches Potenzial für binnendifferenzierte Lernprozesse, wie im Folgenden entfaltet werden soll.

Die antike Herrscherikonografie baut auf einer fundamentalanthropologischen Gestik auf.[72] Sowohl der energische Handgriff als Ausdruck von Rettung und Halt als auch das mit Füßen Treten als Zeichen des Besiegens und Unterwerfens sind Körperhaltungen, die auch heute noch in unterschiedlichen (nicht religiösen) Kontexten wahrnehmbar und entsprechend erschließbar sind. Damit ist ein fundamentalanthropologischer Zugang zum Bild eröffnet, der anschließend christologisch und soteriologisch erweitert werden kann (aber nicht muss). Die fehlenden biblischen Referenztexte sowie die nur mühsam zu dekodierenden Zeit- und Raumbezüge im Bild (Zu welcher Zeit spielt die Szene? Wo ist das? Welche Perspektive ist vorherrschend?) weisen bildimmanent darauf hin, dass es sich nicht um ein zeitlich und räumlich präzise zu verortendes Ereignis handelt, von dem das Bild quasi dokumentarisch Zeugnis ablegt. Vielmehr wird hier semantisch dicht eine Auferstehungstheologie jenseits menschlichen raum-zeitlichen Verständnisses zum Ausdruck gebracht, mit der Kinder vermutlich weniger Schwierigkeiten haben als Jugendliche mit ihrem Fokus einer naturwissenschaftlich dominierten Weltsicht. Das Design geht von der These aus, dass gerade die offensichtliche Auflösung von

---

[71] Vgl. LANGE, GÜNTER: Kunst zur Bibel, München 1988, 228–239.
[72] Vgl. BURRICHTER/GÄRTNER: Bildern, 74.

abbildbarem Raum und Zeit Jugendliche herausfordert, diese Ikone nicht mit einem naturwissenschaftlich geprägten Blick zu betrachten.

Indem die Ikone sowohl die Auseinandersetzung mit eher fundamentalanthropologischen Rettungsvorstellungen als auch mit einer dichten Auferstehungstheologie ermöglicht und unterschiedliche Zugänge zum Lerninhalt bietet, erscheint sie als eine herausfordernde Theologie für Kinder und Jugendliche. Durch diese Mehrdeutigkeit bietet sie zugleich didaktisches Potenzial, eigene Auferstehungsvorstellungen zu entwerfen – und somit die zu Grunde gelegte Lernhandlung zu fördern. Denn die Ikone schreibt keine eindeutige Interpretation vor. Zudem eröffnet sie noch durch z. B. die Gestik, die körperlich-emotional nachempfunden werden können, nicht nur kognitive, sondern auch ganzheitlich orientierte Zugänge, wie z. B. die Arbeit mit Standbildern, das Erproben unterschiedlicher Hand- und Fußbewegungen uvm. Insbesondere da die ästhetische Gestaltung eher großflächig und kontrastreich angelegt ist, ist sie auch für jüngere Betrachter/-innen in ihren Grundstrukturen erschließbar. Indem die Ikone fundamentalanthropologisch, christologisch und soteriologisch interpretiert werden kann, bietet sie zudem ein breites Spektrum für unterschiedliche Alters- und Leistungsniveaus und kann diese herausfordern, eigene postmortale Vorstellungen zu entwerfen. Inwiefern die Ikone tatsächlich ihr bildnerisches Potenzial in den zu initiierenden Lernprozessen entfalten kann oder inwiefern sich hierbei Lernhürden ergeben, ist eine im Designexperiment zu testende Fragestellung.

3. Durchführung und Auswertung des Designexperiments

Die Lernhandlung wird im Horizont der fachwissenschaftlichen und -didaktischen Vorüberlegungen als „eigene Auferstehungsvorstellungen in Auseinandersetzung mit einer Auferstehungsikone entwerfen" konturiert. Da die Entwicklung und Ausgestaltung eigener theologischer Vorstellungen im kinder- bzw. jugendtheologischen Gespräch gefördert werden kann, setzt das zu entwerfende Design auf entsprechende kinder- und jugendtheologische Elemente in der Verschränkung von Theologie *der* und *für* Kinder und Jugendliche. Es gilt somit ein Lernsetting zu entwerfen, in dem die SuS sowohl ihre eigenen Auferstehungsvorstellungen artikulieren und reflektieren als sich auch mit Impulsen einer Theologie *für* Kinder und Jugendliche auseinandersetzen.

3.1. Überblick über die verschiedenen Zyklen des Designexperiments

Im ersten Zyklus sieht das Design vor, dass die SuS zuerst ihre Auferstehungsvorstellungen zeichnen und ggf. durch einen Text ergänzen. Im Arbeitsauftrag bleibt offen, inwiefern sich die Vorstellungen auf die Auferstehung Jesu Christi, auf das Leben nach dem (eigenen) Tod oder auf beides gemeinsam beziehen können. Die Bilder werden anschließend von den SuS erläutert und miteinander ins Gespräch gebracht. Diese Phase zielt didaktisch darauf, dass sich die SuS im Sinne der Kinder- und Jugendtheologie zuerst ihrer eigenen Konzeptionen bewusst werden, um diese dann in einem Gespräch erläutern, vertiefen oder diskutieren zu können. Bilder und Gespräch dienen zugleich forschungsmethodisch zur Erhebung der Lernausgangslage (t1). In einem zweiten Schritt wird im Lernsetting die Ikone präsentiert, die didaktisch als Theologie für Kinder und Jugendliche betrachtet und sukzessive erschlossen wird. Entsprechend bietet diese Phase den Lernenden weiter(führend)e Auferstehungsvorstellungen an, ohne diese normativ zu setzen. Die Lehrperson orientiert sich an dem hermeneutischen Dreischritt Beschreibung, Analyse, Deutung und folgt damit der im RU verbreiteten bilddidaktischen Praxis der Bildinterpretation,[73] wobei sie die SuS zu einem gemeinsamen Gespräch und zum eigenen Theologisieren über das Bild anleiten soll. Forschungsorientiert dient dieser Schritt der Wahrnehmung des Umgangs mit der Ikone sowie möglicher bilddidaktischer Lernhürden und -chancen. Auf eine weitergehende methodische Aufarbeitung der Bilderschließung wird im ersten Zyklus verzichtet. Zur Vertiefung und Ergebnissicherung werden die SuS aufgefordert, vor dem Hintergrund der Auseinandersetzung mit der Ikone erneut ihr eigenes Auferstehungsbild zu entwerfen (t2).

Der erste Zyklus wurde in 3 Grundschulgruppen à 3–4 Kinder (3., 4. Klasse) sowie in einer Sekundargruppe (2 Schüler, 9. Klasse) durchgeführt. Die Methode zur Erhebung des Lernstands hat sich weitgehend bewährt, allerdings war der Impuls „Auferstehung" für lernschwächere SuS zu offen und wurde im folgenden Zyklus durch „Auferstehung von den Toten" konkretisiert. Als problematisch erwies sich in Teilen die primär moderierende Rolle der Lehrperson in den Grundschulgruppen. Hier neigten verbal starke SuS dazu, individuelle Beobachtungen und Deutungen, zumeist selektiv und sprunghaft, zu formulieren und teils auch das Gespräch monologisierend zu dominieren. Eher zurückhaltende SuS und Gruppen fragten die Lehrperson

---

[73] Vgl. GÄRTNER, CLAUDIA: Kunst im Religionsunterricht – sehr beliebt, oft unterschätzt, manchmal funktionalisiert und selten zweckfrei. In: BRENNE, ANDREAS/GÄRTNER, CLAUDIA (Hg.): Kunst im Religionsunterricht – Funktion und Wirkung. Entwicklung und Erprobung empirischer Verfahren, Stuttgart 2015, 267–175, hier: 269f.

immer wieder als Expertin um „richtige" Deutungen an und vermieden eigene Wahrnehmungen.

Im zweiten Zyklus wurde daher im Grundschulbereich die Bilderschließung deutlich stärker vorstrukturiert. Die erste Bildbetrachtung wurde durch eine Schablone gelenkt, die einzelne Ausschnitte des Bildes fokussiert, bevor die SuS mit dem Gesamtbild konfrontiert werden. Es wurden konkret Impulsfragen an zentralen Gelenkstellen formuliert, um die SuS untereinander mit ihren jeweiligen Auferstehungskonzeptionen ins (theologische) Gespräch zu bringen und dominierende SuS zurückzuhalten. Ebenfalls stärker durch Frage- und Gesprächsimpulse vorstrukturiert wurde die Phase der Bilddeutung. Die Rolle der Lehrkraft als Moderatorin und Expertin wurde konkretisiert, indem Umgangsmöglichkeiten mit falschen Bilddeutungen sowie das Einbringen notwendigen Hintergrundwissens zum Bild bereitgestellt wurden. Insgesamt bleibt diese Phase jedoch auch im zweiten Zyklus weitgehend offen und bietet damit Einblicke in unterschiedliche Interaktionen von Lehrkraft und SuS über das Bild. Die Bündelung der Abschlussfrage der Bilddeutung wurde im zweiten Zyklus vereinheitlicht und auch die Vertiefungs- und Sicherungsphase zu t2 wurde durch ein Arbeitsblatt mit schriftlich fixiertem Arbeitsauftrag präzisiert, wodurch auch forschungsmethodisch strukturierteres und vergleichbares Material vorliegt.

Für die Neuntklässler war sowohl die Lernstandserhebung t1 als auch der strukturierende Dreischritt Betrachtung, Analyse und Deutung im ersten Zyklus bereits hinreichend, um die Schüler sowohl zu motivieren als auch zu umfassenden Ergebnissen zu führen. Insgesamt bewerteten die Schüler die Thematik als schwer, die Arbeit mit dem Bild aber als gewinnbringend und hilfreich. Daher wurden für den dritten Zyklus in der Sek. I (erneut ein Schülerpaar 9. Jg.) weitgehend keine Veränderungen vorgenommen, sondern vielmehr das Design erneut getestet, wobei sich dieses erneut als tragfähig erwies und somit auf eine Gesamtklasse (Jg. 9; 15 SuS) ausgeweitet werden konnte. Die hierbei vorgenommenen Modifikationen waren vornehmlich forschungsmethodischer Natur. Auf Grund der Gruppengröße stellten nicht alle SuS ihre Auferstehungsvorstellungen zu t1 und t2 vor, sondern die schriftlich festgehaltenen Konzeptionen wurden exemplarisch im Plenum vorgetragen. Von allen SuS liegen zu t1 und t2 schriftliche Daten vor.

Auf Grund der Ergebnisse des zweiten Zyklus in der Grundschule wurde beschlossen, in einem vierten Zyklus die bislang eher dialogorientierte Bilderschließung methodisch durch ein Standbild zu erweitern und somit eine nonverbale, verstärkt performative Auseinandersetzung mit dem Bild zu fördern. An die Stelle der Ersterschließung durch eine Schablone trat in diesem Durchgang (2 Gruppen, Jg. 4, je 5–6 SuS) die Erstellung eines Standbildes durch die SuS. Die weiteren Erarbeitungs- und Erhebungsschritte blieben strukturell weitgehend unverändert.

Auf Grund der positiven Evaluation des Standbildes im 4. Zyklus wurde dieser anschließend in zwei Förderschulen (Jg. 8, je 4 SuS Förderschwerpunkt

Geistige Entwicklung (GE); Jg. 7, 5 SuS Förderschwerpunkt Lernen (LE)) erprobt. Hierzu wurden die Lernschritte und Zielsetzungen deutlich elementarisiert. Einführend wurden die SuS aufgefordert, ihre postmortalen Vorstellungen aufzuzeichnen. Auf den Begriff „Auferstehung" wurde in der einleitenden Phase verzichtet. Im Fokus des anschließenden Standbildes und der Bilderschließung stand die helfende Gestik Jesu, die Menschen aus dem Tod befreit. In der Lerngruppe GE wurde auf komplexere christologische Dimensionen der Ikone verzichtet. Zu t2 sollten die SuS die gelernte christliche Position erneut in einem Bild festhalten. Der Transfer auf die eigenen postmortalen Vorstellungen entfiel, da dies für die SuS eine zu hohe Lernhürde darstellte. In der Förderschule Lernen wurde dieser Transfer ebenso geleistet wie eine dezidert christologische Erschließung der Ikone.

Die fünf Zyklen lassen sich wie folgt tabellarisch zusammenfassen:

Zyklus	Jg.	SuS (m/w)	Designprinzipien, Methodik Bilderschließung
1.	3	3 (2/1)	Hermeneutischer Dreischritt, dialogorientiert Auferstehungsvorstellung zu t1 durch Bildproduktion, zu t2 Modifikation der Bilder von t1
	4	4 (1/3)	Hermeneutischer Dreischritt, dialogorientiert Auferstehungsvorstellung zu t1 durch Bildproduktion, zu t2 Modifikation der Bilder von t1
	4	3 (0/3)	Hermeneutischer Dreischritt, dialogorientiert Auferstehungsvorstellung zu t1 durch Bildproduktion, zu t2 Modifikation der Bilder von t1
	9	2 (2/0)	Hermeneutischer Dreischritt, dialogorientiert Auferstehungsvorstellung zu t1 durch Textproduktion, zu t2 Modifikation der Texte von t1
2.	4	3 (1/2)	Schablone als erster Bildzugang Hermeneutischer Dreischritt, dialogorientiert Auferstehungsvorstellung zu t1, t2 durch Bildproduktion
	3	4 (2/2)	Schablone als erster Bildzugang Hermeneutischer Dreischritt, dialogorientiert Auferstehungsvorstellung zu t1, t2 durch Bildproduktion
	4	4 (0/4)	Schablone als erster Bildzugang Hermeneutischer Dreischritt, dialogorientiert Auferstehungsvorstellung zu t1 durch Bildproduktion, zu t2 verbal
3.	9	2 (2/0)	Hermeneutischer Dreischritt, dialogorientiert Auferstehungsvorstellung zu t1, t2 durch Textproduktion

	9	15 (4/11)	Hermeneutischer Dreischritt, dialogorientiert Auferstehungsvorstellung zu t1, t2 durch Textproduktion
4.	4	5 (2/3)	Standbild als erster Bildzugang Hermeneutischer Dreischritt, dialogorientiert Auferstehungsvorstellung zu t1, t2 durch Bildproduktion
	4	6 (4/2)	Standbild als erster Bildzugang Hermeneutischer Dreischritt, dialogorientiert Auferstehungsvorstellung zu t1, t2 durch Bildproduktion
5.	8 FS GE	4 (3/1)	Standbild als erster Bildzugang Bilderschließung fokussiert auf helfende Gestik Jesu Postmortale Vorstellung zu t1, erlernte christliche Vorstellung zu t2 durch Bildproduktion
	7 FS Lernen	5 (4/1)	Standbild als erster Bildzugang Hermeneutischer Dreischritt, dialogorientiert Auferstehungsvorstellung zu t1, t2 durch Bildproduktion

Hieraus ergibt sich folgendes Gesamtsample:

Zyklus	Jg.	Gruppen Gesamt	SuS Gesamt (m/w)
1.	3–4 GS	3	10 (3/7)
	9 Gym.	1	2 (2/0)
2.	3–4 GS	3	11 (3/8)
3.	9 Gym.	2	17 (6/11)
4.	4 GS	2	11 (6/5)
5.	7–8 FS	2	9 (7/2)
Gesamt		**13**	**60**

3.2. *Methodischer Ansatz der Auswertung*

Sowohl die Bild- und Textproduktion als auch der Lernprozess mit der Ikone wurden per Video aufgezeichnet. Das verbale Datenmaterial wurde durch Transkription aufbereitet, die Bildprodukte der SuS zu t1 und t2 durch Motiv-, Kompositions- und Farbanalyse verschriftlicht und durch die jeweiligen Bilderläuterungen ergänzt. Die transkribierten Verbaldaten wurden in MAXQDA eingepflegt und mit den Bilddaten verschränkt. Die Auswertung erfolgte in einem mehrschrittigen Kategorisierungsverfahren mit dem Ziel, möglichst große Textmengen zu erfassen und zu systematisieren, ohne dabei das konkrete Datenmaterial selbst aus dem Blick zu verlieren. Dabei wird Kategorie als ein Begriff verstanden, „der zu einer Klassifizierung von beliebigen Objekten dienen kann, im qualitativen Forschungsprozess also jeder Begriff, der zur Kennzeichnung und Unterscheidung von Phänomenen jeglicher Art (also Personen, Gruppen, Vorgängen, Ereignissen u.v.a.m.) und damit zur Erschließung, Beschreibung und Erklärung der Daten genutzt werden kann."[74] Kategorien können somit am Anfang oder auch ausdifferenziert am Ende eines Auswertprozesses stehen. Unter Kodieren wird die Zuordnung von zentralen Begriffen oder auch Kategorien zu Textabschnitten bezeichnet, wodurch der Text strukturiert analysiert und für eine vergleichende Analyse aufbereitet wird.

In der vorliegenden Studie wurden zuerst in einem offenen Analyseprozess zentrale Aspekte und Dimensionen aus Textpassagen bzw. aus den Bildanalysen zusammengefasst, die in einem zweiten Schritt durch systematisches Vergleichen zu differenzierteren Kategorien ausgeschärft wurden. Dabei wurde nicht ausschließlich auf inhaltliche Aspekte, auf das „Was" der Passage geachtet, sondern auch das „Wie" des sprachlichen und körperlichen Ausdrucks sowie die Interaktion der Teilnehmenden beachtet.[75] Insbesondere bei der Auswertung der gezeichneten Bilder in Zusammenhang mit den verbalen Erläuterungen zum Bild, war die Verschränkung von „Was" (z. B. Bildmotiv) und „Wie" (z. B. Farbgebung, Größe) bedeutsam.

Durch MAXQDA ist stets der Rückgriff von den Kategorien auf die Originaldaten möglich. Die Kategorienbildung war durch theoretische Vorannahmen mit geprägt (z. B. unterschiedliche Lehrerrollen und -funktionen), die im und durch das offene Kodieren ergänzt, modifiziert und differenziert wurden.[76] Es handelt sich somit um ein deduktiv-induktives, offenes und zugleich subsumptives Vorgehen mit einem stetigen Austausch zwischen Material und theoretischem Vorverständnis.[77] Da es die Größe des Samples zuließ, wurde das gesamte Material ausführlich analysiert. Durch synoptische Vergleiche

---

[74] KELLE, UDO/KLUGE, SUSANN: Vom Einzelfall zum Typus. Fallvergleich und Fallkontrastierung in der qualitativen Sozialforschung, Opladen 2010, 60.

[75] Vgl. diesbezüglich die Kritik von Kruse an inhaltsanalytisch fokussierten Verfahren in Anlehnung an P. Mayring: „Der Paradigmenwechsel vom „WAS" zum „WIE" ist m.E. genau die Analyseeinstellung, die den inhaltsanalytischen Verfahrensweisen von Mayring wohl weitgehend fehlt. […] Je „textueller" – und damit eben nicht konversationell – ein Datum betrachtet wird, desto starker geht diese Perspektive auf Versprachlichung verloren und in Folge dessen wird desto starker auch die Analyse im Sinne eines inhaltsanalytisch-reduktiven Verfahrens vollzogen." (KRUSE, JAN: Qualitative Interviewforschung. Ein integrativer Ansatz, Weinheim 2015, 402; 405.)

[76] Vgl. SCHMIDT, CHRISTIANE: Analyse von Leitfadeninterviews. In: FLICK, UWE/U. A. (Hg.): Qualitative Forschung. Ein Handbuch, Reinbek 2005, 447–456. Damit steht das gewählte Verfahren in der Tradition der Grounded Theory (vgl. KRUSE: Interviewforschung, 391), modifiziert dieses jedoch, indem das Kodieren stärker theoriegeleitet ist.

[77] Vgl. SCHMIDT: Analyse, 448.

dieser Kategorien konnten diese weiter analysiert werden, mit dem Ziel, Strukturen und Muster im Datenmaterial zu identifizieren, die ggf. zu neuen Kategorien führen.[78] Die so herausgearbeiteten Strukturen und Muster wurden dann in einem Prozess der theoretischen Integration mit fachdidaktischen Theoriediskursen in Beziehung gesetzt und in eine lokale Theoriebildung überführt (vgl. Kap. 5.2.). Zugleich lassen sich auch aus den Ergebnissen evaluierte bilddidaktische Entwicklungsprodukte ableiten (vgl. Kap. 5.1.).

Die Lernstandserhebung zu t1 und t2 wurden zusätzlich quantitativ ausgewertet. Auf Grund des begrenzten Samples diente dieses Ergebnis primär dazu, einen Überblick zur Verteilung im Material zu gewinnen, sowie Ausnahmen und besonderen Profile zu suchen, um Einzelfallanalysen vorbereiten und vergleichen zu können.[79] Anschließend wurden Fallanalysen durchgeführt, indem einzelne SuS und deren individuelle Lernprogression sowie -prozess ausgewertet (Vergleich t1, t2) wurden. Dabei konzentriert sich die Studie darauf, Muster im Material zu beschreiben und zu analysieren mit dem Ziel, diese in eine lokale Theoriebildung überzuführen.

4. Zentrale Ergebnisse

4.1. Lernausgangslage

Nahezu alle 32 SuS sind in der Grundschule in der Lage, Auferstehungsvorstellungen zu skizzieren. Lediglich ein Schüler weigert sich zu t1, vermutlich aus Überforderung, seine Auferstehungsvorstellungen zu zeichnen, eine Schülerin bringt Auferstehung mit dem morgendlichen Aufstehen in Verbindung. Die meisten SuS beziehen sich auf postmortale Vorstellungen, die Auferstehung Jesu aus dem Grab wird von 5 SuS gezeichnet, zwei SuS fokussieren sich auf das Kreuz Jesu. Nur ein Kind stellt Analogien zwischen der Auferstehung der Menschen und Jesus her.

Der Schwerpunkt der Artikulationen lässt sich unter die Kategorie „Wie geschieht Auferstehung?" subsumieren. Die Grundschüler/-innen denken Auferstehung vorwiegend vom Grab oder von einer Höhle aus. Wird näher über den Zustand des Auferstandenen nachgedacht, so wird dieser mehrheitlich als Geist, Seele bezeichnet. Nur eine Schülerin lehnt die Vorstellung von Auferstehung grundlegend ab, wobei sie sich gegen eine explizit körperliche Auferstehung ausspricht. Mehrere SuS, die ihre Auferstehungsvorstellungen weiter

---

[78] Vgl. KELLE/KLUGE: Einzelfall, 59.
[79] Vgl. SCHMIDT: Analyse, 454f.

ausgestalten, greifen ein Himmelfahrtmotiv auf, wobei diese entweder auf einer Wolke, durch Licht oder unsichtbar geschieht. Nur wenige Aussagen der SuS zu t1 lassen sich der Kategorie „Wodurch geschieht Auferstehung" zuordnen. Hier werden Gott, Engel oder Vollmond (N=3)[80] genannt, Jesus wird zu t1 nicht erwähnt. Auch die Vorstellungen zu „Wohin geschieht Auferstehung" und „Wozu geschieht Auferstehung" sind bei Grundschüler/-innen gering ausgeprägt. Allein die Vorstellung, nach dem Tode bei Gott im Himmel zu sein, der bei einigen SuS anthropomorph ausgestaltet ist, ist weiter verbreitet. Begriffe wie „Paradies" oder „Erlösung" fallen nur sehr selten.

Im 9. Jg. werden die Auferstehungsvorstellungen deutlich differenzierter und vielfältiger. 4 der 19 SuS lehnen Auferstehung grundlegend ab, 13 SuS fokussieren sich auf die Auferstehung der Menschen, eine Person geht von der Auferstehung guter, heiliger Menschen aus, die Auferstehung Jesu haben 4 SuS im Blick. In der Kategorie „Wie geschieht Auferstehung" differenzieren die SuS vermehrt zwischen körperlicher und seelischer, geistiger Auferstehung (N=12). Insbesondere die körperliche Auferstehung wird abgelehnt. Zudem wird Auferstehung als Widergeburt oder als Übergang durch ein Tor (je N=2) bzw. als Erwachen (N=1) verstanden. Die Kategorie „Wodurch geschieht Auferstehung" wird wie in der Grundschule kaum gefüllt. Je eine Person führt Gott, die Erinnerung bzw. gute Taten an. Die Zielperspektiven von Auferstehung sind hingegen deutlich differenzierter als in der Grundschule. Auferstehung geschieht im Himmel bzw. im Reich der Lebenden (N=9), ins Paradies bzw. ins Jenseits (N=3). Auffällig ist, dass die SuS nun klare Gründe für Auferstehung benennen: Erlösung von Leid und ein besseres Leben (N=3) bzw. das Wiedersehen mit Verstorbenen (N=5).

In der Förderschule ist die Lernausgangslage deutlich heterogener. Die SuS der FS GE (Jg. 8) hatten merklich Mühe, im Rahmen des vorliegenden Erhebungsdesigns ihre Auferstehungsvorstellungen zu skizzieren resp. zu artikulieren: zwei SuS verwenden rudimentär christliche Symbole (Kreuz, Jesus, Dornenkrone) in teils fremden und mit Hilfe der vorliegenden Daten nicht näher zu decodierenden Kontexten (Aquarium, Toilette), ein Schüler glaubt an ein Weiterleben als Adler, ein weiterer zeichnet und benennt einzelne Objekte (Vater, Kreisel, Angel), ohne dass diese von ihm in den thematischen Kontext eingeordnet werden. In der FS Lernen (Jg. 7) weisen die Auferstehungsvorstellungen hingegen eine deutlichere Nähe zu den Kategorien der Grund- resp. Gymnasialschülerinnen und -schüler auf. Sie gehen von einer Auferstehung nach dem Begräbnis in Himmel oder Hölle aus. Auferstehung geschieht durch

---

[80] Durch den offenen Frageimpuls nach den eigenen Auferstehungsvorstellungen umfassen Antworten oftmals mehrere Aspekte und wurden im Kodierprozess in mehreren Kategorien erfasst. Die Zahlen verweisen im Folgenden somit auf die Häufigkeit der genannten Kategorien (N=Anzahl der Fälle).

einen Engel des Lebens. Zwei SuS erwarten, dass man nach dem Tod begraben wird, ohne dass sie darüber hinaus eine Auferstehungsvorstellung besitzen.

Fasst man somit die Lernausgangslage zusammen, dann zeigt sich, dass die befragten SuS weitgehend Auferstehungsvorstellungen besitzen und ein Weiterleben nach dem Tode zumeist nicht ablehnen. Auch wenn sie vereinzelt religiöse bzw. biblische Motive verwenden, so ist auffällig, dass Gott und Jesus zumeist keine Bedeutung beigemessen wird.

Für das Lernsetting bedeutet dies, dass die befragten SuS ansprechbar für postmortale Vorstellungen sind, zugleich aber eine christliche Ausdifferenzierung ihrer Vorstellungen, insbesondere in Hinblick auf die Verbindung von Soteriologie und Christologie, noch aussteht. Hier kann die Ikone mit ihrer kompakten Christologie und Soteriologie als weiterführender Lernimpuls betrachtet werden. Zugleich verdeutlicht die Lernausgangslage, dass die jüngeren SuS zwischen körperlicher und leiblich-seelischer Auferstehung nicht differenzieren, ältere SuS körperliche Auferstehung ablehnen. Hier könnte durch die Verwendung der Ikone eine Lernhürde auftreten, da die körperliche Darstellung des Auferstandenen ggf. nicht dazu beiträgt, hier Differenzierungen herbeizuführen, sondern ggf. sogar zur Ablehnung der christlichen Auferstehungsvorstellung beitragen kann.

4.2. Lerngewinn

Aus den vorliegenden Ergebnissen lässt sich aus methodischen Gründen der konkrete Lerngewinn nur teilweise erheben, insbesondere da im ersten Zyklus die Erhebung in den Grundschulen zu t1 noch nicht strukturiert genug und aus zeitlichen Gründen teils abgekürzt vorgenommen wurde. Die Fallzahlen sind zu t2 dadurch deutlich geringer und quantitativ teils nicht zu vergleichen. Dennoch zeichnen sich in der Grundschule folgende Tendenzen ab. Einige wenige SuS nehmen einen grundlegenden Konzeptwechsel vor, stellen zu t2 Jesus Christus ins Zentrum ihrer Auferstehungsvorstellungen und verbinden ihn mit der Auferstehung der Menschen. Häufiger findet eine eher additive, selektive Erweiterung der eigenen Vorstellungen statt, indem Bildmotive (Kreuz, Engel, Kelch) übernommen und zumeist unbegründet integriert werden. Insbesondere bei einem schwächeren Lernimpuls im ersten Zyklus („Willst du deine vorherige Auferstehungsvorstellung überarbeiten oder ergänzen?") verbleiben SuS bei ihren Vorstellungen oder gestalten diese weiter aus (z. B. Ausmalen). Die Ergebnisse zu t2 sind in der FS Lernen ähnlich: SuS fügen ohne nähere Begründung Jesus in die Mitte des Auferstehungsgeschehens, ein Schülerin behält ihre Vorstellung bei, eine weitere Schülerin lässt für Jesus eine Stelle im Bild frei. Im FS GE halten die meisten SuS Grundelemente des Bildes (Kreuz, Jesus, weitere Menschen, Gestik) fest.

Aufschlussreich ist diesbezüglich der Vergleich mit den 9. Klassen. Hier erweitern ebenfalls einige SuS (N=6) ihre Vorstellungen christologisch. Allerdings modifizieren nur wenige SuS grundlegend ihre vorherigen Positionen, Grundvorstellungen (Auferstehung der Seele, Wiedergeburt, keine Auferstehung) bleiben weitgehend konstant. Allerdings führt die Auseinandersetzung mit der Ikone bei einigen SuS (N=5) zu einer multiperspektivischen Betrachtung von Auferstehung und in diesem Horizont auch zu einer reflektierten Betrachtung der eigenen Position, was die SuS dezidiert als positiv herausstellen.

Durch das kleine Sample ist der quantitativ erfassbare Lerngewinn wenig belastbar. Auch wurden durch das Design nur explizite Veränderungen wahrgenommen. Ein potenzieller Lerngewinn von SuS, die ihr Konzept begründet nicht ändern wollten, wurde hierdurch nicht bzw. in der Sek I bedingt erfasst.

Durch die Kategorienbildung und die sich abzeichnende Verteilung im Material lassen sich dennoch Tendenzen erkennen, zu denen besondere Profile gesucht wurden,[81] um anhand von qualitativen Einzelfallanalysen nähere Aufschlüsse zum Lerngewinn und förderlichen Lernprozessen zu erhalten. 5 Ergebnisse von Einzelfallanalysen seien hier kontrastierend skizziert, mit dem weiterführenden Ziel, mögliche Typen von Lerngewinn zu eruieren.

1.) Die SuS im FS GE (Jg. 8) konnten zu t1 weitgehend keine eigenen Vorstellungen zum Leben nach dem Tod (zeichnerisch) artikulieren. Zu t2 gelang es ihnen weitgehend die rettende Hinwendung Jesu zu den Menschen in Ansätzen und sehr knapp zu reproduzieren, wie folgende Schüleraussage dokumentiert.

> S. 1: Also, ich hab nicht versucht, das Bild nachzumalen, nur so ein bisschen. Ich hab Jesus gemalt und das soll so aussehen, als dass er die Leute hoch helft.
> L. Ah. Darf ich mal gucken? Was ist hinten das hier?
> S. 1: Das ist hier, wie das hier auf dem Bild ist.
> L. Ah, der Felsen! Alles klar!

Ein Transfer zu eigenen Vorstellungen wurde nicht vorgenommen.

2.) Ein Drittklässler besitzt zu t1 eine sehr differenzierte, aber ungewöhnliche Auferstehungsvorstellung. Er zeichnet zwei Gräber, die er verbal als Gräber von Jesus und Gott bezeichnet (vgl. Abb. 2).

> Diese zwei „steigen dann in den Himmel auf, wo sie in Ruhe schlafen können. Ein anderer Weg, der darein führt, durchs Fenster. Das Haus soll der Ort sein, wo die Toten dann weiterleben können und dann können sie hier runter gehen. Die können dann durch die Stadt gehen."

Zu t2 nimmt er einen Konzeptwechsel vor.

---

[81] Vgl. SCHMIDT: Analyse, 454f.

„Also ich stell mir das vor, dass die Leichen aufstehen, sich ausbuddeln und die Treppe hochgehen. Aber es geht auch, dass die Leichen durch einen Tunnel hochgesaugt werden. Ich hab hier das Kreuz von Jesus gemalt. Und dann wird er hier ins Grab gelegt. Er wird ja in ein Grab gelegt, was mit einem riesigen Stein zugemacht wird. Dann fliegt Jesus als Geist vor den Golgota nach oben. Und dann ist er bei Gott." (vgl. Abb. 2)

Abgesehen davon, dass der Schüler erneut Jesus und Gott zentral erwähnt, unterscheiden sich seine Vorstellungen grundlegend. Wodurch dieser Konzeptwechsel hervorgerufen wurde, bleibt offen. Allein das Kreuz auf dem Berg erinnert an ein ähnlich platziertes Kreuz der Ikone. Die Änderung der postmortalen Vorstellungen ist weitgehend ohne sichtbaren Bezug zur Ikone wie auch zum Unterrichtsgespräch.

Abb. 2: *Postmortale Vorstellung eines Drittklässlers*

3.) Die Auferstehungsvorstellung einer Viertklässlerin weist zu t1 drei Stadien auf, die von ihr durchnummeriert werden: Zwei Tote liegen auf dem Friedhof, ein Licht nimmt die Toten mit ins Paradies, wo es ihnen nach Angaben des Mädchens gut gehe und wo sie Gott begegneten (vgl. Abb. 3). Zu t2 bleiben wesentliche Elemente vorhanden. Im Himmel fehlt jedoch der Schriftzug „Gott". An diese Stelle ist das Bildmotiv eines Engels mit Kelch getreten, das der Ikone entnommen wurde. Das Kind erläutert, die Auferstandenen würden im Himmel von Jesus empfangen.

Abb. 3: *Postmortale Vorstellung einer Viertklässlerin*

In ähnlicher Weise erweitern auch andere SuS ihre Vorstellungen mit kennen gelernten christlichen Motiven eher additiv, insbesondere durch Kreuze oder Engel.

4.) Eine Grundschülerin (4. Jg.) beschreibt zu t1 Auferstehung wie folgt: Aus Gräbern nimmt ein Licht die Seelen in den Himmel. Diese seien dort glücklich, da sie im Himmel erlöst und ohne Schmerzen seien. Die Körper bleiben ihr zu Folge in den Gräbern. Mit „Gott wacht auch im Himmel über die Menschen" ist das Bild überschrieben (vgl. Abb. 4). Zu t2 erweitert sie ihre eigene Vorstellung dezidiert christologisch und greift dabei auch kompositorisch auf die Ikone zurück. Jesus kommt auf einer Wolke zum Friedhof, nimmt die jeweils auf Wolken schwebenden Toten mit und tritt, so erläutert das Mädchen, anschließend mit ihnen durch das Himmelstor. Der in gelbes Licht getauchte Himmel trägt hier die kreisförmige Inschrift „Himmelstor als Erlösung zum Licht".

Abb. 4: *Postmortale Vorstellungen einer Viertklässlerin*

In ähnlicher Weise gelingt es einigen SuS, vornehmlich aus der Grundschule, ihre Auferstehungsvorstellungen durch die Ikone christologisch zu erweitern und auszudifferenzieren.

5.) Obwohl in der Sekundarstufe I nur wenige SuS ihre postmortalen Vorstellungen erweitern oder modifizieren, besitzen mehrere SuS zu t2 eine multiperspektivische Betrachtung von Auferstehung. Dies führt teils auch zu einer reflektierten oder kritischeren Betrachtung der eigenen Position. So behält eine Schülerin auch zu t2 ihre Vorstellungen von t1 bei: „Ich stelle mir die Auferstehung immer noch so wie vor dem Bild vor, es hat mir aber geholfen zu verstehen wie andere Menschen es sich vorstellen/ vorgestellt haben."

Hierin lassen sich – thesenhaft – verschiedene Typen des Lerngewinns identifizieren. Inwiefern diese auch als Learning Outcomes auf unterschiedlichen Niveaustufen betrachtet werden können, muss in weiteren Studien untersucht werden.

- Differenziertere Kenntnis christlicher Erlösungsvorstellungen, ohne diese in Bezug zur eigenen Auferstehungsvorstellung zu setzen,
- Änderung der eigenen Auferstehungskonzeption ohne begründeten Bezug zur Ikone bzw. zum Lernprozess,
- (Additive) Erweiterung der eigenen Auferstehungsvorstellung durch selektive Motivübernahme,
- (Christologische resp. theologische) Ausdifferenzierung der eigenen Auferstehungsvorstellung,
- Mehrperspektivität: Bezugnahme zwischen eigenen und fremden Auferstehungsvorstellungen.

Um Aufschluss zu erhalten, warum und wie es zu den unterschiedlichen Lernergebnissen gekommen ist und welche Lehrinterventionen hilfreich, welche hinderlich waren, sei im Folgenden intensiver der Lehr-Lernprozess, der zwischen t1 und t2 stattgefunden hat, in den Blick genommen.

4.3. Lernprozess: Lernchancen und -hürden

Um den Lerngegenstand „eigene Auferstehungsvorstellungen in Auseinandersetzung mit einer Anastasisikone entwerfen" anzueignen, muss die Auferstehungstheologie der Ikone (Lerninhalt) erschlossen werden. Dies ist in den Lerngruppen höchst unterschiedlich intensiv geschehen. Es wurden daher mit Hilfe der Kategorienbildung Lernsequenzen herausgefiltert, in denen SuS die Ikone (theologisch) deuten. Hierbei wurde analysiert, inwiefern sich im Unterrichtsgeschehen didaktische Muster abzeichnen, die diese (theologischen) Deutungen anberaumen. In ähnlicher Weise wurde geschaut, inwiefern sich didaktische Muster im Unterrichtsprozess abzeichnen, wenn Bilddeutungen misslingen, wenig intensiv oder zielführend verlaufen (4.3.1–4.3.4).

Der Lerngegenstand umfasst zudem die Lernhandlung „entwerfen". Entsprechend wurde ausgewertet, inwiefern sich didaktische Muster zeigen, die den zu t2 herausgestellten unterschiedlichen Lerngewinn in Hinblick auf „eigene Auferstehungsvorstellungen entwerfen" anberaumen resp. erklären können (4.3.5.). Im Folgenden werden ausgewählte Ergebnisse dieser Analysen gebündelt und systematisiert.

4.3.1. Bildrezeption der Schüler/-innen: Umgang mit Mehrdeutigkeit und Simultaneität

Sowohl in der Bilddidaktik als auch in der Kinder- und Jugendtheologie wird als großes didaktisches Potenzial von Bildern deren Mehrdeutigkeit und Simultaneität der Bildelemente herausgestellt, die es SuS ermöglicht, eigene Zugänge zu erschließen und entsprechende Deutungen zu entwerfen. Dieses Potenzial zu erschließen, stellt in der vorliegenden Studie für die SuS jedoch eine Herausforderung dar. Insbesondere in der Grund- und Förderschule fällt es ihnen schwer, die zahlreichen Einzelmotive in eine Gesamtdeutung der Ikone zu überführen. Und bis in die Sekundarstufe I hinein ist auch die produktive Wahrnehmung der Mehrdeutigkeit oftmals problematisch. Im Rezeptions- und Deutungsprozess lassen sich unterschiedliche Strategien bzw. Verläufe ausmachen.

a) Die Bildrezeption der SuS aus der Grundschule fokussiert sich häufig auf Einzelmotive, die sie zu identifizieren und deuten versuchen. Oftmals bleiben die Beobachtungen und Interpretation von einzelnen Motiven isoliert nebeneinander stehen bei teils untereinander widersprüchlichen Interpretationsansätzen. In Lerngruppen, in denen die Bilderschließung weitgehend von dieser Rezeptionsstrategie geprägt ist, treten zu t2 vermehrt Lernergebnisse auf, die dem 2. bzw. 3. Typ (vgl. Kap. 3.3.2.) zuzurechnen sind. Eine strukturierte soteriologische oder christologische Veränderung der postmortalen Vorstellungen ist hingegen selten erkennbar.

b) Insbesondere SuS mit biblischen Grundkenntnissen neigen zum wiedererkennenden Sehen,[82] indem sie Bildelemente (teils isoliert) zu dekodieren suchen. So versucht eine Viertklässlerin die Personen wie folgt zu entschlüsseln:

S: Ich hab mal einen Film gesehen, da gab es einen Herodes und einen Pilatus, und ich glaube, das sind die beiden. [...] Und Jesus steht auf einem Kreuz und das

---

[82] Zur Unterscheidung von sehendem und wiedererkennendem Sehen vgl. IMDAHL, MAX: Giotto. Zur Frage der ikonischen Sinnstruktur. In: DERS., Reflexion Theorie Methode. Gesammelte Schriften Bd. 3, hg. v. Boehm, Gottfried, Frankfurt/M. 1996, 424–463.

> ist Maria Magdalena oder Maria [...] Aber was mir jetzt ganz komisch ist, wer hält die Hand von Jesus?

In seiner Gesamtdeutung verschließt sich die Anastasisikone jedoch weitgehend dem wiedererkennenden Sehen, da es sich weder um ein bekanntes noch um ein biblisches Motiv handelt. So eröffnet diese Strategie den SuS keinen leichten Zugang zum Bild.

c) Wiedererkennendes Sehen kann jedoch auch ein Zugangsschlüssel zum Verständnis der Ikone werden, wenn dieses für inhaltliche Transformationen offen ist. So neigen die gymnasialen Neuntklässler ebenfalls zu wiedererkennendem Sehen. Die SuS sind jedoch vermehrt in der Lage, die entschlüsselten Einzelelemente in eine Gesamtdeutung des Bildes zu integrieren, dabei bekannte Deutungsrahmen auch zu transformieren und im Horizont des Gesamtbildes neu zu interpretieren, wie die folgende Szene zeigt:

> S. 1: Also wir hatten ja mal, dass Jesus die 10 Gebote verändert hat, also zwischen dem Alten und Neuen Testament, vielleicht will der ja die Leute vom Alten Testament ins Neue rüberholen, weil der nimmt den ja an der Hand, so dass er den ja so über die Mitte herüberhebt [...].
> L. Das ist eine wichtige Beobachtung. Altes und Neues Testament kommen über Jesus so zusammen, Jesus steht dazwischen.
> S. 2: Ich finde, er steht ja auch auf diesem Kreuz und es sieht so aus, als wäre das eine Verbindung von Altem und Neuem Testament.
> [...]
> S. 3: Jesus ist ja durch das Kreuz gestorben und durch seinen Tod ist ja die Auferstehung möglich geworden und deshalb ist das Kreuz sozusagen die Brücke zwischen Tod und Auferstehung.

Diese Rezeptionsstrategie kann somit durchaus zu christologisch vertieften Bilderschließungen führen.

d) Einige Grundschülerinnen und -schüler entwickeln eigene Narrationen, die von einzelnen Bildmotiven ausgehen, dann aber weitgehend eine Eigendynamik entwickeln und nur noch bedingt an das Bild rückgebunden werden können, so wie diese Drittklässler/-innen:

> S. 1: Ich frag mich. Vielleicht sind zwei von denen verheiratet. Ja weil die anderen Leute stehen einfach herum.
> L: Die beiden?
> S. 1: Ja und die Frau ehm ist da hingegangen und der Mann ist dahin gegangen. Die sind nämlich verheiratet.
> S. 2: Ich glaube, jetzt weiß ich das. Die Mutter wollte, weil sie nicht mehr kann und weil das Kind vielleicht Durst hat und weil in der Wüste haben die nichts zu essen und zu trinken, und dass die dann das Baby Jesus geben wollen.
> S. 1: Oder den Engeln.

Diese in den vorliegenden Daten eher seltene Rezeptionsstrategie führt bei den SuS zu teils überraschenden Konzeptwechseln, ohne dass diese an die Ikone rückgebunden zu sein scheinen (2. Typ).

e) Nur selten wird die Mehrdeutigkeit des Bildes bzw. einzelner Bildelemente vertieft und hartnäckig ergründet und damit auch das theologische Potenzial der Ikone entfaltet, wie dieses Beispiel aus der GS zeigt:

> S 1: Ich verstehe immer noch nicht genau, wieso, dass dieses Blaue da noch ist, wo Jesus sozusagen... Der Hintergrund von Jesus sozusagen.
> L Soll ich was dazu sagen?
> Alle (laut) Ja!
> L Manchmal haben die mittelalterlichen oder die älteren Maler verschiedenste Dinge zusammen gebracht. Ihr wisst vielleicht in der Bibel, wo Jesus in eine Höhle gelegt wurde, da war ein großer Stein vor. Das soll ein bisschen an diesen großen Stein erinnern, wo Jesus hinterher begraben war. Und gleichzeitig malt man manchmal auch einen Heiligenschein, den seht ihr schon, aber nochmal so einen größeren, ja sozusagen einen Riesenheiligenschein dahinter. Das hat beides hier. So ein bisschen Erinnerung an den Stein und ein bisschen auch: Wow, das ist der wichtige, ganz heilige, göttliche Jesus. [...]
> S. 1: Irgendwie finde ich, ist es erstmal was anderes. Also ich finde, wenn das halt so nem Stein von dem Grab ähneln soll, kann es ja vielleicht auch sein, dass Jesus gerade aufersteht, weil es ist ja auch in der Bibel, dass der ja nach einer Zeit auferstanden ist, auch nochmal seinen Anhängern begegnet ist, vielleicht ist es irgendwie sowas auch.
> L. Das kommt auch noch dazu.
> S. 1: Vielleicht, dass der auch schon im Himmel ist und dann halt alle diese Leute wiedertrifft, also zum Beispiel Adam, Eva oder so.
> L. Es ist ein verrücktes Bild, da kommen ganz verschiedene Dinge zusammen, ja. [...]
> S. 2: Man könnte auch denken, dass zwischen diesen Sand Wüsten Dingsbums Stein könnte auch so ein Tor sein, dass die dann dadurch gehen und dann sind sie halt im Himmel.

Allen Rezeptionsweisen ist gemeinsam, dass sie einen Deutungsrahmen suchen, der die Einzelelemente des Bildes rahmt, ordnet und in eine Interpretation überführt. Hierzu wird entweder auf bekannte Erzählungen zurückgegriffen oder versucht, neue Narrative zu entwickeln. Inwiefern diese Rezeptionsweisen Lernen ermöglichen, hängt entscheidend auch von den Interventionen der Lehrkraft ab, wie bereits das letzte Beispiel gezeigt hat.

4.3.2. *Bilderschließung: Gesprächsführung der Lehrkraft*

In Unterrichtssequenzen, in denen die SuS vornehmlich Einzelmotive erschließen und diese in isolierte, teils widersprüchliche Deutungen überführen, erweist sich eine primär moderierende Rolle der Lehrkraft, die auf die Interaktion der SuS untereinander und mit dem Bild vertraut, als wenig produktiv für Lernprozess und –ergebnis. Die Simultaneität der Bildelemente kann dann ihr Lernpotenzial kaum entfalten, sondern führt vielmehr zu selektiven, unterkomplexen Einzeldeutungen.

Als zentrale Herausforderung erweist sich daher auch für die Lehrkraft der Umgang mit der bildnerischen Mehrdeutigkeit und Simultaneität. Bereits kleine Interventionen der Lehrkraft können die Bildrezeption entscheidend beeinflussen, so insbesondere die Bestätigung durch Lob für weiterführende Bildbeobachtungen. Bleibt eine positive Rückmeldung durch die Lehrkraft aus, indem diese die Beiträge vielmehr sammelt und den Gesprächsprozess moderiert, werden die Beobachtungen und Deutungen der SuS oftmals nicht weiter verfolgt, sondern neue Deutungen ins Spiel gebracht. So ersetzen sie z. B. mehrfach die relevante Beobachtung, dass Jesus auf einem Kreuz steht und Adam auf einem Sarg kniet, durch neue, teils sehr assoziative Interpretationsversuche, ohne dass diese den Erkenntnisprozess weitergebracht hätten.

Aufschlussreich ist diesbezüglich auch der Umgang der Lehrkräfte mit falschen Deutungen. Insgesamt scheuen diese davor zurück, Aussagen der Lernenden dezidiert als „falsch" zu bezeichnen, auch wenn in den beobachteten Stunden oft falsche Deutungen auftauchen. Darauf konnten drei Typen von Reaktionen der Lehrkräfte beobachtet werden: Ignorieren bzw. Akzeptieren; andere Deutungsvorschläge anbieten und Korrigieren. Erstgenannte Reaktionen führten oftmals in nicht weiterführende, interpretative Sackgassen oder zu wilden Assoziationen. Die von den Lehrkräften eingebrachten Deutungen wurden weitestgehend von den SuS ignoriert oder abgelehnt, solange diese als Deutungsangebote eingespeist wurden, wie im folgenden Beispiel aus einem 3. Jg.:

> L: Könntet ihr euch auch vorstellen, dass das Bild zeigt, wenn Jesus schon tot ist, dass Jesus schon gestorben ist?
> S. (alle): Nein! […]
> L: Also für euch ist da gar keine Möglichkeit, dass Jesu schon tot ist und auferstanden?
> S (alle): Nein!

Hingegen akzeptierten sie wertschätzend formulierte Korrekturen bereitwillig und konnten die eingebrachten Sachinformationen dann zumeist produktiv in den weiteren Deutungsprozess einbringen. So korrigiert eine Lehrkraft falsche Personenidentifikationen (3. Jg.):

> L: Ich gebe euch jetzt eine Zusatzinformation. Die beiden Personen, die knien, sollen Adam und Eva darstellen.
> S1: (begeistert): Also, das ist Eva und das ist Adam. Dann könnte das Gott sein.
> S2: Aber Gott mag doch Adam und Eva nicht mehr, weil sie doch diesen, diesen Apfel da gegessen haben.
> L: Was könnte das bedeuten?
> S2: Dass er ihnen wieder verziehen hat?
> L: (leise) Ah. Wenn ihr das auf Auferstehung bezieht?
> S1: Dass er ihnen wieder Leben gegeben hat.

Insbesondere in Phasen, in denen viele, teils in sich widersprüchliche Einzelbeobachtungen und Deutungen geäußert wurden, erweisen sich Zusammenfassungen der Lehrkraft als zentral, um den weiteren Interpretationsprozess produktiv zu fördern.

Fordert die Lehrkraft alternativ die SuS auf, selbst zusammenfassende Interpretationen zu verfassen, zeigt sich, wie schwer dieser Lernschritt für die SuS insbesondere in der GS und FS ist, den sie noch nicht oder nur in Ansätzen bewältigen.

> L: Wir haben ja jetzt ganz viel gesammelt. Ich möchte, dass ihr dann jetzt noch einmal kurz erklärt, wie ihr das Bild versteht, wie Auferstehung dargestellt wird. Es kann sich jetzt auch ruhig wiederholen, es soll jetzt nur einmal zusammenfassend gesagt werden.
> S: Ich weiß nicht. Ich denke, dass sie ihm die Hände geben, dass sie da, dass Jesus sie dann so raus zieht oder so, wie bei einer Klippe. Und für mich sieht das nämlich so aus, als wenn Jesus die so raus zieht in den Himmel.

4.3.3. Bilderschließung: Kommunikationsverhalten der SuS

Die SuS nähern sich weitgehend interessiert und offen der Ikone. Auch in der Nachbesprechung äußern sie sich meistens positiv über den Einsatz des Bildes, das sie motiviert hätte. In der direkten Kommunikation über das Bild fällt auf, dass die SuS in allen Jahrgangsstufen engagiert vielfältige Beiträge äußern, diese jedoch nur selten miteinander verbinden, wenig Interesse an den Äußerungen anderer SuS zum Ausdruck bringen.

Dies äußert sich zum einen darin, dass sie kaum Fragen stellen und so gut wie nie Beiträge kommentieren oder diskutieren. Nur selten ergeben sich Gesprächssequenzen, die als kindertheologische Gespräche bezeichnet werden können, obwohl in zahlreichen Sequenzen die Lehrkräfte durch eine moderierende Grundhaltung bemüht sind, die SuS miteinander ins Gespräch zu bringen. Diese seltenen Gespräche entfernen sich dann jedoch oftmals schnell von der Ikone (Jg. 3):

> S. 1: Er ist nicht tot, er hat die Augen auf. Wenn jemand stirbt, dann ist er ja tot im Himmel. Aber Gott nicht...[...] Und Gott hat da oben so einen Palast.
> S. 2: Ja. Und Gott ist ganz riesig.
> S. 1: Ja unsere Seelen sind ja oben. Und wenn unsere Seelen da sind und nicht wir, dann kann das ja nicht gehen. Und wenn nur unsere Seelen oben sind, die haben ja keine Augen.
> S. 3: Aber das ist doch egal. Seelen könnten ja auch einfach fühlen. Man braucht nicht unbedingt Augen um gehen zu können.
> S. 1: Hä? Dann packst du ja einfach einen an, der (undeutlich)
> S. 3: Ja die können ja auch nicht reden.
> S. 1: Aber Gott hat die Augen auf im Himmel.
> L: Und wie sind die Seelen in den Himmel gekommen?
> S. 1: Ehm wenn man stirbt...(denkt nach)
> S. 2: Dann fliegen sie einfach nach oben.

S. 3: Auferstehung.
S. 1: Ja Auferstehung! Wenn man tot ist, dann kann man nicht mehr aufwachen und wenn einfach alles unten bleibt in der Erde
S. 3: Im Grab.
S. 1: Im Grab. Das mein ich doch. Und dann hat die Natur das irgendwie so erschaffen, dass irgendwie die Seelen so nach oben gehen und irgendwie so...weil...
L: Und bei Jesus stellt ihr euch das auch so vor? Wie ihr das gerade beschrieben habt?
S. 2: Keine Ahnung.. vielleicht.
S. 3: Also ich denke, dass man dann aufersteht. Weil ich habe in einer Geschichte gehört, dass Jesus dann stirbt und dass Maria drei Tage danach kommt um ihn zu waschen und dann ist der nicht mehr da.
S. 1: Also ist der ganz dann da oben. Also ist der GANZ da oben.
S. 2: Ja es gibt wirklich eine Geschichte wo Maria den jeden Tag oder fast jeden Tat wäscht. Und eines Tages
S. 1: Ist der weg.
S. 2: Ja. Da ist der weg.

Die Mehrdeutigkeit des Bildes führt in den beobachteten Lernprozessen somit in der Regel nicht zum Austausch über Bildeindrücke, zum intersubjektiven Ringen um Deutungen, stellt kaum einen Anlass für theologische Gespräche dar. Entweder fordert das vorliegende Lernsetting das in Kindertheologie und Bilddidaktik veranschlagte Potenzial von Bildern nicht hervor oder dieses wird in den entsprechenden Didaktiken überschätzt bzw. dessen Lernhürden unterschätzt.

4.3.4. Methoden der Bilderschließung: ein Vergleich

Im Verlauf der fünf Zyklen wurden unterschiedliche Methoden verwendet, um die Bilderschließung zu initiieren (vgl. Kap. 3.2.). Vergleicht man die Lernsettings miteinander, so gestaltet das vornehmlich verbal, dialogisch-offen ausgerichtete Setting mit dem methodischen Dreischritt Beschreibung, Analyse, Deutung in der Grundschule den Lernprozess weniger produktiv, insbesondere in den durch die Lehrkraft ungelenkten Phasen. In den Gymnasialgruppen führt diese Bilderschließung hingegen zu ausdifferenzierten Lernergebnissen.

Die Bilderschließung durch die Schablone ermöglicht es, einzelne Bildausschnitte zu fokussieren und detaillierter zu beschreiben. Die Motivation, insbesondere beim Verschieben und sukzessiven Entdecken des Bildes ist hoch, allerdings bleibt anschließend die Schwierigkeit bestehen, die Einzeldeutungen der Motive in eine Gesamtdeutung des Bildes zu überführen. An dieser Stelle des Unterrichtsgeschehens ergeben sich vergleichbare Lernhürden und Anforderungen insbesondere an die Interventionen der Lehrkraft wie in den ohne Schablone gestalteten dialogisch ausgerichteten Lernsettings.

Hingegen bietet das Standbild und das performative Nachvollziehen der Rettungsgeste von Jesus den SuS einen hermeneutischen Schlüssel, mit dem sie einen anthropologisch und teils christologisch geprägten Zugang zum Bild resp. zur Thematik erhalten. Hierdurch erschließen selbst leistungsschwächere SuS Grundzüge des Bildes, wie die folgende Sequenz aus der FS Geistige Entwicklung zeigt.

> L.: Vielleicht sollen wir das noch mal nachstellen und ihr guckt noch mal gut hin (*zwei Lehrkräfte stellen zum 2. Mal Ikone nach, mit Fokus auf Jesus und Adam*)
> S. 1.: Ahh!!! (zeigt schnell auf)
> L: Wie sieht das aus? R.?
> S. 1: Also wie ich das jetzt gesehen habe, er also Jesus hält ihn ja so fest (*macht Geste nach*) also so und vielleicht wollte er auch noch seine andere Hand hochnehmen und ihn hochziehen, damit er aufsteht.
> L: Jaa! Super. Genau!
> S. 2: Das hätte ich auch jetzt gesagt.
> L: Was ist das für eine Geste, wenn man jemandem hochhilft? Was macht man dann?
> S. 1: Helfen! Hoch helfen!
> L: Genau, Jesus hilft den Menschen. Und was ist jetzt mit dem roten Menschen, den der L. eben dargestellt hat?
> S. 1: Ich glaub, der ist froh, dass Jesus vielleicht noch am Leben ist und der betet so nach Jesus.
> L: Genau und was könnte der sich wünschen?
> S. 1: Dass Jesus wieder aufersteht.

Leistungsstärkeren SuS der GS (hier Jg. 4) eröffnen sich hierdurch bereits direkt nach dem Standbild soteriologische Bildzugänge:

> S. 1: (Darstellerin Engel): „Das hat so ausgesehen, als ob die H. [Mädchen, das Jesus nachgestellt hat] so nicht unbedingt mächtiger, aber so ein menschenfreundlicher Mann, Frau wäre. […]
> S. 2: (Darstellerin Jesu): Für mich fühlte sich das so an, als ob ich ihn irgendwie erlöst, irgendwo hin mitnehmen würde, wo er sich wohlfühlt. […]
> L. zu S3 (Darsteller Adam): Fühltest du dich erlöst, mitgenommen?
> S. 3: Jein! Irgendwie hat sich das komisch angefühlt so niederzuknien, aber auch irgendwie so: Komm mit!
> S. 4: (Darsteller Eva): Also ich habe gehofft, also ich hab das Gefühl, dass ich [S3 spricht dazwischen: allein gelassen] ja, so ähnlich, dass ich so allein gelassen wäre."

Der Zugang über die Gestik und die Figurenkonstellation wirkt sich auf die weitere Bilddeutung aus. Die Lerngruppe behält im Verlauf die Konstellation der Figuren im Blick, so wird die Jesusdarstellerin durchgängig als „Chefin" der gesamten Szene bezeichnet. Die Bilderschließung mündet in eine für die GS erstaunlich dichte Deutung.

> L. Was passiert denn nun in dem Bild? […]
> S. 2: Ja, dass Jesus da jetzt sagt: Komm mit, du bist erlöst.
> L. Wovon den erlöst?

> S. 2: Der Adam ist ja auch irgendwann gestorben. Dass der dann halt erlöst ist von den Toten und mit Jesus mitkommt. [...]
> S. 1: Ich finde, dass das so aussieht, dass da Jesus die sozusagen vom Tod erlöst, weil da ja auch die Särge sind, und ich finde, dass die da gerade auferstehen, sage ich mal, und dass Jesus denen sozusagen dabei hilft. [...] Und ich finde, wenn das hier ein Stein sein soll, der an Jesu Grab erinnert, dann kann es auch sein, dass auch Jesus hier aufersteht, denn es steht ja auch in der Bibel, dass er, nachdem er auferstanden ist, auch nochmals seinen Anhängern begegnet ist. [...] Dass er vielleicht auch schon im Himmel ist und dann alle diese Leute wiedertrifft, die er - zum Beispiel Adam und Eva.
> S. 2: Man könnte auch meinen, dass das hier ein Tor ist [zeigt auf den großen Stein] und wenn sie dadurch gehen, dann sind sie im Himmel."

Performative, erfahrungsorientierte Methoden erweisen sich in diesem Kontext somit als hilfreich für einen anthropologisch fundierten und christologisch sensibilisierten Zugang zum Bild, der sich bei den entsprechenden SuS auch zu t2 noch niederschlägt. So lässt sich der Lerngewinn der zitierten SuS zu t2 dem 4. Lerntyp zuordnen.

4.3.5. Lernhandlung: eigene Auferstehungsvorstellungen mit Hilfe der Auferstehungsikone entwerfen

Der Lerngegenstand besteht im Lernsetting nicht ausschließlich in der Erschließung der Ikone resp. von christlichen Auferstehungsvorstellungen, sondern in der Fähigkeit, in Auseinandersetzung mit der Ikone eine eigene Auferstehungsvorstellung zu entwerfen (vgl. Kap. 1.5.; 2.3.). Im Folgenden wird analysiert, inwiefern der beobachtbare Unterrichtsprozess darüber Aufschluss gibt, wann Veränderungen zu t2, hier gedeutet als Indikator für Lerngewinn (vgl. Kap. 4.2.), besonders deutlich ausfallen. Hierzu wurden erneut Einzelfallstudien durchgeführt, die zu t2 Veränderungen in ihrem Auferstehungsverständnis zeigten. Zentrale Ergebnisse aus diesen Analysen werden im Folgenden gebündelt dargestellt.

Bemerkenswert deutlich zeigt die Studie, dass der Transfer des Erlernten auf die eigene Vorstellung nicht automatisch verläuft. Eher schwache kognitive Impulse in Form von Fragen, die in den ersten Zyklen dominierten, wie „Was unterscheidet deine Vorstellung von der des Bildes? Inwiefern möchtest du nun etwas an deiner Vorstellung verändern?", reichten in der Regel nicht aus, um eine beobachtbare, deutliche Veränderung wahrzunehmen. Die meisten SuS konstatierten in diesen Zyklen, dass es viele Unterschiede gäbe, aber eine Veränderung der eigenen Vorstellung nicht vorzunehmen sei.

Dies ändert sich bedingt in den Zyklen, in denen die SuS auf einem separaten Arbeitsblatt, auf dem die einzelnen Lernschritte kurz zusammengefasst wurden, dezidiert erneut ihre Auferstehungsvorstellungen darstellen mussten. Hierdurch wird die Ikone als ein Element eines Lernprozesses ausgewiesen, der Einfluss auf die eigenen Auferstehungsvorstellungen besitzen kann. SuS mit wahrnehmbaren Veränderungen zu t2 entstammen weitgehend diesen Zyklen. Weiterhin ist Vergleich und Transfer zwischen eigenen Vorstellungen und der Auferstehungstheologie der Ikone produktiver, wenn diesen eine elementarisierte Zusammenfassung vorausgeht und somit Vergleich und Transfer fokussiert. Bei einem eher offenen Vergleich verlaufen sich insbesondere Grundschülerinnen und -schüler in Detailvergleichen, so z. B. wie viele Grabsteine und Kreuze auf den einzelnen Bildern zu finden sind, die Transformation der eigenen Auferstehungsvorstellung verläuft dann entsprechend punktuell und ggf. selektiv.

Insgesamt fallen über alle Zyklen hinweg die Veränderungen zu t2 jedoch eher gering aus. Vielleicht liegt dies daran, dass die kognitive Aktivierung zu schwach und der Transfer zu wenig didaktisch transformiert war. Eine weitere Deutung dieser Ergebnisse ergibt sich aus den Gymnasialklassen, in denen in einer metareflexiven Frage schriftlich erhoben wurde: „Inwiefern hat dir die Arbeit mit dem Bild geholfen, über Auferstehung nachzudenken und deine eigene Vorstellung von Auferstehung zu klären?" Hierzu führt eine Schülerin (Jg. 9) aus:

> „Ich stelle mir die Auferstehung weiterhin einsamer und ungebundener als Jesus und die Bibel vor. Ich denke nicht, dass Jesus uns empfangen wird und dass allein er uns auferstehen lassen kann. [...] Zusammenfassend hat dieses Kunstwerk meine Ansichten somit nicht geändert oder stark beeinflusst. [...] Da meine Vorstellungen sich stark von dieser unterscheiden, wirft sie eher Verwirrung in mir auf. Durch unterschiedliche Ansichten können aber auch neue Ansichten entstehen, d.h. dieses Werk hat mich zum Nachdenken und aber auch Zweifel und neue Gedankengänge angeregt."

Hier wird deutlich, dass durchaus ein Lernprozess stattgefunden hat, der zu einer mehrperspektivischen Wahrnehmung von Auferstehung führte, ohne dass dies allein in der skizzierten Auferstehungskonzeption deutlich wird. Das Erhebungsdesign könnte somit in der Grund- und Förderschule zu grob sein, um den Lerngewinn zwischen t1 und t2 in Hinblick auf die Fähigkeit zu messen, eigene postmortale Vorstellungen zu entwerfen.

5. Produkte der Entwicklungsforschung

Die Fachdidaktische Entwicklungsforschung hat sich zum Ziel gesetzt, durch lokale Theoriebildung die fachdidaktische Forschung zu stärken (Forschungsprodukt) und konkrete Lernsettings für die Praxis zu entwerfen und zu evaluieren (Entwicklungsprodukt).[83] In der hier gebotenen Kürze seien diesbezüglich zentrale Ergebnisse sowie Ansätze zur weiteren Erforschung skizziert.

5.1. *Lokale Theoriebildung: Forschungsprodukte*

Eine Überführung der Ergebnisse in eine Theoriebildung erfolgt im Rahmen der Fachdidaktische Entwicklungsforschung als lokale Theorien mit begrenzter Reichweite, orientiert an dem spezifischen Lerngegenstand und dem konkreten Kontext des erprobten Lehr-Lernarrangements.[84] Im Rahmen des vorliegenden Beitrages kann hier nur noch ein Ausblick gegeben werden, welche lokalen Theorien aus den vorliegenden Ergebnissen entwickelt werden können.

a) Beitrag zur Christologiedidaktik
Das Lernsetting geht von der These aus, die Ikone als Christologie *für* Kinder und Jugendliche zu erproben mit dem Ziel, hierdurch den SuS die christologisch und religionsdidaktisch relevanten Zusammenhänge zwischen Soteriologie und Christologie zu verdeutlichen. Die Ergebnisse unterstreichen, dass durch die Simultaneität und Dichte der Ikone dieser Zusammenhang den SuS deutlich werden kann, obwohl dies für jüngere und lernschwächere SuS durchaus eine Herausforderung darstellt. Oftmals verbleibt der Erkenntnisgewinn auf der Rezeption oder Adaption von christologischen oder soteriologischen Einzelelementen. Die SuS knüpfen zur Bilderschließung an vorhandene christologische, soteriologische kognitive Konstruktionen an, entscheidend ist dabei, ob sie diese durch das Bild erweitern bzw. transformieren können oder ob sie das Bild an vorhandene Denkschemata anpassen (wiedererkennendes Sehen), was oftmals zu verkürzten oder falschen Deutungen führt. Es kann als eine zentrale bilddidaktische Herausforderung betrachtet werden, erstgenannten Prozess zu unterstützen, um hierdurch das theologische Potenzial des Bildes entfalten und entsprechende Lernprozesse initiieren zu können.

Zudem sollten die SuS durch die Ikone befähigt werden, eigene postmortale Vorstellungen im Horizont des christlichen Deutungsangebots zu entwerfen. Dies ist, wie die erhobenen Lernergebnisse zeigen, einigen SuS gelungen, allerdings haben auch viele SuS ihre eigenen Vorstellungen beibehalten. Entweder war der Lernimpuls zu t2 zu schwach gesetzt, oder die Ergebnisse spiegeln die in der Religionsdidaktik mehrfach konstatierte Schwierigkeit zum

---

[83] Vgl. GÄRTNER, CLAUDIA: Einführung in Fachdidaktische Entwicklungsforschung aus religionsdidaktischer Perspektive, in diesem Band.
[84] Vgl. ebd.

kognitiven Konzeptwechsel,[85] zur Veränderung von Haltung[86] oder auch zur Ausbildung von Mehrperspektivität[87] wider.

Im Horizont der Begrenztheit lokaler Theoriebildung lässt sich hieraus folgern, dass Bilder in der Christologiedidaktik Potenzial besitzen, christologische Komplexität und Mehrdeutigkeit für die SuS simultan und dicht wahrnehmbar zu machen, wie dies in zahlreichen religions- und bilddidaktischen Arbeiten postuliert wird (vgl. Kap. 2.2). Die Entfaltung dieses Potenzials ist jedoch maßgeblich von der (bild)didaktischen Aufarbeitung des Bildes abhängig.

b) Performatives Lernen
Die Arbeit mit dem Standbild und den Gesten des Bildes erwies sich als hilfreicher methodischer Zugang, um einen Fokus innerhalb der vielfältigen Bildelemente zu setzen und einen anthropologischen bzw. christologischen „Schlüssel" zum Bild zu erhalten. Damit können die Ergebnisse lokal begrenzt die Relevanz performativ erfahrungsorientierter Zugänge zu Bildern aufzeigen und in diesem Aspekt religionsdidaktische „große" Lehr-Lern-Theorien unterstreichen, wonach ästhetisches resp. performatives Lernen mit Bildern ganzheitlich orientierte religiöse Lernprozesse initiiere (vgl. Kap. 2.2). Somit trägt die vorliegende Studie auch zur erst beginnenden empirischen Reflexion der performativen Religionsdidaktik bei.[88]

c) Bilddidaktische Lehrerkompetenzen
Die bild- und christologiedidaktisch hervorgehobene Mehrdeutigkeit und Simultaneität von Bildern erwies sich im Lehrprozess als große Herausforderung für die Lehrkräfte. Insbesondere die Analysen der Unterrichtsgespräche unterstreichen die bedeutende Rolle der Lehrkräfte, die sich nicht auf ihre moderierende Funktion beschränken kann, da SuS vielfach mit den vielfältigen und divergierenden (Einzel-)Deutungen überfordert sind und diese unverbunden nebeneinander stehen bleiben. Korrigierende, informierende, zusammenfassende und auch perturbierende Impulse der Lehrkraft unterbinden dabei nicht

---

[85] Vgl. FUCHS, MONIKA E.: Bioethische Urteilsbildung im Religionsunterricht. Theoretische Reflexion – empirische Rekonstruktion, Göttingen 2010, 575f.

[86] Vgl. SCHIMMEL, ALEXANDER: Einstellungen gegenüber Glauben als Thema des Religionsunterrichts. Didaktische Überlegungen und Anregungen für die gymnasiale Oberstufe, Ostfildern 2011; BETTIN, NATASCHA: Lernen im Begegnungs- und Begehungsraum „Synagoge". Eine interdisziplinäre Evaluationsstudie im Rahmen qualitativ-quantitativer Einstellungsforschung. http://dx.doi.org/10.17877/DE290R-18045.

[87] Vgl. SCHWARZKOPF: Vielfalt.

[88] Vgl. KLIE, THOMAS/U. A. (Hg.): Fallstudien zur Performanz religiöser Bildung, Stuttgart 2012; RIEGEL, ULRICH/FRICKE, MICHAEL: Als wir barfuß über den Boden Gottes laufen konnten. Eine empirische Pilotstudie zum leiblichen Lernen im Religionsunterricht der Grundschule, Göttingen 2011.

subjektorientierte Lernprozesse, sondern eröffnen vielfach erst neue Deutungsoptionen für die Lernenden. Da die Rolle der Lehrkraft in der Bilddidaktik bislang noch weitgehend unberücksichtigt ist,[89] weisen die vorliegenden lokalen Ergebnisse auf zu erwartende produktive Forschungserträge für die Lehrerbildung hin.

d) Theologisieren mit Bildern
Die Ikone wurde als Theologie *für* Kinder und Jugendliche betrachtet und die These überprüft, inwiefern die Arbeit mit Bildern eine oftmals kognitiv verballastige Kinder- und Jugendtheologie erweitern könne (vgl. Kap. 2). Die Ergebnisse diesbezüglich sind ambivalent, diese These muss – so lassen sich die vorliegenden Ergebnisse deuten – differenziert werden. Im Lehr-Lernprozess zeigt sich, wie schwer die Arbeit verbal-kognitiven Strukturen entkommt, gerade da subjekt- und performativ orientierte Ansätze im RU stets reflektierend eingeholt werden müssen. In offenen Gesprächsphasen dominieren verbal starke SuS, ihre Wahrnehmungen und Deutungen sind prägend für den Lernprozess der Gesamtgruppe und stellen andere subjektive Deutungen teils in den Hintergrund. Phasen kindertheologischer Gespräche sind selten, zumeist stehen SuS-Äußerungen unverbunden nebeneinander, teils inter- und sogar intrasubjektiv widersprüchlich. Auch die Arbeit mit der Ikone bringt somit kindertheologische Äußerungen hervor, die mit Zimmermann als eher zufällig und wenig nachhaltig bezeichnet werden können.[90] Insbesondere der Typ 2 und 3 der Lernergebnisse (Kap. 3.3.2.) lässt sich in diesem Horizont deuten.

Zugleich weisen die Ergebnisse zu t2 darauf hin, dass sowohl die Bildproduktion als auch -rezeption den Entwurf eigener postmortaler Vorstellungen fordert bzw. fördert, die Ikone somit durchaus ein Deutungsangebot im Prozess der Ko-Konstruktion von eigenen Auferstehungsvorstellungen darstellt. Bilder – so kann hieraus bei aller Begrenztheit lokaler Theoriebildung gefolgert werden – bieten somit der Kinder- und Jugendtheologie Anknüpfungspunkte für subjektorientierte und non-verbale Settings und Interventionen, allerdings sind diese in ihrem Verhältnis zu verbalen Erarbeitungsprozessen noch näher auszutarieren.

e) Bilder als gemeinsamer Lerngegenstand in heterogenitätssensiblem RU
Die empirischen Einzelfallstudien konnten 5 Typen von Lerngewinn herausstellen (vgl. Kap. 4.2.). Inwiefern diese zugleich Niveaustufen eines Learning-Outcomes repräsentieren, muss in weiteren Studien überprüft werden. Dennoch können bereits die vorliegenden Ergebnisse die These stützen, Bilder

---

[89] Vgl. BURRICHTER, RITA: Individuelle didaktische Theorien von Lehrer/-innen zu „Funktion und Wirkung von Kunst im Religionsunterricht". In: GÄRTNER/BRENNE (Hg.), Kunst, 151–174; LEONHARD, SILKE: Partizipative Zugänge zu Kunst in der Religionslehrer/-innenbildung. In: BRENNE/GÄRTNER (Hg.): Funktion, 175–196.
[90] Vgl. ZIMMERMANN: Dialektik, 49.

seien geeignete gemeinsame Lerngegenstände in heterogenen Gruppen,[91] ohne dabei im engeren Sinne evidenzbasiert zu sein. Es wurde deutlich, dass SuS mit sehr unterschiedlichem Leistungs- und Lernvermögen sowie in verschiedenen Altersstufen mit der Ikone lernen können. Auch deuten die Ergebnisse an, dass die Typen von Lerngewinn aufeinander aufbauen und somit kumulatives Lernen mit der Ikone möglich ist. Diese Ergebnisse sind aufschlussreiche lokale Theoriebausteine für eine Bilddidaktik in heterogenitätssensiblen, inklusiven Settings. Allerdings ist die Studie lokal auf Alter und kognitive Leistungsfähigkeit begrenzt. Andere Heterogenitätsmerkmale wie Milieu, Migrationshintergrund, Gender etc.[92] blieben hierbei unberücksichtigt.

5.2. Entwicklungsprodukt

Neben der lokalen fachdidaktischen Theoriebildung zielt die Fachdidaktische Entwicklungsforschung auf die Entwicklung konkreter Lernsettings für die Praxis. In der vorliegenden Studie wurde das Lehr-Lernarrangement mit der Ikone, verstanden als Christologie für Kinder und Jugendliche, in verschiedenen Varianten erprobt und evaluiert, wobei sich insbesondere die Arbeit mit dem Standbild bewährt hat. Zugleich zeigen die Ergebnisse auf, dass dieses Lernsetting für alters- und leistungsheterogene Lerngruppen christologisches Potenzial besitzt und die Ikone als gemeinsamer Lerngegenstand in heterogenen Gruppen betrachtet werden kann. Allerdings wurden die meisten Ergebnisse in Kleingruppen mit relativ homogenem Leistungsstand erhoben. Zwar deutet der dritte Zyklus darauf hin, dass ein Transfer in eine Gesamtklasse möglich ist. Inwiefern das Lernsetting auch in heterogenen, binnendifferenziert arbeitenden Lerngruppen erfolgreich eingesetzt werden kann, müssen weitere Studien zeigen. Nichtsdestotrotz kann das Lernsetting der Ikone als empirisch bewährtes Entwicklungsprodukt für eine subjektorientierte Christologiedidaktik betrachtet werden, das eine weite Spanne an Lernergebnissen ermöglicht, die aufeinander aufbauen und entsprechend kumulatives Lernen ermöglichen.

---

[91] Der Begriff „Lerngegenstand" wird in der Inklusionspädagogik anders gefüllt als im vorliegenden Beitrag. Vgl. WOCKEN, HANS: Gemeinsame Lernsituationen. Eine Skizze zur Theorie des gemeinsamen Unterrichts. In: HILDESCHMIDT, ANNE/SCHNELL, IRMTRAUD (Hg.): Integrationspädagogik. Auf dem Weg zu einer Schule für alle, Weinheim/München 1998, 37–52; vgl. mit Bezug auf den RU SCHWEIKER, WOLFHARD: Arbeitshilfe Religion inklusiv. Grundstufe und Sekundarstufe I. Basisband, Stuttgart 2012; DERS.: Arbeitshilfe Religion inklusiv. Praxisband: Kirche(n) - Religionen und Weltanschauungen, Stuttgart 2014.

[92] Vgl. TRAUTMANN, MATTHIAS/WISCHER, BEATE: Heterogenität in der Schule. Eine kritische Einführung, Wiesbaden 2011, 40.

Allerdings deuten die sehr unterschiedlichen Lernprozesse und -erfolge darauf hin, dass sich der Lernprozess durch das Lernsetting insgesamt nur bedingt vorstrukturieren bzw. didaktisch planen lässt, was – so die These – insbesondere in der Mehrdeutigkeit und Simultaneität von Bildern begründet liegt. Umso stärker hängt der Lernerfolg von Interventionen und Kommunikationsverhalten der Lehrkraft sowie der SuS ab. Hier lassen sich zwar förderliche Aspekte im Lernsetting benennen (Zusammenfassungen, Korrekturen etc.), aber in den vorliegenden Designexperimenten konnten diese über diese formalen Beschreibungen hinaus nicht weiter didaktisch konturiert werden.

Literatur

ALBRECHT, MICHAELA: Für uns gestorben. Zur Heilsbedeutung des Kreuzestodes Jesu Christi aus Sicht Jugendlicher, Göttingen 2007.

BENZ, SABINE: Wer ist Jesus – was denkst du? Christologische Wissen- und Kompetenzentwicklung in den ersten beiden Grundschuljahren – eine qualitative Längsschnittstudie, Göttingen 2015.

BETTIN, NATASCHA: Lernen im Begegnungs- und Begehungsraum „Synagoge". Eine interdisziplinäre Evaluationsstudie im Rahmen qualitativ-quantitativer Einstellungsforschung. http://dx.doi.org/10.17877/DE290R-18045.

BOEHM, GOTTFRIED: Ikonoklastik und Transzendenz. Der historische Hintergrund. In: SCHMIED, WIELAND (Hg.): GegenwartEwigkeit. Spuren des Transzendenten in der Kunst unserer Zeit, Stuttgart 1990, 27–31.

BOEHM, GOTTFRIED: Die Bilderfrage. In: ders: Was ist ein Bild, München 1994, 325–343.

BUNTFUß, MARKUS/FEIND, CLAUDIA: Aufgefahren in den Himmel – Das Bekenntnis zur Himmelfahrt Christi. In: JaBuKi (2008). Sonderband: „Manche Sachen glaube ich nicht", 99–107.

BURRICHTER, RITA/GÄRTNER, CLAUDIA: Mit Bildern lernen, München 2014.

BURRICHTER, RITA: Individuelle didaktische Theorien von Lehrer/-innen zu „Funktion und Wirkung von Kunst im Religionsunterricht". In: BRENNE, ANDREAS/GÄRTNER, CLAUDIA (Hg.): Kunst im Religionsunterricht – Funktion und Wirkung. Entwicklung und Erprobung empirischer Verfahren, Stuttgart 2015, 151–174.

BUTT, CHRISTIAN: Kindertheologische Untersuchungen zu Auferstehungsvorstellungen von Grundschülerinnen und Grundschülern, Göttingen 2009.

BÜTTNER, GERHARD/RUPP, HARTMUT: 'Wer sagen die Leute, dass ich sei?' (Mk 8,27) Christologische Konzepte von Kindern und Jugendlichen. In: JRP 15 (1999), 31–47.

BÜTTNER, GERHARD/THIERFELDER, JÖRG: Die Christologie der Kinder und Jugendlichen. Ein Überblick. In: DIES. (Hg.): Trug Jesus Sandalen? Kinder und Jugendliche sehen Jesus Christus, Göttingen 2001, 7–26.

BÜTTNER, GERHARD: Jesus hilft! Untersuchungen zur Christologie von Schülerinnen und Schülern, Stuttgart 2002.

BÜTTNER, GERHARD: Christologie von Kindern und Jugendlichen. In: Glauben und Lernen 19 (2004) Heft 1, 41–53.

BÜTTNER, GERHARD: Vielleicht hätten wir ihn ja ganz vergessen, ohne dass wir nochmal die Auferstehung von ihm haben - Grundschulkinder der 4. Klasse deuten den „ungläubigen Thomas" (Johannes 20,24–29). In: JaBuKi 7 (2008), 25–35.

CALMBACH, MARC/U. A.: Wie ticken Jugendliche 2012? Lebenswelten von Jugendlichen im Alter von 14–17 Jahren in Deutschland, Düsseldorf 2012.
FEIGE, ANDREAS/GENNERICH, CARSTEN: Lebensorientierung Jugendlicher. Alltagsethik, Moral und Religion in der Wahrnehmung von Berufsschülerinnen und –schülern in Deutschland, Münster 2008.
FLAKE, SASKIA/SCHRÖDER, INA: Inklusive Pädagogik - Eine Herausforderung für die Religionspädagogik?! In: KAMMEYER, KATHARINA/U. A. (Hg.): Inklusion und Kindertheologie, Münster 2014, 30–64.
FOERSTER, HEINZ VON: Lethologie, Eine Theorie des Erlernens und Erwissens angesichts von Unwißbarem, Unbestimmbarem und Unentscheidbarem. In: VOß, REINHARD (Hg.): Die Schule neu erfinden, Systemisch-konstruktivistische Annäherungen an Schule und Pädagogik, Neuwied 2002, 14–33.
FUCHS, MONIKA E.: Bioethische Urteilsbildung im Religionsunterricht. Theoretische Reflexion – empirische Rekonstruktion, Göttingen 2010.
GÄRTNER, CLAUDIA: Ästhetisches Lernen. Eine Religionsdidaktik zur Christologie in der gymnasialen Oberstufe, Freiburg 2011.
GÄRTNER, CLAUDIA/PISARSKI, BERNADETTE: „Erlösung ist, wenn man befreit ist von einem Fluch, wie bei Fluch der Karibik". Mit Grundschulkindern über Erlösung sprechen – empirische Einblicke und Praxisbausteine. In: JaBuKi 12 (2013), 159–170.
GÄRTNER, CLAUDIA: Erlösung. In: BÜTTNER, GERHARD/U. A. (Hg.): Handbuch Theologisieren mit Kindern. Einführung - Schlüsselthemen – Methoden, Stuttgart/München 2014, 175–179.
GÄRTNER, CLAUDIA: Kunst im Religionsunterricht – sehr beliebt, oft unterschätzt, manchmal funktionalisiert und selten zweckfrei. In: BRENNE, ANDREAS/GÄRTNER, CLAUDIA (Hg.): Kunst im Religionsunterricht – Funktion und Wirkung. Entwicklung und Erprobung empirischer Verfahren, Stuttgart 2015, 267–275.
GRÜMME, BERNHARD: Mit bildungsfernen Schülern theologisieren. Skizze einer kritisch-marginalitätssensiblen Kindertheologie. In: RpB 70 (2013), 31–42.
GRÜMME, BERNHARD: Bildungsgerechtigkeit. Eine religionspädagogische Herausforderung, Stuttgart 2014.
IMDAHL, MAX: Giotto. Zur Frage der ikonischen Sinnstruktur. In: DERS., Reflexion Theorie Methode. Gesammelte Schriften Bd. 3, hg. v. Boehm, Gottfried, Frankfurt/M. 1996, 424–463.
KALLOCH, CHRISTINA: Mit Bildern theologisieren. In: BÜTTNER, GERHARD/U. A. (Hg.): Handbuch Theologisieren mit Kindern. Einführung – Schlüsselthemen - Methoden, Stuttgart/München 2014, 79–84.
KALLOCH, CHRISTINA: Theologisieren mit Kunstbildern. In: JaBuKi 14 (2015), 71–81.
KAMMEYER, KATHARINA: Theologisieren in heterogenen Lerngruppen. Empirische Einsichten in Perspektiven von Lehrkräften und konzeptionelle Überlegungen. In: DIETRICH, VEIT-JAKOBUS (Hg.): Theologisieren mit Jugendlichen. Ein Programm für Schule und Kirche, Stuttgart 2012, 191–210.
KAMMEYER, KATHARINA/U. A. (Hg.): Inklusion und Kindertheologie, Münster 2014.
KELLE, UDO/KLUGE, SUSANN: Vom Einzelfall zum Typus. Fallvergleich und Fallkontrastierung in der qualitativen Sozialforschung, Opladen 2010.
KLIE, THOMAS/U. A. (Hg.): Fallstudien zur Performanz religiöser Bildung, Stuttgart 2012.
KRAFT, FRIEDHELM/ROOSE, HANNA: Von Jesus Christus reden im Religionsunterricht. Christologie als Abenteuer entdecken, Göttingen 2011.
KRUSE, JAN: Qualitative Interviewforschung. Ein integrativer Ansatz, Weinheim 2015.
LANGE, GÜNTER: Kunst zur Bibel, München 1988.
LANGE, GÜNTER: Bilder zum Glauben. Christliche Kunst sehen und verstehen, München 2002.

LINK-WIECZOREK, ULRIKE/WEILAND, ISOLDE: Können Kinder 'Auferstehung' denken?. In: JabuKi Sonderband „Manche Sachen glaube ich nicht", Stuttgart 2008, 86–98.

MARSAL, EVA/DOBASHI, TAKARA: „Die Menschen, die tot sind, leben so lange, wie man an sie auch denkt" Der Tod in der Weltkonstruktion von japanischen und deutschen Kindern. In: JaBuKi 8 (2009), 132–155.

METTE, NORBERT: Vorstellungen von Kindern über den Tod und ein Leben nach dem Tod. In: JRP 26 (2010), 43–49.

MINISTERIUM FÜR SCHULE UND WEITERBILDUNG DES LANDES NORDRHEIN-WESTFALEN (Hg.): Kernlehrplan für das Gymnasium – Sekundarstufe I in Nordrhein-Westfalen. Katholische Religionslehre, Düsseldorf 2011.

MINISTERIUM FÜR SCHULE UND WEITERBILDUNG DES LANDES NORDRHEIN-WESTFALEN (Hg.): Richtlinien und Lehrpläne für die Grundschule in Nordrhein-Westfalen, Düsseldorf 2012.

MINISTERIUM FÜR SCHULE UND WEITERBILDUNG DES LANDES NORDRHEIN-WESTFALEN (Hg.): Kernlehrplan für die Sekundarstufe II. Gymnasium/Gesamtschule in Nordrhein-Westfalen. Katholische Religionslehre, Düsseldorf 2014.

NAURATH, ELISABETH: „Wer früher stirbt, ist länger tot?" Was christliche und muslimische Kinder nach dem Tod erwarten. In: JaBuKi 8 (2009), 60–70.

NAURATH, ELISABETH: „Um Himmels willen…!" Mit Kindern im Religionsunterricht über das irdische Leben und Sterben hinausfragen. In: JRP 26 (2010), 215–224.

PEMSEL-MAIER, SABINE: Empirie trifft Christologie: Einblicke in christologische Aneignungsprozesse von Kindern und Jugendlichen. In: PEMSEL-MAIER, SABINE/SCHAMBECK, MIRJAM (Hg.): Keine Angst vor Inhalten! Systematisch-theologische Themen religionsdidaktisch erschließen, Freiburg 2015, 211–231.

PEMSEL-MAIER, SABINE: Gott und Jesus Christus. Orientierungswissen Christologie, Stuttgart 2016.

POHL-PATALONG, UTA: Kaum zu glauben und doch so wichtig. Auferstehung als Thema im Religionsunterricht. In: JRP 26 (2010), 205–214.

REICH, KARL HELMUT: Kann Denken in Komplementarität die religiöse Entwicklung im Erwachsenenalter fördern? Überlegungen am Beispiel der Lehrformel von Chalkedon und weiterer theologischer „Paradoxe". In: BÖHNKE, MICHAEL./U. A. (Hg.): Erwachsen im Glauben. Beiträge zum Verhältnis von Entwicklungspsychologie und religiöser Erwachsenenbildung, Stuttgart 1992, 127–154.

REIS, OLIVER: Wie kommt die Rede von der Auferstehung in den Lernprozess? Das Verstehen von Auferstehung und seine Bedeutung für schulische Lernprozesse. In: RpB63 (2009), 39–56.

REIS, OLIVER/SCHWARZKOPF, THERESA: Diagnose im Religionsunterricht. Konzeptionelle Grundlagen und Praxiserprobungen, Berlin 2015.

REISS, ANNIKE/FREUDENBERGER-LÖTZ, PETRA: Didaktik des Theologisierens mit Kindern und Jugendlichen. In: GRÜMME, BERNHARD/U. A. (Hg.): Religionsunterricht neu denken. Stuttgart 2012, 133–145.

REISS, ANNIKE: Jugendtheologie. In: WiReLex. https://www.bibelwissenschaft.de/stichwort/100022/ (10.2.2016)

RIEGEL, ULRICH/FRICKE, MICHAEL: Als wir barfuß über den Boden Gottes laufen konnten. Eine empirische Pilotstudie zum leiblichen Lernen im Religionsunterricht der Grundschule, Göttingen 2011.

ROEBBEN, HUBERTUS: Theology made in dignity. On the precarious role of theology in religious education, Leuven 2016.

SATTLER, DOROTHEA: Erlösung? Lehrbuch der Soteriologie, Freiburg i. Br. 2011.

SCHAMBECK, MIRJAM: Das Kreuz zwischen theologischer Lehre und existenzieller Irrelevanz. In: KNOP, JULIA/NOTHELLE-WILDFEUER, URSULA: Kreuz-Zeichen. Zwischen Hoffnung, Unverständnis und Empörung, Ostfildern 2013, 307–319.

SCHAMBECK, MIRJAM: Ganz Gott und Mensch?! Chakedon updated – Christologische Konzepte Jugendlicher im Gespräch mit der Christologie. In: PEMSEL-MAIER, SABINE/SCHAMBECK, MIRJAM (Hg.): Keine Angst vor Inhalten! Systematisch-theologische Themen religionsdidaktisch erschließen, Freiburg 2015, 232–254.

SCHIMMEL, ALEXANDER: Einstellungen gegenüber Glauben als Thema des Religionsunterrichts. Didaktische Überlegungen und Anregungen für die gymnasiale Oberstufe, Ostfildern 2011.

SCHMIDT, CHRISTIANE: Analyse von Leitfadeninterviews. In: FLICK, UWE/U. A. (Hg.): Qualitative Forschung. Ein Handbuch, Reinbek 2005, 447–456.

SCHNURR, ANSGAR: „Das sieht einfach irgendwie eklig aus!" Milieubedingte Heterogenität in der Betrachtung von Kunstwerken. In: RelliS 19 (1/2016), 16–19.

SCHWARZKOPF, THERESA: Vielfältigkeit denken. Wie Schülerinnen und Schüler im Religionsunterricht argumentieren lernen, Stuttgart 2016.

SCHWEIKER, WOLFHARD: Arbeitshilfe Religion inklusiv. Grundstufe und Sekundarstufe I. Basisband, Stuttgart 2012.

SCHWEIKER, WOLFHARD: Arbeitshilfe Religion inklusiv. Praxisband: Kirche(n) – Religionen und Weltanschauungen, Stuttgart 2014.

SCHWEITZER, FRIEDRICH: Was ist und wozu Kindertheologie?. In: JaBuKi 2 (2003), 9–18.

STREIB, HEIN/KLEIN, CONSTANTIN: Todesvorstellungen von Jugendlichen und ihre Entwicklung. In: JRP 26 (2010), 50–75.

STREIB, HEINZ/GENNERICH, CARSTEN: Jugend und Religion. Bestandsaufnahmen, Analysen und Fallstudien zur Religiosität Jugendlicher, Weinheim/München 2011.

TRAUTMANN, MATTHIAS/WISCHER, BEATE: Heterogenität in der Schule. Eine kritische Einführung, Wiesbaden 2011.

VAN 'T ZAND, MARIEKE/DE ROOS, SIMONE: Ich denke, diese Kreuze auf dem Hügel sind Vogelscheuchen! Die Vorstellung kleiner Kinder von Ostern. In: JaBuKi (2003), 75–88.

WERBICK, JÜRGEN: Soteriologie, Düsseldorf 1990.

WITTKOWSKI, JOACHIM: Psychologie des Todes, Darmstadt 1990.

WOCKEN, HANS: Gemeinsame Lernsituationen. Eine Skizze zur Theorie des gemeinsamen Unterrichts. In: HILDESCHMIDT, ANNE/SCHNELL, IRMTRAUD (Hg.): Integrationspädagogik. Auf dem Weg zu einer Schule für alle, Weinheim/München 1998, 37–52.

ZIEGLER, TOBIAS, Jesus als „unnahbarer Übermensch" oder „bester Freund"? Elementare Zugänge Jugendlicher zur Christologie als Herausforderung für Religionspädagogik und Theologie, Neukirchen-Vluyn 2006.

ZIEGLER, TOBIAS: Abschied von Jesus, dem Gottessohn? Christologische Fragen Jugendlicher als religionspädagogische Herausforderung. In: BÜTTNER, GERHARD/THIERFELDER, JÖRG (Hg.): Trug Jesus Sandalen? Kinder und Jugendliche sehen Jesus Christus, Göttingen 2001, 106–139.

ZIMMERMANN, MIRJAM: Die (Be-)Deutung des Todes Jesu in der Religions-pädagogik. Eine Skizze. In: FREI, JÖRG/ SCHRÖTER, JENS (Hg.): Deutungen des Todes Jesu im Neuen Testament, Tübingen 2005, 609–647.

ZIMMERMANN, MIRJAM: Jesus im Garten Gethsemane (Mt 26,36–46) – Elementare Zugänge zu Passion und Tod Jesu. In: JaBuKi (2006), Sonderband Teil 2: Neues Testament, 178–193.

ZIMMERMANN, MIRJAM: Zur Dialektik einer aufgeklärten Kindertheologie. Die Notwendigkeit einer, Theologie für Kinder im Blick auf Zielgruppe, Basiswissen, Nachhaltigkeit und Inhalt. In: JaBuKi 12 (2013),40–56.

ZIMMERMANN, RUBEN: Jesus als Brot (Joh 6,35.48) und Weizenkorn (Joh 12,24). Wie Kindergartenkinder Christologie „bilden". In: JaBuKi (2006). Sonderband Teil 2: Neues Testament, 122–138.

II. Blickwinkel

Ein Angebot von Fremdheit. Religionsdidaktische Pionierarbeit im interdisziplinären Kontext

Theresa Schwarzkopf

Es gibt eine grundlegende Eigenschaft, die es Forscher/-innen aus unterschiedlichen wissenschaftlichen Disziplinen ermöglicht, zusammenzuarbeiten und sich auszutauschen: Neugierde oder Wissbegierde. Der Forscher will die Welt verstehen, die Forscherin möchte wissen, wie sie die Welt verändern kann. Dabei ist vorausgesetzt, dass sie immer wieder Ereignissen, Phänomenen oder Verhaltensweisen und Sachzusammenhängen begegnen, mit denen sie nicht vertraut sind, die anders sind als alles, was sie bereits wissen und kennen. Die Begegnung mit dem Anderssein oder mit Fremdheit ist grundlegend für den Beginn einer jeden Forschung und dem Aufkommen neuer Fragestellungen. Ohne sie wäre jede Untersuchung obsolet. Ein Forschungsexposé muss gerade deutlich machen können, wo (Wissens)Leerstellen sind, die gefüllt werden sollen. Forschung ist nur dadurch zyklisch, dass jedes Einzelprojekt neue Fremdheit generiert, die in weiteren Studien vertraut gemacht und erkannt werden kann. Zum einen ist Fremdheit also Kernelement von Forschungsinteressen und Bedingung von Forschung. Zum anderen kann der fremde Blick bewusst genutzt werden, um blinde Flecke im Forschungsprozess zu erhellen. Diese Idee der gegenseitigen Unterstützung und des voneinander Lernens ist es, die den Mehrwert von interdisziplinären Forschungskolloquien und -kollegs ausmacht. Projekte und Wissenschaftler/-innen werden zusammen gebracht und kommen zusammen, die einerseits einen gemeinsamen Fokus haben – sei es das Forschungsprogramm oder die Bezugswissenschaft – und andererseits an den entscheidenden Scharnierstellen Differenzen aufweisen. Mit dem Dissertationsprojekt, das im Folgenden kurz vorgestellt werden soll, kam es so zu unterschiedlichen Begegnungen der Fremdheit.

Das Projekt entstand in dem Dortmunder Forschungs- und Nachwuchskolleg zur Fachdidaktischen Entwicklungsforschung von diagnosegeleiteten Lehr- und Lernprozessen FUNKEN, wurde in der Sektion für empirische Religionspädagogik der Arbeitsgemeinschaft Katholische Religionspädagogik/Katechetik (ARKR) diskutiert und in dem Forschungskolleg der Creative Unit „Fachbezogenen Bildungsprozessen in Transformation" (FaBiT) der Universität Bremen als Beispiel besprochen. Dabei war den beiden Nachwuchskollegs gemeinsam, dass sie dem Forschungsprogramm der fachdidaktischen Entwicklungsforschung[1] bzw. Design-Based-Research[2] folgten und beide interdisziplinär besetzt waren. Das Dortmunder FUNKEN-Programm hatte in der ersten Antragsphase einen leichten Überhang im mathematisch-naturwissenschaftlichen Bereich, das Bremer Creative Unit setzte sich vorwiegend aus geistes- und kulturwissenschaftlichen Projekten zusammen. Die Teilnehmer/-innen des Kolloquiums der Sektion dagegen verorten sich weitestgehend in der gleichen Disziplin, der Religionspädagogik. Hier gehen allerdings die Forschungsfragen, -ansätze und -methoden auseinander. Bei den unterschiedlichen Settings, die hochschuldidaktisch Fremdheit initiieren, bleibt zu fragen, wieviel Begegnungen mit Fremdheit einem Forschungsprozess gut tut oder nicht. Dieser Beitrag möchte Erfahrungen aus den unterschiedlichen Settings unter der Perspektive von Fremdheitsbegegnungen reflektieren: Wieviel Fremdheitsbegegnung im Forschungsprozess ist förderlich oder hinderlich? Und was kann die Religionspädagogik aus diesen Reflexionen lernen? Neben der allgemein-theoretischen Ebene wird auch noch einmal die individuellere Perspektive interessant: Was bedeuten diese Ergebnisse für Religionspädagogen/-innen, die ebenfalls das Programm der fachdidaktischen Entwicklungsforschung nutzen möchten?

Zur Beantwortung dieser Fragestellungen wird zunächst das Forschungsprojekt vorgestellt, das in den verschiedenen hochschuldidaktischen Settings Fremdheit angeboten hat und mit entsprechenden Reaktionen konfrontiert wurde. Gleichzeitig wurde mit diesem Projekt ein Lehr-Lernarrangement beforscht, das selbst die Fremdheit von Auferstehungsvorstellungen didaktisch nutzte. Dafür wird zunächst der Reflexionsfokus der Fremdheit konkretisiert. Anschließend an die Projektvorstellung werden die Erfahrungen in den unterschiedlichen hochschuldidaktischen Settings in der Perspektive der Fremdheitserfahrungen reflektiert.

---

[1] PREDIGER, SUSANNE/U. A.: Lehr-Lernprozesse initiieren und erforschen. Fachdidaktische Entwicklungsforschung im Dortmunder Modell. In: MNU 65 (2012). Heft 8, 452–457; GÄRTNER, CLAUDIA: Einführung in die Fachdidaktische Entwicklungsforschung aus religionsdidaktischer Perspektive. In diesem Band.

[2] Vgl. VAN DEN AKKER, JAN/U. A..: Introducing educational design research. In: VAN DEN AKKER, JAN/U. A.: (Hg.): Educational Design Research. The design, development and evaluation of programs, processes and products, London 2006.

1. Fremdheit als Reflexionsfokus

Fremdheit meint zunächst grundlegend etwas, was sich von anderem bzw. von uns selbst absetzt oder unterscheidet. Dabei tritt dieses Fremde aber notwendigerweise mit einem eigenen Anspruch auf. Das Fremde hat eine Eigenlogik, die diesen Anspruch ausmacht und die das Fremde-Selbst in sich konstituiert.[3] In dieser Eigenlogik folgt es einer eigenen Semantik und kennt damit auch spezielle Ausdrucksformen, die den bekannten gegenübertreten.[4] Das Fremde findet sich also auf der Ebene von Inhalt und Ausdruckgestalt. Die Entscheidung über das Fremdsein treffen allein die beteiligten Instanzen. Fremdheit (Alienität) braucht also im Unterschied zum Anderssein (Alterität) keinen vergleichenden Bezugspunkt von bzw. bei Dritten.[5] Die Begegnung wird von dem Anderen durch seine Fremdheit eröffnet[6] und braucht für die echte Möglichkeit der Begegnung ein antwortfähiges und vor allem antwortbereites Subjekt als Gegenüber. Dann kann eine Verbindung zwischen dem Subjekt und dem Fremden entstehen, die produktiv werden kann. Die Verbindung von Eigenem und Fremden kann etwas Neues entstehen lassen,[7] gerade da das Fremde immer nur in der eigenen Perspektive rekonstruiert werden kann. Eine Begegnung mit Fremdheit, in der das Subjekt diesem Fremden ausgeliefert ist, kann zum Grenzfall werden, in dem das Subjekt nicht mehr handlungsfähig ist.[8]

Das Phänomen der Fremdheitsbegegnung zeichnet sich durch eine Asymmetrie aus. Das Andere ist zunächst fremd und wird in seiner Fremdheit ernstgenommen, ohne diese zu beschwichtigen. Dadurch kann die Differenz so radikal wahrgenommen werden, wie sie ist.[9] Im Prozess des Begreifens des anderen wird die Fremdheit dann abgelegt und die Asymmetrie aufgehoben.

Für diese Erfahrungen und Lernprozesse mit Fremdheit gibt es eine Voraussetzung: für die produktive Begegnung zwischen dem Subjekt und dem Anderen darf es nur eine relative Fremdheit geben.[10] Relative Fremdheit meint, dass das Fremde etwas ist, in dem wir uns noch nicht erkennen, das aber das Potential dazu hat. Ein Fremdes, was dieses Potential nicht beinhaltet,

---

[3] Vgl. WALDENFELS, BERNHARD: Bruchlinien der Erfahrung. Phänomenologie Psychoanalyse Phänomenotechnik, Frankfurt/Main 2002.
[4] Vgl. RIEGGER, MANFRED: Art. Erfahrung. In: WiReLex 2016 (www.bibelwissenschaft.de/stichwort/100193/, letzter Aufruf: 29.05.2017).
[5] Vgl. ebd.
[6] Vgl. GRÜMME, BERNHARD: Alteritätstheoretische Religionsdidaktik. In: GRÜMME, BERNHARD/U. A. (Hg.): Religionsunterricht neu denken: Innovative Ansätze und Perspektiven der Religionsdidaktik. Ein Arbeitsbuch (Religionspädagogik Innovativ Band 1), Stuttgart 2012, 119–132, hier: 126.
[7] Vgl. RIEGGER: Erfahrung.
[8] Vgl. WALDENFELS: Bruchlinien.
[9] Vgl. GRÜMME: Religionsdidaktik, 127–128.
[10] Vgl. WALDENFELS: Bruchlinien.

wird nicht mit dem eigenen Selbst in Verbindung treten, um im Subjekt rekonstruiert zu werden. Für schul- und hochschuldidaktische Settings sind also die Antwortbereitschaft des Subjekts sowie die relative Fremdheit des Anderen Bedingung für echte Lernprozesse.

2. Projektpräsentation: Auferstehungsvorstellungen Argumentieren lernen

Die Argumentationskompetenz von Schüler/-innen zu religiösen und ethischen Fragestellungen im Religionsunterricht ist eine zentrale Kompetenz spätestens der Qualifikationsstufe. Der Lernprozess zu dieser ist allerdings bisher sehr wenig erforscht.[11] Im Kontext einer Kompetenzdiagnostik für den Lernprozess hat dieses Projekt untersucht, wie die Schüler/-innen das Argumentieren der Lerninhalte „Gottesbilder" und „Auferstehungsvorstellungen" lernen.[12] Die beiden Lerninhalte sind dem Bereich der unentscheidbaren Fragen zuzuordnen, die durch eine diskursive Sachlogik charakterisiert sind und somit inhaltlich keine lineare Norm vorgeben. Die Fragestellung lautete daher: Wie können individuelle religiöse Lernwege so gestaltet werden, dass sich im Kontext von unentscheidbaren Fragen die Konsistenz der eigenen Vorstellung sowie die Argumentationskompetenz erhöhen? Die Untersuchung richtete sich nach dem Programm der fachdidaktischen Entwicklungsforschung im Dortmunder Modell.[13] Dabei wurde ein Lehr-Lernarrangement zu dem Learning-Outcome „Die SuS können für ihre Auferstehungsvorstellungen in der Modellpluralität religiöser Auferstehungsvorstellungen argumentieren" bzw. „Die SuS können für ihr Gottesbild in der Modellpluralität religiöser Gottesbilder argumentieren" gestaltet und erprobt.

Das Lehr-Lernarrangement bestand im Wesentlichen aus vier Phasen: Diagnostik, individuelle und kooperative Lernintervention sowie Anwendung.

---

[11] Vgl. WIEß, THOMAS/U. A.: Argumentationsmuster von Jugendlichen zu Schöpfung und Evolution. In: DIETERICH, VEIT-JAKOBUS/U. A. (Hg.): „Der Urknall ist immerhin, würde ich sagen, auch nur eine Theorie". Schöpfung und Jugendtheologie. Jahrbuch für Jugendtheologie Band 2, Stuttgart 2013, 63–75; WEIß, THOMAS: Fördert evangelischer Religionsunterricht die Fähigkeit zu argumentieren? – Beschreibung und Interpretation einer Stundenbeobachtung an einem Wiener Gymnasium. In: DIETERICH, VEIT-JAKOBUS/U. A. (Hg.): „Der Urknall ist immerhin, würde ich sagen, auch nur eine Theorie". Schöpfung und Jugendtheologie. Jahrbuch für Jugendtheologie Band 2, Stuttgart 2013, 118–124.

[12] Vgl. SCHWARZKOPF, THERESA: Vielfältigkeit denken. Wie Schülerinnen und Schüler im Religionsunterricht argumentieren lernen (Religionspädagogik innovativ Band 15), Stuttgart 2016.

[13] Vgl. PREDIGER: Lehr-Lernprozesse.

Hierbei analysierten die Schüler/-innen diagnosegeleitet Werke der fantastischen Kinder- und Jugendliteratur, um die Positionen zum Gottesbild oder zur Auferstehungsvorstellung zu filtern und sich zu dieser zu verhalten. In einem kooperativen Schritt lernten sie in einer Schreibkonferenz andere Positionen kennen und die zuvor erarbeitete erklären. In der abschließenden Anwendung wurden die Arbeitsschritte in einer erneuten (diagnostischen) Anforderung gebündelt. Begleitend schrieben die Schülerinnen[14] ein Lerntagebuch zur Förderung der Metakognition.

Hieraus entstanden Schülertexte, die anschließend in einem doppelten Verfahren ausgewertet wurden. Zunächst wurde der Lernprozess mit Hilfe der Bearbeitungsstruktur[15] analysiert. Hierbei lag der Schwerpunkt auf dem inhaltlichen Aspekt der Argumentation. In einem zweiten Schritt wurde der strukturelle Aspekt der Argumentation mit der linguistischen Textanalyse[16] untersucht. Durch die Untersuchung der Lernprozesse in diesem Lehr-Lernarrangement wurde ein Theoriebeitrag zum Argumentieren Lernen im Feld der unentscheidbaren Fragen geleistet.

Für das Argumentieren lernen lassen sich aus der Tätigkeitslogik sowie der lerninhaltsimmanenten Logik heraus fünf Schritte abbilden, die mit dieser Arbeit empirisch belegt und weiterentwickelt wurden.

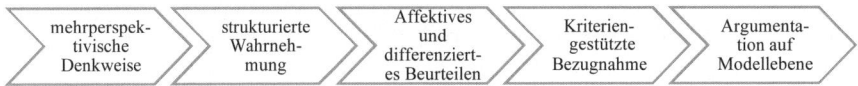

1. Mehrperspektivische Denkweise. Wenn es im Argumentieren darum geht, die eigene Vorstellung nachvollziehbar zu machen, dann braucht es die Konstituierung des eigenen Konstrukts in Abgrenzung zu anderen Positionen, wofür das mehrperspektivische Denken Grundlage ist. Mit Waldenfels bedeutet dies, dass die Schüler/-innen antwortbereit dem Fremden gegenüber sein müssten, um mit diesem in einen lernwirksamen Kontakt treten zu können.
2. Strukturierte Wahrnehmung. Die Komplexität von Argumentation kann nur dann erreicht werden, wenn die einzelnen Positionen – die eigene oder fremde – als detaillierte und strukturierte Einheit wahrgenommen werden.

---

[14] Hier wird in der weiblichen Form gesprochen, da ausschließlich Mädchen an dem Lehr-Lernarrangement teilnahmen.
[15] Vgl. REIS, OLIVER/SCHWARZKOPF, THERESA: Diagnose religiöser Lernprozesse. Ein kompetenzdiagnostisches Grundlagenmodell. In: DIES. (Hg.): Diagnose im Religionsunterricht. Konzeptionelle Grundlagen und Praxiserprobungen, Berlin 2015, 6–161.
[16] Vgl. BRINKER, KLAUS: Linguistische Textanalyse. Eine Einführung in Grundbegriffe und Methoden, Berlin ⁵2001.

3. Affektives und differenziertes Beurteilen. Die Lernenden können intuitiv und affektiv fremde Vorstellungen mit Bedeutung belegen. Die Komplexität der Argumentation besteht gerade darin, dass die Schüler/-innen lernen differenziert zu beurteilen, um die Verbindungen und Gegensätze zwischen den Positionen und in Bezug zur eigenen mit Bedeutung belegen zu können. Damit die Schüler/-innen Ankerpunkte finden, mit denen sie sich und ihre eigene Vorstellung in Beziehung setzen können, braucht es auf Seiten der anderen Positionen die Einschränkung der relativen Fremdheit, eine Position also, die nur so fremd ist, dass sie das Potential in sich birgt, dass die Schüler/-innen sich mit ihren Vorstellungen in ihr wiedererkennen und wiederfinden können – in Abgrenzung und Verbindung.
4. Kriterien gestützte Bezugnahme. Die Lernenden können nach diesem nächsten Lernschritt den Bezug zwischen den fremden und der eigenen Position in einzelnen Bedeutungseinheiten herstellen.
5. Argumentation auf Modellebene. In einem letzten Schritt können die Lernenden konkrete Positionen auf einer Modellebene rekonstruieren.

3. Reflexion von Fremdheitsbegegnungen

Das Forschungsprojekt, welches bereits mit einem Fremdheitsangebot arbeitet, wurde in unterschiedlichen hochschuldidaktischen Settings präsentiert. Diese Erfahrungen werden nun in der Perspektive der Fremdheit reflektiert, da gewollt und ungewollt durch die Vorstellung des Projekts einerseits Fremdheitserfahrungen angeboten und andererseits Fremdheiten überwunden wurden. Dafür werden ein innertheologisches und anschließend zwei außerfachliche Situationen vorgestellt.

3.1 Innerfachliche Fremdheit – Forschungskolloquium Sektion empirische Religionspädagogik

Die „Arbeitsgemeinschaft Katholische Religionspädagogik/Katechetik" (AKRK) ist ein Zusammenschluss von Forscher/-innen des deutschen Sprachraums, die in den unterschiedlichen akademischen Arbeitsbereichen oder der katechetischen Praxis tätig sind und an wissenschaftlichen Fragestellungen der Religionspädagogik arbeiten. Die AKRK vertritt die Interessen ihrer Mitglieder in der akademischen Landschaft, aber auch im kirchen- und bildungspolitischen Rahmen. Zentral bietet die AKRK jedoch die Möglichkeit des Austauschs und der Vernetzung. Die disziplinären Diskurse werden auf entsprechenden Fachtagungen und über die Fachzeitschrift „Religionspädagogische Beiträge" der AKRK geführt. Um hier produktive und innovative Arbeit leisten zu können, haben sich innerhalb der AKRK Sektionen bzw. Arbeitsgruppen mit speziellen Schwerpunkten gebildet. Dazu zählt u.a. die Sektion „Empirische Religionspädagogik".

Durch regelmäßige Jahrestagungen möchte die Sektion „Empirische Religionspädagogik" eine Plattform bieten, um sich über methodische und methodologische Ansätze auszutauschen. Die ökumenisch-offene Sektion trifft sich dafür einmal im Jahr. Dabei werden praktisch-theologische und religionspädagogische Forschungsprojekte in ihren unterschiedlichen Arbeitsphasen – von der Herleitung der Forschungsfrage über das Setting der Datenerhebung und erste Einblicke in die Auswertung – vorgestellt und diskutiert. Diese Möglichkeit steht Nachwuchswissenschaftler/-innen genauso zur Verfügung wie etablierten Empiriker/-innen. Die Mischung aus Erfahrung und neuen Ansätzen kann hier produktiv genutzt werden.[17]

Auf einem solchen Jahrestreffen wurde das Forschungsprojekt vorgestellt. Zum Zeitpunkt des Referats war die Datenerhebung abgeschlossen. Die Präsentation des Forschungsprojekts teilte sich daher in drei Blöcke und trat mit konkreten Feedbackanfragen an die Gruppe heran. Zunächst wurde der theoretische Hintergrund der unentscheidbaren Fragen im Religionsunterricht am Beispiel der Auferstehung der Toten beleuchtet. Daran anschließend wurde mit der fachdidaktischen Entwicklungsforschung das Forschungsprogramm des Projekts erläutert, in dessen Rahmen ebenfalls Forschungsfrage und Methodik eingeordnet wurden. Schließlich wurden einzelne Datensätze an die Gruppe zur Einsicht verteilt, um konkret über diese Schüler/-innenprodukte sprechen zu können.

Die implizite Basis des Sektionstreffens bilden die Grundlagen und Zielsetzungen einer empirischen Religionspädagogik, wie sie in der Einleitung in diesem Band dargelegt wurden.[18] An dieser Stelle werden daher allein die für die weitere Reflexion wichtigen Elemente noch einmal kurz aufgegriffen. Durch qualitative und quantitative Ansätze soll in der Religionspädagogik der Ist-Zustand (Welche Vorstellungen haben die Jugendlichen?) der Praxis erhoben werden, um diese besser zu verstehen, zu differenzieren und aufzuklären. Dabei entsteht eine enge Verzahnung von Theorie und Praxis des religiösen Lernens. Die empirische Religionspädagogik prüft einerseits an der Praxis ihre

---

[17] Zu den Homepages: akrk.eu und akrk.eu/sektionen-und-arbeitsgruppen. Aus dieser Sektion ging ein Sammelband mit aktuellen Projekten der empirischen Religionspädagogik hervor: ARZT, SILVIA/HÖGER, CHRISTIAN (Hg.): Empirische Religionspädagogik und Praktische Theologie. Metareflexionen, innovative Forschungsmethoden und aktuelle Befunde aus Projekten der Sektion „Empirische Religionspädagogik" der AKRK, Freiburg & Salzburg 2016, phfr.bsz-bw.de/frontdoor/index/index/docId/566.

[18] Vgl. GÄRTNER: Einführung, in diesem Band.

eigene Theoriebildung.[19] Gärtner weißt darauf, dass es hierbei oftmals um die „großen" Lehr-Lerntheorien geht, die unter Umständen zu wenig Aussagekraft für die Praxis mitbringen.[20] Andererseits werden die Ergebnisse für die kritische Reflexion der Praxis zur Verfügung gestellt.[21]

Die „klassische" empirische Religionspädagogik und die fachdidaktische Entwicklungsforschung haben mit dem Verständnis und der Optimierung der Praxis gemeinsame Ziele. Wo allerdings die fachdidaktische Entwicklungsforschung den Ist-Zustand lediglich als Ausgangspunkt nimmt, neue Designvorschläge und lokale Theorien zu generieren sowie unter tatsächlichen Gegebenheiten zu testen, also um reale Entwicklungsprodukte zu erlangen und Praxis zu verändern, erhebt die empirische Religionspädagogik diesen Ist-Zustand, um entweder ihre theoretischen Modelle zu korrigieren oder zu bestätigen oder um Möglichkeiten der Veränderung und Entwicklung aufzuzeigen. Eine erste kritische Anfrage ergab sich daher mit Blick auf die Forschungsfrage des Projekts: Wie können individuelle religiöse Lernwege so gestaltet werden, dass sich im Kontext von unentscheidbaren Fragen die Konsistenz der eigenen Vorstellung sowie die Argumentationskompetenz erhöhen? Diese Fragestellung zielt bereits auf den Kern der fachdidaktischen Entwicklungsforschung ab. Es soll untersucht werden, wie Lehr-Lern-Arrangements aufzubauen sind, um eine Argumentationskompetenz (weiter) zu entwickeln. Dieser Auftrag beinhaltet aber gerade auch, dass Designprinzipien theoretisch hergeleitet werden, um die Entscheidungen für das Lehr-Lernarrangement zu begründen, welches sich als Teil der Forschungsarbeit entfaltet und durchgeführt wird. Die zu beforschende Praxis wird damit selbst geschaffen und gleichzeitig durch den zyklischen, iterativen und vernetzenden Charakter der Entwicklungsforschung von Hintergrundtheorien und ersten Erkenntnissen beeinflusst. Das mehrfache Durchlaufen des Zyklus, wie er theoretisch auch für den Forschungszyklus der empirischen Religionspädagogik angedacht ist, gehört hier zwingend zum Programm.

Die Eigenlogik, die das Forschungsprogramm der fachdidaktischen Entwicklungsforschung mitbrachte, sowie ihre Ausdrucksweise (z. B. Design, Entwicklungs- und Forschungsprodukt) standen zunächst isoliert neben dem Bekannten der empirisch-religionspädagogischen Arbeiten der Kollegen/-innen. Der Inhalt der Untersuchung wurde zwar teilweise als anders empfunden, konnte aber schnell in die vorhandenen Denkstrukturen integriert werden. Die Vorstellungen von Schüler/-innen zu erheben, passt in den Rahmen der empirischen Religionspädagogik, so dass lediglich die Erhebungsinstrumente und

---

[19] Vgl. KALBHEIM, BORIS: Grundlagen und Entwicklung einer empirischen Theologie. In: ZIEBERTZ, HANS-GEORG (Hg.): Praktische Theologie – empirisch. Methoden, Ergebnisse und Nutzen (Empirische Theologie/Empirical Theology Band 24), Berlin 2011, 263–273.

[20] Vgl. GÄRTNER: Einführung.

[21] Vgl. KALBHEIM: Grundlagen.

Auswertungsmethoden anders waren. Hier konnte das Anderssein überwunden werden. Die Fremdheit des Forschungsansatzes mit seinem Vokabular blieb jedoch bestehen.

Auf Ebene des Forschungsprodukts steht für die fachdidaktische Entwicklungsforschung die lokale Theorie, die einen Beitrag für den theoretischen Diskurs bzw. die Theoriebildung des Themenbereichs leisten soll. Diese wird auf Grundlage der empirischen Erkenntnisse und Ergebnisse entfaltet. Ähnliches gilt für die empirische Religionspädagogik, die bewusst mit qualitativer und quantitativer Methodik Daten erhebt, um ihre Modelle zu revidieren, weiterzuentwickeln oder zu bestätigen. Dabei unterscheiden sich jedoch die Untersuchungssettings sowie die Datenbasis, was zur zweiten kritischen Anfrage an das Projekt führte. Für das Projekt innerhalb der fachdidaktischen Entwicklungsforschung wurde ein Lehr-Lernarrangement unter experimentellen Bedingungen durchgeführt, d.h. das Lehr-Lernsetting war nicht im schulischen Kontext, sondern in den Räumen der Universität angesetzt. Weiterhin nahmen maximal vier Schülerinnen gleichzeitig an den Lerneinheiten teil. Dadurch entstanden in den kooperativen Lernsituationen Video- und Audiomitschnitte sowie schriftliche Schülerprodukte von individuellen Aufgaben. Die Ergebnisse dieser Aufgaben, die an unterschiedlichen Stellen des Lehr-Lernarrangements entstanden, konnten so Veränderungen in den Aufgabenbearbeitungen abbilden. Der Anspruch des Forschungsprogramms ist es, dadurch in psychologisierender Perspektive Erkenntnisse über das Lernen in dem bestimmten Kontext zu dem begrenzten Lerngegenstand zu erhalten. Auf diese Art und Weise wird der Unterricht nicht als „Blackbox" verstanden, sondern die einzelnen Arbeits- und – so die These – Lernschritte werden sichtbar, wie mit dem zugrundeliegenden Projekt gezeigt wurde (vgl. Kap. 2). Da die „klassische" empirische Religionspädagogik allerdings keine Prozesse abzubilden und zu verstehen versucht, sondern Zustände beobachtet, ist ihr dieser Ansatz, Daten zu gewinnen und unter bestimmten Vorannahmen auszuwerten, fremd.

Beide Fremdheitserfahrungen haben die Diskussion über das Projekt erschwert bis verhindert. In dem kleinen Zeitslot war der Abbau der Fremdheit bzw. das Begreifen des Fremden beschwerlich, durch den eine produktive Diskussion hätte entstehen können. Um produktives Feedback geben oder weiterführende Anmerkungen machen zu können, sind Ankerpunkte notwendig, an denen sich die Projekte unterscheiden, aber Wiedererkennungswert besteht, d.h. die Fremdheit nur relativ ist. Ein gemeinsamer disziplinärer Hintergrund scheint also vor einer stärkeren Fremdheit nicht zu schützen. Forschungskolloquien dieser Art brauchen – um für die einzelnen Projekte fruchtbar zu sein – also unter Umständen mehr als den gleichen disziplinären Kontext.

Die Religionspädagogik und -didaktik leistet auf der einen Seite durch die Erforschung der Grundlagen im Ist-Zustand, z. B. der Vorstellungs- und Einstellungswelten der Schüler/-innen, einen wesentlichen Beitrag. Allerdings darf sie auf der anderen Seite nicht bei diesem Ist-Zustand stehen bleiben. Bei der Erfassung des reinen Ist-Zustandes ergeben sich eigene Schwierigkeiten im Verhältnis von Normativität und Empirie. Die empirische Religionspädagogik sieht sich hier zwei Gefahren gegenüber: Zum einen steht sie vor der Gefahr der „gegenseitigen Isolation"[22]. Dies meint, dass der normative Diskurs und die empirischen Erkenntnisse getrennt voneinander betrachtet und ausgewertet werden. Weder wird die Empirie an einer Normativität gemessen noch geben die empirischen Erkenntnisse Impulse für den normativen Diskurs. Zum anderen sieht sich die empirische Religionspädagogik der Gefahr des „Kurzschlusses vom Faktischen zur Norm"[23] gegenüber. In diesem Fall steht die Empirie über dem normativen Diskurs. Das faktisch Beobachtbare wird dabei zur Norm erhoben, ohne diese noch einmal kritisch an einem Korrektiv zu reflektieren.[24] Will die Religionspädagogik darüber hinaus für die Praxis relevant sein, braucht sie auch den Blick in die Prozesse. Dafür kann es helfen, wenn das Prinzip der Verlangsamung, das für das religiöse Lernen an unterschiedlichen Stellen gefordert wird, auch auf den eigenen Forschungsprozess angewendet wird, um sich für die Vielfalt an Forschungsprogrammen zu öffnen und die verschiedenen Perspektiven auf den Gegenstand der religiösen Lehr-Lernprozesse zuzulassen. Da die Programme der Unterrichtforschung wie die fachdidaktische Entwicklungsforschung im religionspädagogischen Setting noch in den Kinderschuhen stehen, sollten sich Religionspädagogen/-innen, die mit der Entwicklungsforschung arbeiten wollen, bewusst dafür entscheiden, Gesprächspartner/-in innerhalb und außerhalb der eigenen Disziplin zu suchen.

3.2 Außerfachliche Fremdheit

3.2.1 Forschungs- und Nachwuchskolleg FUNKEN

Das Dortmunder Forschungs- und Nachwuchskolleg zur Fachdidaktischen Entwicklungsforschung FUNKEN fokussierte in der ersten Antragsphase die „prozessbegleitende Diagnostik und Förderung von individuellen Lern- und Entwicklungsbiographien". Dabei entstanden und entstehen vor allem Arbeiten, die „die Dimensionen alltagstauglicher Diagnose und die evaluierende Entwicklung individualisierender Lehr-Lernarrangements thematisieren"[25]. Das Kolleg strebt dabei eine systematische Vernetzung der Fachdidaktiken über das gemeinsame Forschungsprogramm der fachdidaktischen Entwicklungsforschung an. Der Stipendiatenkreis setzte sich daher aus Mathematik-, Biologie- und Chemiedidaktiker/-innen sowie Sport- und Sprachdidaktiker/-innen

---

[22] Ebd., 265.
[23] Ebd., 265.
[24] Vgl. ebd.
[25] www.funken.tu-dortmund.de/cms/de/Gforschung.html (letzter Aufruf 24.06.2017).

(Deutsch und Englisch) und eben Religionsdidaktik zusammen. Die Vernetzung und der Austausch der Fachdidaktiken wurden durch ein strukturiertes Aus- und Fortbildungsprogramm für die Stipendiat/-innen unterstützt. Dazu kam ein gemeinsames Treffen mit allen Betreuern/-innen einmal pro Semester, an dem alle Promotionsprojekte im aktuellen Stand vorgestellt wurden. Für die Projekte wurden gewisse Meilensteine fest-gelegt, die in bestimmten Zeiträumen zu erreichen waren, wodurch letztlich auch die Qualität der Arbeit gemessen oder individuelle Unterstützungsmaß-nahmen ergriffen werden konnten.[26]

Im Rahmen des Fortbildungsprogramms sowie der Treffen zu den Meilensteinen wurde entsprechend auch dieses Projekt öfter präsentiert. Dabei gab es eine wesentliche Hürde für den gemeinsamen Austausch über das religionsdidaktische Projekt: Der Religionsunterricht, wie er dem Projekt zugrunde liegt, war den meisten Kollegiaten/-innen auf Ebene der Stipendiaten/-innen und Betreuer/innen fremd! Zentral wurde zum Beispiel angefragt, ob im Religionsunterricht überhaupt ein Lernen stattfindet, was qualitativ beobachtbar ist und ob man im Zusammenhang mit Religionsunterricht wirklich von Förderung sprechen könnte und sollte. Hier spielten sicherlich die eigenen Bilder und Erfahrungen aus dem Religionsunterricht eine wesentliche Rolle. Diese konnten zunächst einen Religionsunterricht, der sich an Lernergebnissen orientiert und bewusst mit theologischen Inhalten umgeht, nicht integrieren. Denn ein solcher Unterricht kann durchaus Fehler oder Lernhürden definieren und dann bewusst bearbeiten. Gerade in der Kompetenzorientierung gilt der Fehler oder die Lernschwäche eben nicht nur für einen kognitiven Lernzielbereich. Wenn die religiösen Lerngegenstände klar bestimmt werden – wie es in diesem Projekt geschehen ist – können auch Lernhürden eruiert und entsprechende Förderimpulse angesetzt werden.[27]

Vergleicht man diesen Anspruch mit den Erfahrungen, die Rupp und Kliemann in ihrer Untersuchung „Tausend Stunden Religion" gemacht haben, ist diese Differenz signifikant. Hier wird der Religionsunterricht von ehemaligen Schüler/-innen eher als „Laberfach" beschrieben, ein Fach, in dem mal über dies oder das gesprochen wird, in dem man aber eigentlich nichts falsch machen kann.[28] Wenn diese in etwa den Erfahrungen der Kollegiaten/-innen entspricht, so ist das Bild des Religionsunterricht, das in dem Projekt vorgestellt wird, natürlich fremd. Die beiden Konzepte lassen sich nicht auf den ersten Blick integrieren. Um zu einem produktiven Austausch über das Projekt zu kommen, musste also die Fremdheit gegenüber diesem Konzept von religiösem Lernen abgebaut werden. Der – aus religionspädagogischer Perspektive –

---

[26] Vgl. www.funken.tu-dortmund.de/cms/de/home.html (letzter Aufruf 24.06.2017).
[27] Vgl. REIS/SCHWARZKOPF: Diagnose, 65–76.
[28] Vgl. KLIEMANN, PETER/RUPP, HARTMUT: Tausend Stunden Religion: Wie junge Erwachsene den Religionsunterricht erleben, Stuttgart 2000.

erfreuliche Nebeneffekt bestand darüber hinaus im Aufbau neuer Ideen, was ein kompetenzorientierter Religionsunterricht, der das religiöse Lernen der Schüler/-innen ernstnimmt, leisten kann.

Die inhaltliche Fremdheit zum Projektgegenstand des Religionsunterrichts wurde gerahmt von dem Forschungsprogramm der fachdidaktischen Entwicklungsforschung, das die gemeinsame Grundlage des Kollegs darstellte, d.h. die Eigenlogik des Projekts sowie das Vokabular entsprachen dem der weiteren Projekte. Die Kollegiaten/-innen hatten damit immer wieder die Gelegenheit die religionsdidaktische Perspektive an bestimmten Vergleichspunkten bzw. den Meilensteinen mit ihrer eigenen Perspektive in Verbindung zu setzen. Wichtig in diesem Prozess waren die Transparenz aller Prozessschritte und die stetige Eingliederung in die Logik und Ausdrucksweise des Forschungsprogramms der Entwicklungsforschung. Über den längeren gemeinsamen Weg konnte es so zu einem fruchtbaren Austausch und zu einem veränderten Bild von Religionsunterricht bei den Kollegiaten/-innen kommen.

3.2.2 Creative Unit FaBiT

Die erste Antragsphase des Dortmunder Forschungs- und Nachwuchskollegs FUNKEN beinhaltete ein internationales Symposium, auf dem einerseits der Ansatz der fachdidaktischen Entwicklungsforschung weiter diskutiert wurde und andererseits Promotionsprojekte durch Poster oder Vorträge vorgestellt wurden. An diesem Symposium nahmen auch die Projektkoordinatorin sowie einige Stipendiatinnen[29] der Creative Unit „Fachbezogene Bildungsprozesse in Transformation" (FaBiT) der Universität Bremen teil, die ebenfalls nach dem Forschungsansatz der fachdidaktischen Entwicklungsforschung bzw. dem Design-Based-Research arbeiten. Die Creative Unit geht in sechs fachdidaktischen Teilprojekten zwei zentralen Fragen nach:

- „Wie muss sich Lehren und Lernen im Kontext starker Umbrüche des Bildungssystems und bei einer hohen Diversität der Lernenden verändern und wie finden diese Veränderungen statt?"
- „Welche Interventionen – d.h. Lernarrangements/Designs – können Veränderungsprozesse initiieren und befördern? Was unterstützt und was behindert Wandel?"[30]

Interdisziplinär soll dabei eine lernprozessorientierte Perspektive auf Schule und Unterricht eingenommen werden. Die beteiligten Fachdidaktiken waren dabei Musik- und Kunstdidaktik sowie Mathematik- und Sprachdidaktik (Deutsch, Französisch, Spanisch). Hier fällt der erste gewichtige Unterschied

---

[29] Zu diesem Zeitpunkt waren die Stipendien ausschließlich mit Frauen besetzt.
[30] www.uni-bremen.de/cu-fabit/ueber-die-creative-unit.html (letzter Aufruf 24.06.2017).

zum FUNKEN-Kolleg auf: Die Promotionsprojekte kommen mehrheitlich aus den Kunst- und Kulturwissenschaften. Lediglich ein Projekt ist der Mathematikdidaktik zu zurechnen, wo gegen in dem Dortmunder Kolleg im ersten Antragszeitraum die Mehrheit der Projekte in den Fachdidaktiken der Naturwissenschaften und Mathematik anzusiedeln war.[31]

Das Symposium in Dortmund sowie die Beschäftigung mit der grundlegenden Literatur war für die Kollegiatinnen der Creative Unit FaBiT zu viel Fremdheit. Die Literatur zieht vorwiegend naturwissenschaftliche Beispiele heran und die Poster und Vorträge von fertigen oder im Prozess weiter fortgeschrittenen Projekten auf dem Symposium waren ebenfalls mathematisch-naturwissenschaftlich geprägt. Dabei war die Übersetzung des Programms in die eigenen Projekte die Herausforderung.

Die Eigenlogik des Ansatzes der fachdidaktischen Entwicklungsforschung geht mit Designprinzipien um, die das Lehr-Lernarrangement vorbereiten.[32] Auf theoretische Ebene werden die Hintergrundtheorien so komprimiert zusammengezogen, dass sich Leitlinien für das Design ergeben. Die Designprinzipien dienen der theoretischen Fundierung der Entwicklungspraxis und beantworten Fragen wie „Welche grundlegenden Annahmen und Erkenntnisse über Lehren und Lernen stehen hinter den konkreten Lehr-Lernarrangements?" oder „Welche allgemeinen und fachdidaktischen Gestaltungsprinzipien und präskriptiven Theorieelemente über Wirkungen von Prinzipien leiten die Entwicklung?" oder „Welche Lerninhalte, didaktische Strukturierung, Sequenzierung und welche geeigneten Unterstützungsmittel werden hier aufgegriffen?"[33] Die Designprinzipien sind also prognostische Theorieelemente, die Folgen und Korrelationen vorhersagen (Wenn-Dann-Struktur) sowie präskriptive Theorieelemente, die zielerreichendes Handeln beschreiben (Um-Zu-Struktur).[34] Die Beispiele des mathematisch-naturwissenschaftlichen Raums definieren diese Theorieelemente auf konkreter Ebene von Aufgabenstellungen. Wenn diese Text- oder Rechenaufgabe in einer bestimmten Art formuliert ist, dann werden die Schüler/-innen folgendes Lernen bzw. um als Schüler/-innen folgendes zu lernen, ist die Aufgabenstellung auf eine bestimmte Art zu gestalten.

Dieses explizit präskriptive bzw. prognostische Denken ist den Geistes- und Kulturwissenschaften zunächst fremd. Wo die Mathematikdidaktik bei Aufgabenstellungen oder Aufgabentypen von vorbereiteten Lernumgebungen spricht, die in diesen Strukturen erforscht werden, können die Didaktiken der

---

[31] Vgl. www.uni-bremen.de/cu-fabit/ueber-die-creative-unit.html (letzter Aufruf 24.06.2017).
[32] Vgl. PREDIGER: Lehr-Lernprozesse, 454.
[33] PREDIGER, SUSANNE: Theorien und Theoriebildung in didaktischer Forschung und Entwicklung. In: BRUDER, REGINA/U. A. (Hg.): Handbuch der Mathematikdidaktik, Berlin 2012, 643–662, hier: 646.
[34] Vgl. ebd., 654.

Geistes- und Kulturwissenschaften den Begriff der Lernumgebung nicht auf einzelne Aufgabentypen reduzieren. Eine musikdidaktische oder spanischdidaktische Lernumgebung beinhaltet unterschiedliche Aufgabenformate sowie verschiedene Stimuli, für die in ihrem komplexen Zusammenspiel andere präskriptive oder prognostische Strukturen aufgestellt werden müssen. Der Kerngedanke der Designprinzipien wird also nicht bestritten. Allein die konkrete Umsetzung, die auf unterschiedlichen Lerntheorien basiert, ist different. Theoretisch könnte hier angemerkt werden, dass es sich dann eher um eine Alterität, also ein Anders-Sein, und keine Alienität handelt. Durch den Bezugspunkt des gemeinsamen theoretischen Verständnisses von Designprinzipien seien die Ausführungen nur „anders". Für die Fremdheitserfahrung ist es allerdings relevant, wie die Begegnung von den Beteiligten selbst gedeutet und empfunden wird und inwieweit sie weiterhin handlungsfähig bleiben.

Die Mitglieder der Creativ Unit standen in ihrer eigenen Wahrnehmung fremden Verständnissen und Beispielen gegenüber, die sie so nicht für ihre eigenen Projekte produktiv nutzen und fruchtbar machen konnten. Für diese Herausforderung, das Verständnis von Designprinzipien zu adaptieren, nahmen sie die Möglichkeit wahr, mit der Religionsdidaktik einem Projekt mit relativer Fremdheit zu begegnen. Auch wenn die Lerngegenstände und Designprinzipien inhaltlich verschieden waren, wurde für das Projekt doch ein Verständnis mit Beispielen entwickelt, das abseits einer mathematischen Denkweise lag und den Promotionsprojekten der Creativ Unit den Einstieg in die eigene Gestaltung von Designprinzipien erleichtern konnte.

3.2.3 Ertrag der außerfachlichen Fremdheit für die Religionspädagogik

Die beiden Settings der außerfachlichen Fremdheit hatten die Gemeinsamkeit des Ansatzes der fachdidaktischen Entwicklungsforschung. Der Gesprächsrahmen eines gemeinsamen Forschungsprogramms konnte in beiden Fällen ein ganzes Stück dazu beigetragen, dass die Kommunikation über die Projekte – bei aller Fremdheit – möglich und fruchtbar war. Eine solche Ausrichtung der Gesprächspartner/-innen nicht an den inhaltlichen Übereinstimmungen, sondern dem formalen oder strukturellen Forschungsprogramm kann die Plattform für einen produktiven Austausch bieten. So können die beteiligten Forscher/-innen sich in dem gewählten Ansatz professionalisieren. Außerdem besteht in der gemeinsamen Reflexion die Möglichkeit, den Forschungsansatz, der nie universal formuliert werden kann, so dass er bis ins letzte Detail für alle noch so verschiedenen Fachwissenschaften und -didaktiken passt, für die eigenen fachliche Disziplin zu adaptieren.

Ob der Kontext eines solchen Austausches inter- oder intradisziplinär ist, ist dabei nicht das zentrale Kriterium. Trotzdem unterstützen ein gemeinsames Lehr-Lernverständnis und ähnliche Ideen von Unterricht beim Adaptieren und Ausfüllen des Forschungsansatzes, wie es in den benachbarten Fachdidaktiken der Geistes-, Sozial-, Kultur- oder Naturwissenschaften der Fall ist. So lässt sich auch die Nähe der Creative Unit zur Religionsdidaktik erklären. Da die Unterrichtsforschung in der Religionsdidaktik noch relativ jung ist, ist es jedoch sinnvoll das interdisziplinäre Setting und entsprechende Gesprächspartner/-in aufzusuchen. Wenn diese Erfahrungen wieder an die Religionspädagogik zurückgebunden und weitergegeben werden, profitieren alle Beteiligten.

4. Fazit oder wie viel Fremdheit bleibt produktiv?

Forschungsprozesse sind immer wieder auf einen inhaltlichen und/oder methodischen Austausch angewiesen. Daher entstanden unterschiedliche hochschuldidaktische Einrichtungen, die einen solchen Austausch unterstützten und initiieren. Gerade in der ersten Phase der Promotion helfen diese Formen, den Gedanken des Einzelkämpfertums in der Wissenschaft abzulegen. Auch wenn eine solche Arbeit und ein entsprechendes Projekt zunächst in der Hand eines/-r einzelnen Wissenschaftler/-in liegt, können externe Anregungen und Rückmeldungen den Arbeitsprozess befruchten. Gerade fremde Perspektiven können hier Neues eröffnen. An den unterschiedlichen hochschuldidaktischen Orten vom Forschungskolloquium der AKRK-Sektion empirische Religionspädagogik über das Fortbildungsprogramm der Forschungs- und Nachwuchskollegs FUNKEN und FaBiT wurden Einblicke in Fremdheitsbegegnungen im Forschungsprozess erster Promotionen genommen, um die Frage zu diskutieren, wie viel Fremdheit produktiv oder hinderlich ist.

Abschließend lassen sich hierzu drei Bedingungen aus den unterschiedlichen Erfahrungen heraus kristallisieren.

(1) Die Begegnung mit Fremdheit im Forschungsprozess braucht *Zeit*. Echte Fremdheit kann sich über längere und intensive Zeiträume der Zusammenarbeit und wiederkehrenden Begegnung relativieren, wie es im Prozess des FUNKEN-Kollegs erfolgt ist. Ist jemand jedoch einer echten Fremdheit kurzfristig ausgeliefert, wirkt diese eher hemmend und macht handlungsunfähig – ähnlich den Erfahrungen der Sektion. Das Prinzip der Verlangsamung des religiösen Lernens kann hier ein Vorbild sein.

(2) Die Begegnung mit Fremdheit im Forschungsprozess braucht *Transparenz*. Wenn die Schritte der Forschungsprozesse methodisch und sprachlich intersubjektiv nachvollziehbar gemacht werden, in dem z. B. wie im FUNKEN-Kolleg geschehen ähnliche Forschungsansätze mit entsprechendem Vokabular genutzt werden, kann die Fremdheit auf ein Niveau herabgesenkt werden, auf dem Handlungsfähigkeit und Perspektivübernahme als Voraussetzung produktiver Rückmeldung möglich sind.

(3) Die Begegnung mit Fremdheit im Forschungsprozess braucht *Relativität*. Eine relative Fremdheit beinhaltet trotz aller Fremdheit Gemeinsamkeiten und Ankerpunkte, die in das eigene Bild integriert werden können bzw. mit eigenen Vorstellungen, Einstellungen und Erfahrungen übereinstimmen. Wenn die Fremdheit zur Übermacht wird, kann durch die Begegnung nichts Produktiv-Neues konstruiert werden, wie sich in der Begegnung der Creativ Unit mit den mathematischen Beispielen zu den Designprinzipien gezeigt hat. Bleibt die Fremdheit aber in einem relativen Maß, wie die Religionsdidaktik für die Creativ Unit-Projekte, kann sie für die Weiterentwicklung der eigenen Forschungsprozesse produktiv genutzt werden.

Mit dem speziellen Blick auf die Religionspädagogik lässt sich hinzufügen, dass eine forschungsprogrammatische Weitung der Perspektive auf die religiösen Lehr-Lernprozesse bereichern kann. Auch wenn dies für die Religionspädagogik der Umgang mit Fremdheit bedeutet, wird es sich für die Praxis lohnen. Gerade die Öffnung zu Ansätzen der Unterrichtsforschung, die mehr als den aktuellen Ist-Zustand in den Blick nimmt, wäre hier wünschenswert. Die fachdidaktische Entwicklungsforschung bildet hier einen guten Ansatz. Mit diesem Band ist ein erster Schritt getan, sich innerdisziplinär konzentriert auf ein Forschungsprogramm zu verständigen.

Literatur

ARZT, SILVIA/HÖGER, CHRISTIAN (Hg.): Empirische Religionspädagogik und Praktische Theologie. Metareflexionen, innovative Forschungsmethoden und aktuelle Befunde aus Projekten der Sektion „Empirische Religionspädagogik" der AKRK, Freiburg/Salzburg 2016, https://phfr.bsz-bw.de/frontdoor/index/index/docId/566.

BRINKER, KLAUS: Linguistische Textanalyse. Eine Einführung in Grundbegriffe und Methoden, Berlin ^{5}2001.

GÄRTNER, CLAUDIA: Einführung in die Fachdidaktische Entwicklungsforschung aus religionsdidaktischer Perspektive, in diesem Band.

GRÜMME, BERNHARD: Alteritätstheoretische Religionsdidaktik. In: GRÜMME, BERNHARD/U. A. (Hg.): Religionsunterricht neu denken: Innovative Ansätze und Perspektiven der Religionsdidaktik. Ein Arbeitsbuch (Religionspädagogik Innovativ Band 1), Stuttgart 2012, 119–132.

KALBHEIM, BORIS: Grundlagen und Entwicklung einer empirischen Theologie. In: ZIEBERTZ, HANS-GEORG (Hg.): Praktische Theologie – empirisch. Methoden, Ergebnisse und Nutzen (Empirische Theologie/Empirical Theology Band 24), Berlin 2011, 263–273.

KLIEMANN, PETER/RUPP, HARTMUT: Tausend Stunden Religion: Wie junge Erwachsene den Religionsunterricht erleben, Stuttgart 2000.

PREDIGER, SUSANNE/U. A..: Lehr-Lernprozesse initiieren und erforschen. Fachdidaktische Entwicklungsforschung im Dortmunder Modell. In: MNU 65 (2012). Heft 8, 452–457.

PREDIGER, SUSANNE: Theorien und Theoriebildung in didaktischer Forschung und Entwicklung. In: BRUDER, REGINA/U. A. (Hg.): Handbuch der Mathematikdidaktik, Berlin 2012, 643–662.

REIS, OLIVER/SCHWARZKOPF, THERESA: Diagnose religiöser Lernprozesse. Ein kompetenzdiagnostisches Grundlagenmodell. In: DIES. (Hg.): Diagnose im Religionsunterricht. Konzeptionelle Grundlagen und Praxiserprobungen, Berlin 2015, 6–161.

RIEGGER, MANFRED: Art. Erfahrung. In: WiReLex 2016 (https://www.bibelwissenschaft.de/stichwort/100193/, letzter Aufruf: 29.05.2017)

SCHWARZKOPF, THERESA: Vielfältigkeit denken. Wie Schülerinnen und Schüler im Religionsunterricht argumentieren lernen (Religionspädagogik innovativ Band 15), Stuttgart 2016.

VAN DEN AKKER, JAN/U. A..: Introducing edu-cational design research. In: DERS./U. A. (Hg.): Educational Design Research. The design, development and evaluation of programs, processes and products, London 2006.

WALDENFELS, BERNHARD: Bruchlinien der Erfahrung, Phänomenologie Psychoanalyse Phänomenotechnik, Frankfurt/Main 2002.

WEIß, THOMAS: Fördert evangelischer Religionsunterricht die Fähigkeit zu argumentieren? – Beschreibung und Interpretation einer Stundenbeobachtung an einem Wiener Gymnasium. In: DIETERICH, VEIT-JAKOBUS/U. A. (Hg.): „Der Urknall ist immerhin, würde ich sagen, auch nur eine Theorie". Schöpfung und Jugendtheologie. Jahrbuch für Jugendtheologie Band 2, Stuttgart 2013, 118–124.

WIEß, THOMAS/U. A.: Argumentationsmuster von Jugendlichen zu Schöpfung und Evolution. In: DIETERICH, VEIT-JAKOBUS/U. A. (Hg.): „Der Urknall ist immerhin, würde ich sagen, auch nur eine Theorie". Schöpfung und Jugendtheologie. Jahrbuch für Jugendtheologie Band 2, Stuttgart 2013, 63–75.

Von kleiner Lerneinheit zur Unterrichtsreihe: Forschungsmethodische und religionsdidaktische Hürden und Chancen fachdidaktischer Entwicklungsforschung

Nicole Blanik

Seitdem die empirische Religionspädagogik ihr Forschungsinteresse im schulischen Kontext von der sogenannten Außenperspektive auf den Religionsunterricht[1] verstärkt auf seine „Innenansichten"[2] verschiebt, und damit Untersuchungen in Hinblick auf das Lehr-Lerngeschehen in den Blick nimmt, wird eine gleichberechtige systematische Zusammenarbeit zwischen Theorie und Praxis zu einem immer drängenderen Anliegen. „Noch immer wissen wir viel zu wenig darüber, was in der Praxis von Religionsunterricht tatsächlich geschieht ..."[3]. Um diese von Friedrich Schweitzer aufgeworfene Problematik anzugehen und Erkenntnisse in Bezug auf die Prozess- und Produktqualität im Religionsunterricht sowie auf fachdidaktische Optimierungsmöglichkeiten nicht nur auf Grundlage der Wahrnehmungs- und Diagnosefähigkeit der Lehrpersonen ableiten zu können, bietet das Forschungsformat der Fachdidaktischen Entwicklungsforschung einen Zugang, dieses aktuelle Forschungsinteresse voranzutreiben. Die Religionsdidaktik steht jedoch noch weitgehend vor der Aufgabe, die einzelnen Arbeitsbereiche und -weisen der Fachdidaktischen Entwicklungsforschung für ihre empirische Forschungsarbeit zu reflektieren

---

[1] Darunter fallen u.a. Erhebungen in Bezug auf das Selbstverständnis von ReligionslehrerInnen und SchülerInnen, Befragungen zu ihren religiösen Einstellungen, Glaubensvorstellungen und ihren Entwicklungen etc. (vgl. dazu. z. B.: DOMSGEN, MICHAEL/LÜTZE, FRANK MICHAEL: Schülerperspektiven zum Religionsunterricht. Eine empirische Untersuchung in Sachsen-Anhalt, Leipzig 2010; AHLERS, NIENKE: Schüler/innen-Befragungen in der empirischen Religionspädagogik. Das Verfahren der Mehrebenenanalyse in der Auswertung quantitativer Daten. In: HÖGER, JAN/ARZT, SILVIA: Empirische Religionspädagogik und praktische Theologie. Metareflexionen, innovative Forschungsmethoden und aktuelle Befunde aus Projekten der Sektion „Empirische Religionspädagogik" der AKRK, Freiburg und Salzburg 2016, 106–113.

[2] ENGLERT, RUDOLF/U. A.: Innenansichten des Religionsunterrichts. Fallbeispiele – Analysen – Konsequenzen, München 2014, 7.

[3] SCHWEITZER, FRIEDRICH: Religionsunterricht erforschen: Aufgaben und Möglichkeiten empirisch religionsdidaktischer Forschung. In: Zeitschrift für Pädagogik 6 (2007) 2, 3–6, hier: 5.

und ggf. fachintern anzupassen. In Hinblick auf die Zieldimensionen der Fachdidaktischen Entwicklungsforschung, zum einen auf Forschungsebene neue theoretische Erkenntnisse zu Lehr-Lernprozessen zu generieren und zum anderen auf Entwicklungsebene konkrete Unterrichtsmaterialien auszugestalten und zu konturieren, stellt sich aus religionsdidaktischer Perspektive zum Beispiel die Frage, in was für einem unterrichtspraktischen Setting und in welchem zeitlichen Umfang die Beforschung und Weiterentwicklung eines Lehr-Lernarrangements realisiert werden (müssen). Diese forschungspraktischen Überlegungen sind deswegen von Bedeutung, da das Format der Fachdidaktischen Entwicklungsforschung bestehende Unterrichtspraxis nicht nur theoriegeleitet beforscht, sondern diese auch gezielt weiterentwickeln möchte. Mit Rekurs auf diese Zielsetzung bestimmen Entscheidungen, wie zum Beispiel, wie praxis- bzw. unterrichtsnah ein Design-Experiment entwickelt und durchgeführt wird, letztendlich darüber mit, ob eine Brücke zwischen generierten empirischen Erkenntnissen und ihrem tatsächlichen Nutzen für die schulische Praxis weitgehend gelingt. Besonders für den aktuell kompetenzorientierten (Religions-)Unterricht, der darauf abzielt, Wissen und Fertigkeiten zu vernetzen, in variablen realitätsnahen Situationen handelnd einzuüben und damit sukzessiv, systematisch und nachhaltig aufzubauen,[4] ist in der Planungsphase einer fachdidaktischen Untersuchung zu klären, in welchem unterrichtspraktischen Vorgang es diese umzusetzen gilt.

Der folgende Beitrag diskutiert ausgehend von dem Dortmunder Modell zur Fachdidaktischen Entwicklungsforschung zunächst, in welchem Setting und Umfang die Wirksamkeit von Lehr-Lernarrangements angemessen untersucht und Potentiale für die Religionsdidaktik erkannt werden können, sodass eine verstärkte Theorie-Praxis-Kopplung angekurbelt werden kann.

Entlang eines Projektbeispiels zum Thema *Beurteilenlernen von Theodizee-Erklärungstheorien im Horizont von Krisensituationen*[5] soll das Anliegen resp. die Dringlichkeit, das Forschungsformat der fachdidaktischen Entwicklungsforschung im Kontext einer ganzen Unterrichtsreihe anstatt im Rahmen einer kleinen Lernsequenz durchzuführen, in einem zweiten Schritt veranschaulicht und anhand von exemplarischen Schülerprodukten konkretisiert werden. Welche methodologischen und religionsdidaktischen Chancen und Hürden mit dieser Entscheidung einhergehen, wird in einem abschließenden Schritt thematisiert.

---

[4] Vgl. dazu u.a.: MÖLLER, RAINER/U. A. (Hg.): Kompetenzorientierung im Religionsunterricht: Von der Didaktik zur Praxis, Münster 2014; OBST, GABRIELE: Kompetenzorientiertes Lehren und Lernen im Religionsunterricht, Göttingen [4]2015.

[5] Dabei handelt es sich um ein Qualifikationsprojekt im Rahmen des Kollegs der Dortmunder Fachdidaktischen Entwicklungsforschung, das voraussichtlich 2018 veröffentlicht wird.

1. Wie können die Wirksamkeit von Lehr-Lernaktivitäten adäquat beforscht und Lehr-Lernarrangements für den Religionsunterricht realitätsnah entwickelt werden?

Wie den einleitenden Ausführungen zu entnehmen ist, steht die fachdidaktische empirische Forschung als junges Forschungsformat im Fach Religion vor zahlreichen ungeklärten Anfragen, vor allem in Bezug auf konkrete empirische Handlungsschritte. Die empirische Religionsdidaktik befindet sich ähnlich wie andere Fachdidaktiken besonders in Hinblick auf eine angemessene Forschungsumgebung auf Spurensuche. Der Anspruch, mittels überwiegend qualitativer Analyse (lokale) Aussagen über die Angemessenheit von Lehr-Lerninterventionen sowie über die Rekonstruktion von Lernprozessen für das hochkomplexe und heterogene System Unterrichtspraxis ableiten und somit Praktikabilität und eine höhere externe Validität generieren zu können, stellt die Religionsdidaktik vor große Herausforderungen. Um von konkreten Handlungsempfehlungen für die Praxis ausgehen zu können, drängt die Frage nach der Umsetzung der Untersuchungen und nach der Art und Weise von Datenerhebungsverfahren ins empirische Blickfeld. *Wie praxisnah muss geforscht werden, um Erkenntnisse für die Weiterentwicklung von Unterricht gewinnen zu können? Inwiefern kann die Durchführung der Datenerhebung in den regulären Unterrichtsverlauf integriert werden? Wie ist hierbei die (Doppel)rolle von Lehrperson und Forscher/-in zu bedenken? Wie groß muss die Schüler/-innenanzahl für die Auswertung sein, um belastbare Aussagen zu einem begrenzten Gegenstandsbereich auf Forschungsebene treffen zu können?* Dies sind nur einige von vielen Leerstellen, mit denen sich die empirische Religionsdidaktik konfrontiert sieht.

Im Dortmunder Modell der Fachdidaktischen Entwicklungsforschung wird im Arbeitsbereich zwei: *Design (weiter)entwickeln* und im Arbeitsbereich drei: *Design-Experimente durchführen und auswerten* die Erforschung oftmals in Laborsituationen in Form von mehreren Schüler/-innenpaaren bzw. kleinen Schüler/-innengruppen vorgenommen. Auch die in diesem Buch vorgestellten Projekte wurden zumeist in Laborsituationen und mit kleineren Schüler/-innengruppen erforscht.[6] Explorativ ausgelegte Projekte sollen hierbei (neu) spezifizierte und strukturierte Lerngegenstände und damit verbundene Lehr-Lernaktivitäten vor der Erprobung im Klassenunterricht erschließen.

---

[6] Vgl. PREDIGER, SUSANNE/U. A.: Lehr-Lernprozesse initiieren und erforschen. Fachdidaktische Entwicklungsforschung im Dortmunder Modell. In: MNU 65, (2012), 452–457, hier: 454–455.

„Für diese Fokussierung auf den Lernprozess kommt es zu einer Faktorenreduktion [...]. In der Laborsituation werden Rahmenbedingungen des Unterrichts [demnach] bewusst ausgeschlossen."[7] Die Entscheidung des Dortmunder Programms, die empirischen Erprobungen vielfach vorerst nicht im regulären Klassensetting stattfinden zu lassen, umfasst gleichzeitig die Entscheidung, zunächst keine einheitliche Unterrichtsreihe, sondern kleine Lerneinheiten von etwa ein bis drei Unterrichts- bzw. Zeitstunden durchzuführen. Die Begründung legitimiere sich in erster Linie darin, multiple Störfaktoren, wie zum Beispiel das soziale Klassengefüge, Lärm oder Leistungsdruck, die im Unterricht einhergehen, meiden, gezieltere Rückfragen im geschützteren Raum stellen, bestimmte Schüler/-innentypen sampeln, „erfolgreiche Erprobung[en] im überschaubareren Rahmen sicher stellen"[8] und somit Fein- und Tiefenanalysen ermöglichen zu können. Um einen Einblick in konkrete Denkprozesse der Schüler/-innen eröffnen und Tiefenbohrungen durchführen zu können, ist der Handlungsschritt des Dortmunder Modells, oftmals zunächst in Laborsettings punktuell und damit mittels kleiner Lerneinheiten zu agieren, grundsätzlich (und in diesem Fall fächerunabhängig) nachzuvollziehen. Von einer experimentellen Laborkonstellation zum forschungs- und theoriebasierten Wissen bis hin zur Klassenrealität ist allerdings mehr als ein simpler Transferschritt zu leisten.[9] Indem in Laborsituationen nur ein kleiner Teil der Realität sozialen Lernens lokal erfasst wird, soll an dieser Stelle mit Blick auf die Religionsdidaktik die Überlegung aufgeworfen werden, inwieweit ein Vorschalten von Laborsituationen mit Schüler/-innenkleingruppen, in Form von kleinen Lerneinheiten, diesem Ziel Rechnung tragen kann. Diese Anfrage kann mittels mehrerer Argumentationsstränge entfaltet werden: Zum einen mit der Begründung, dass tatsächliche Praxistauglichkeit von entwickelten Lehr-Lehrarrangements oder vereinzelten Unterrichtsinterventionen (nur) in der Unterrichtsrealität überprüft werden kann.[10] Wenn Aussagen und Erkenntnisse von Wirksamkeiten im Unterrichtsgeschehen intendiert werden, ist mitzudenken, in welchem höchst heterogenen und diversen Faktorenkomplex Unterrichtspraxis kontextualisiert ist und abläuft. „Eine rein isolierende For-

---

[7] SCHWARZKOPF, THERESA: Vielfältigkeit denken. Wie Schülerinnen und Schüler im Religionsunterricht argumentieren lernen, Stuttgart 2016, 103.
[8] PREDIGER, SUSANNE/U. A.: Lehr-Lernprozesse initiieren und erforschen, 456.
[9] Vgl. PREDIGER, SUSANNE/U. A.: Der lange Weg zum Unterrichtsdesign. Zur Begründung und Umsetzung fachdidaktischer Forschungs- und Entwicklungsprogramme. In: KOMOREK, MICHAEL/PREDIGER, SUSANNE (Hg.): Der lange Weg zum Unterrichtsdesign. Zur Begründung und Umsetzung fachdidaktischer Forschungs- und Entwicklungsprogramme, Münster 2013, 9–24, hier: 16.
[10] Vgl. dazu z. B.: COBB, PAUL/U. A.: Design Experiments in Educational Research. In: Educational Researcher, 32 (2003) 1, 9–13.

schung kann […] zwar zu reliablen, aber nicht zu ‚ökologisch validen' Ergebnissen führen."[11] Einsiedler plädiert daher für eine „Klassenzimmer-Lerngruppenforschung"[12], in der Lehrkräfte und Forscher/-innen in realen Lehr-Lernumwelten und in enger Zusammenarbeit stehen und dabei keine Einzelfaktoren, sondern das Unterrichtsgeschehen als Ganzes in seiner gesamten Vielfalt erfasst werden soll.[13] Mit Rekurs auf den Anspruch, eine valide Vermittlung bzw. Transferierung von konkreten Handlungsregeln, Lehr-Lernmethoden, Materialien o.ä. in die Unterrichtspraxis zu erreichen und demnach von einem Forschen für den Unterricht sprechen zu können, sei experimentelle Forschung im realen Unterrichtsgeschehen als notwenige Handlungsentscheidung zu verstehen.[14]

Aus diesem Grund sei an dieser Stelle die bereits von u.a. Paul Coob (et.al.) hervorgehobene These anzuführen: Je praxisnäher und authentischer Lehr-Lernprozesse gestaltet, angestoßen und schließlich erforscht werden, desto eher kann von einer Anschlussfähigkeit im Unterricht ausgegangen werden.[15] Forschung, die sich dem multiplen Variableneinfluss der im Unterricht stattfindenden Interaktionen, den damit einhergehenden Bedingungen und somit der Vielfalt unterrichtlicher Realtäten stellt,[16] kann möglicherweise von vornherein Gelingensbedingungen, aufkommende (Lern-)Hürden, kritische Stellschrauben und didaktische Scheidepunkte erkennen und für weitere Modifizierungsschritte rezipieren.

Der zweite Argumentationsstrang nimmt die Kompetenzorientierung im Religionsunterricht in den Fokus der fachdidaktisch-empirischen Überlegung. Ein didaktisches Grundprinzip, dessen Umsetzung „in der Bildungspraxis [von] eine[r] deutliche[n] Kluft zwischen der Makroebene – Curriculumsentwicklung und Formulierung von Kompetenzprofilen – und der konkreten Gestaltung der Lehr-/ Lernprozesse"[17] gekennzeichnet ist, weist einen deutlichen

---

[11] PREDIGER, SUSANNE/U. A.: Der lange Weg zum Unterrichtsdesign, 16.
[12] EINSIEDLER, WOLFGANG: Was ist didaktische Entwicklungsforschung? In: EINSIEDLER, WOLFGANG (Hg.): Unterrichtsentwicklung und Didaktische Entwicklungsforschung, Bad Heilbrunn 2011, 41–70, hier: 48.
[13] Vgl. MARTEN, CLAUSEN/EINSIEDLER, WOLFGANG (Hg.): Unterrichtsentwicklung und Didaktische Entwicklungsforschung. Bad Heilbrunn 2011. In: Zeitschrift für Pädagogik 58 (2012) 2, 275–278.
[14] Vgl. ebd. 275–278.
[15] Vgl. z. B.: COBB, PAUL/U. A.: Design Experiments in Educational Research, 9–13.
[16] Vgl. RALLE, BERND/DI-FUCCIA, DAVID-SAMUEL: Aktionsforschung als Teil fachdidaktischer Entwicklungsforschung. In: KRÜGER, DIRK / ILKA, PARCHMANN / SCHECKER, HORST (Hg.): Methoden in der naturwissenschaftsdidaktischen Forschung, Heidelberg 2014, 43–56, hier: 50.
[17] FRANK, STEPHEN/ILLER, CAROLA: Kompetenzorientierung – mehr als ein didaktisches Prinzip. In: Report: Zeitschrift für Weiterbildungsforschung 36 (2013) 4, 32–41, hier: 32.

Handlungsbedarf seitens der (gegenstandsspezifischen) Fachdidaktischen Entwicklungsforschung auf. Diese verbindet aufgrund ihrer kritischen Auseinandersetzung mit der jeweiligen fachdidaktischen Grundlagenforschung, den „gegenstandsübergeifenden Bildungszielen und gegenstandsspezifischen Lernzielen"[18] und ihren empiriebasierten Einsichten in Lernverläufe, Wirkungsweisen etc., eine Makroebene in Form von curricularen Vorgaben mit einer Mikroebene, auf der Lehr-Lerninteraktionen im Unterrichtsgeschehen fokussiert werden. Mit Blick auf die Merkmale kompetenzorientierten Religionsunterrichts, wie die Situierung, sinnstiftende Anknüpfung, vertikale und horizontale Vernetzung, Dokumentation der Lernwege – nur um einige von ihnen aufzuzeigen – wird schnell erkennbar, was für einen kumulativ ausgerichteten Lernprozess Schüler/-innen durchlaufen:[19] Die Unterrichtsplanung und -gestaltung eines auf Kompetenzen ausgerichteten Religionsunterrichts hat eine *längerfristige Perspektive*. Das bedeutet, die Kompetenz der Schüler/-innen entsteht nicht am Ende einer Unterrichtssequenz oder gar einer Unterrichtsstunde, sondern sie wird allmählich aufgebaut.[20] Der Aspekt des fortschreitenden und vernetzenden Lernens hebt im kompetenzorientierten Religionsunterricht die aufeinander aufbauende und die sich gegenseitig bedingende Abfolge von Unterrichtssequenzen hervor und gibt der Fachdidaktischen Entwicklungsforschung des Dortmunder Modells somit Anlass, das zyklische Vorgehen von einem forschenden Arbeiten in kleinen Lerneinheiten bis hin zu einem forschenden Arbeiten im Kontext einer ganzen Unterrichtsreihe konsequent zu verfolgen. Ein Lehr-Lernarrangement bzw. ein Design-Experiment als ganze Unterrichtsreihe zu denken, zu entwickeln und durchzuführen, welche verschiedene Stationen des Lernens, unterschiedliche Kompetenz-Lernstände der Schüler/-innen, verschiedene Sozialformen und Unterrichtsmethoden sowie Erhebungsmomente in den Unterricht integriert, ermöglicht nicht nur eine direkte Praxisnähe, sondern passt sich vor allem dem prozessorientierten Selbstverständnis des kompetenzorientierten Lernens an. Um Aussagen in Hinblick auf Kompetenzentwicklungen von Schüler/-innen empiriegestützt tätigen zu können, sind die Erfassung und Auswertung von punktuell herausgegriffenen und damit isolierten Lerneinheiten nicht hinreichend. Untersuchungen kleiner Lernsequenzen können gezielte Denk- bzw. Lernschritte von Schüler/-innen rekonstruieren, indem sie diese unter einem be-

---

[18] PREDIGER, SUSANNE/U. A.: Lehr-Lernprozesse initiieren und erforschen, 454.
[19] Vgl. dazu z. B. OBST, GABRIELE: Kompetenzorientiertes Lehren und Lernen im Religionsunterricht, Göttingen 2015. Hierbei soll erlerntes Wissen an ein bereits bestehendes Wissensfundament so angeschlossen werden, dass ein vertieftes Verständnis durch eine Veränderung der Wissensstruktur der Lernenden entsteht.
[20] Vgl. FISCHER, DIETLIND: Religiöse Kompetenz bei Schüler/innen erkennen. Fachdidaktische Aufgabe von Lehrenden. In: Religion unterrichten. Informationen für Religionslehrerinnen und –lehrer im Bistum Hildesheim. 1 (2009), 6–9, hier: 9.

stimmten Fokus betrachten. Liegt das fachdidaktische Forschungsanliegen allerdings darauf, Erkenntnisse in Hinblick auf im Religionsunterricht zu entwickelnde Kompetenzen zu bekommen, ist ein langfristigerer Lern- und Unterrichtsprozess in die Erhebungen zu integrieren. Ein Lehr-Lernarrangement, das die Vernetzung, d.h. die jeweiligen Erarbeitungs- und Anwendungsmomente des kompetenz- und damit outputorientierten Religionsunterrichts, rahmt, eröffnet die Möglichkeit, das Zusammenspiel resp. die Wechselseitigkeit der einzelnen Lerneinheiten untereinander und damit den gesamten Lernprozess kumulativ zu überblicken.

Noch stärker als in bspw. mathematischen oder naturwissenschaftlichen Fachdidaktiken, in denen Lerngegenstände oftmals primär aus der fachspezifischen Logik heraus begründet werden können, muss der Religionsunterricht seinen Lerngegenstand und die damit verknüpften Lernprozesse in einen größeren Rahmen für die Lernenden kontextualisieren. Somit kann zum Beispiel der Lerngegenstand *Theodizee* – ohne bereits das didaktische Prinzip der Kompetenzorientierung mitzudenken – nur in Verbindung mehrerer (zusammenhängender) thematischer Dimensionen und Lernschritte in die Praxis transferiert werden. Hierzu gehören: die Auseinandersetzung mit verschiedenen Gottesbildern und die Reflexion über das eigene Gottesbild, um das Anliegen der Theodizeethematik überhaupt nachvollziehen zu können. Weiterhin sind subjektive Theodizee-Vorstellungskonzepte zu nennen sowie elementare Erkenntnisse theologischer Fachwissenschaft zum Themenkomplex *Gott und das Leid*, um in eine gemeinsame Fragen- und Antwortsuche im Unterricht einsteigen zu können.[21] Die besondere Herausforderung liegt schließlich darin, dass der Religionsunterricht und damit auch die fachdidaktische Entwicklungsforschung die Dimensionen ihres Lerngegenstands nicht isoliert voneinander, d.h. nur erschwert in kleinen Lerneinheiten, betrachten können.

Anhand eines Projektbeispiels im Kontext der Theodizeedidaktik in der gymnasialen Qualifikationsphase soll diese forschungsmethodische Entscheidung, eine gesamte Unterrichtsreihe im Klassensetting zu untersuchen, konkretisiert und dabei veranschaulicht werden, warum sie eine hinreichende Bedingung für die Entwicklungsforschung im kompetenzorientierten Religionsunterrichts darstellt.

---

[21] Vgl. RITTER, WERNER/U. A.: Leid und Gott. Aus der Perspektive von Kindern und Jugendlichen, Göttingen 2006, 181.

2. Das Beurteilenlernen von Theodizee-Erklärungsmodellen entlang einer ganzen Unterrichtsreihe

Ein differenzierter Umgang mit lebensprägenden Leiderfahrungen und einschneidenden Widerfahrnissen in den Alltagswelten von Schüler/-innen gehört zu den Anliegen des Religionsunterrichts und findet besonders in der Theodizeefrage seine thematische Notwendigkeit. Dabei stellt sich vor allem die Frage, wie die im Unterricht rezipierten theoretischen und existenziell-praktischen Erklärungsversuche im Hinblick auf die Leidfrage so erarbeitet werden können, dass Lernende ihr erworbenes Wissen nicht als träges Repertoire annehmen, sondern es auf neue authentische Anwendungs-situationen übertragen und einen (in)direkten Zusammenhang zu ihrer eigenen Lebenswelt herstellen können. Deshalb gründet das Anliegen des Forschungsprojekts *Theodizeedidaktik im Horizont von Krisensituationen*[22] in der Entwicklung und Erforschung eines Unterrichtsvorhabens, das eine systematisch-fachliche Verknüpfung zwischen Theodizee-Erklärungstheorien und leidbehafteten Anforderungssituationen herstellt. Die hier im Fokus stehende Lernhandlung ist das *Beurteilen* von Theodizee-Antwortversuchen (resp. ihren Bedeutungseinheiten) entlang von fremd-biografischen Leidsituationen[23] (Abb. 1). Der Fall *Samuel Koch*, der seit seinem Unfall in der Fernsehsendung ‚*Wetten, dass...*' (2010) als Tetraplegiker an den Rollstuhl gebunden ist, und der Fall *Christoph Schlingensief*, ein ehemaliger deutscher Regisseur, der 2010 an Lungen-Krebs gestorben ist, wurden für das Design-Experiment als konkrete Anforderungssituationen ausgewählt und stellen zwei verschiedene reale Leidformen dar.

Das Ziel des hierfür konzipierten und insgesamt vierfach durchgeführten Lehr-Lernarrangements war es, die Kompetenz des Beurteilens zu entwickeln und zu fördern.[24] Dabei überprüften Schüler/-innen mithilfe von (perspektvierenden) Transfer- und Anwendungsmethoden und -aufgaben die im Unterricht

---

[22] Dabei handelt es sich um ein noch laufendes Dissertationsprojekt im Rahmen des Dortmunder FUNKEN-Kollegs.
[23] Damit ist das Konstrukt der Anforderungssituation gemeint. Diese wird als wirklichkeitsnahe, exemplarische Lebenssituationen charakterisiert, die einen hohen identifikatorischen Wert für Schüler/-innen und einen Herausforderungscharakter aufweist (vgl. dazu: OBST, GABRIELE: Anforderungssituationen als Ausgangspunkt kompetenzorientierten Lehrens und Lernens im Religionsunterricht. Ein Werkstattbericht aus der Praxis des Religionsunterrichts in der Sekundarstufe II. In: FEINDT, ANDREAS/U. A. (Hg.): Kompetenzorientierung im Religionsunterricht. Befunde und Perspektiven, Münster 2009, 181–196).
[24] Das Zurückgreifen der Schüler/-innen auf reflexive Antwortversuche in eigenen Krisensituationen stellt hierbei eine übergeordnete Zielperspektive des Lehr-Lernarrangements dar, die jedoch im Kontext Unterricht bzw. Schule nicht zu überprüfen ist.

erarbeiteten Theodizee-Erklärungsversuche unter der ständigen Bezugnahme auf das jeweilige reale Leidbeispiel.

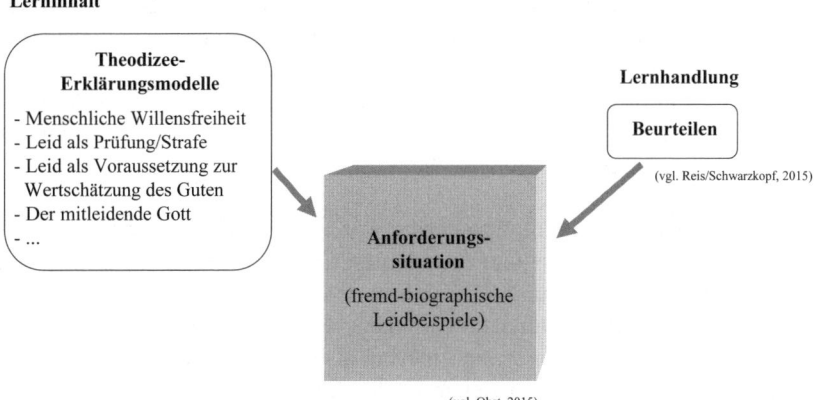

Abb. 1: *Forschungsinteresse konturierende Elemente des Design-Experiments im Überblick*

Bei den Transfermethoden und -aufgaben handelte es sich bspw. um das Verfassen eines Briefs aus der Perspektive Hiobs an den leidtragenden Koch bzw. Schlingensief, ein Rollenspiel zwischen Koch / Schlingensief und einem Vertreter eines bestimmten Theodizee-Erklärungsmodells (z. B. Wilhelm Gottfried Leibniz) und Lerntagebucheinträge, die den eigenen Lernzuwachs reflektieren, dokumentieren und dezidiert Fragen zur Förderung und Erhebung der Beurteilungskompetenz beinhalten, wie z. B.: *„Wie beurteilst du die free-will-defense hinsichtlich der Anforderungssituation Samuel bzw. Christoph: Können die Argumente Samuel bzw. Christoph Erklärungsansätze liefern? Begründe deine Antwort!"*

Das hier intendierte Lernziel umfasste somit mehrere aufeinander aufbauende und sich gegenseitig bedingende Handlungsschritte, die der Lernende sukzessiv und damit kumulativ durchlaufen musste. Neben der Auseinandersetzung mit und der Sensibilisierung für die realen Anforderungssituationen, dem Versuch eines eigenen darauf bezugnehmenden Antwortversuchs sowie dem Kennenlernen der kognitiven Theodizee-Erklärungsmodelle, stand die begleitende Transfer- bzw. Verknüpfungsleistung zwischen Theorie und existenziell-praktischem Fallbeispiel im Fokus des Design-Experiments. Folgende Handlungsschritte zeigen die erforderlichen Einzelmomente im Lernprozess der Schüler/-innen auf:

1. Aufbauend auf einer strukturierten Wahrnehmung und dem Verständnis der fremd-biografischen Leidsituation
2. formulieren die Schüler/-innen im Hinblick auf das Fallbeispiel einen eigenen Erklärungsversuch,

3. erarbeiten daraufhin unterschiedliche Theodizee-Erklärungstheorien,
4. deren Elemente / Bedeutungseinheiten sie nacheinander auf die inhaltliche Passung zur Theodizee-Anfrage in Bezug auf die Leidsituation, mittels verschiedener Anwendungs- und Transfermethoden abwägen und damit überprüfen
5. und in einem letzten Schritt einen beurteilenden Erklärungsversuch in Bezug auf eine neue Anforderungs- bzw. Leidsituation verfassen.

Die fünf aufgezeigten Handlungsschritte waren von den Lernenden in insgesamt 14 bis 16 Unterrichtsstunden angemessen zu bewältigen. Erst mit dem Durchlaufen dieser Handlungskette konnte das anvisierte Lernergebnis des kompetenzorientierten Unterrichtsvorhabens bzw. des experimentellen Designs erreicht werden.[25] Da es sich hierbei also um eine bestimmte und eng getaktete Abfolge von verschiedenen zu durchlaufenden und sich gegenseitig bedingenden Lernschritten handelte, ist die Rekonstruktion von Lernprozessen der Schüler/-innen in diesem Fall nur in eine ganzheitliche Unterrichtsreihe eingebettet umzusetzen gewesen. Alle fünf Handlungsschritte konnten hierbei nicht isoliert voneinander untersucht werden, da die bereits in der Abbildung 1 aufgezeigten Elemente (Lerninhalt, Lernhandlung und Anforderungssituation) des Lehr-Lernarrangements immer in einem wechselseitigen Verhältnis zueinander standen. Ein Design-Experiment, das alle drei Elemente einführt, diese von den Lernenden erarbeiten lässt und in einen direkten Zusammenhang stellt, wäre sowohl didaktisch als auch forschungsmethodisch im Laborsetting und damit in einem kleingehaltenen Stundenumfang nur schwer resp. nicht zu realisieren. Kleine Lerneinheiten – ganz gleich ob in einem Labor- oder Klassenexperiment durchgeführt – hätten demnach nur sehr punktuelle Einblicke in die Denk- und Bearbeitungsstrukturen oder -strategien der Schüler/-innen generieren, weniger jedoch eine Entwicklung in Hinblick auf ihre Beurteilungskompetenz entlang eines authentischen Leidbeispiels abbilden können. Um Erkenntnisse bezüglich des individuellen Lernprozesses auffangen zu können, fungierten deshalb die Lernschritte zwei, vier und fünf hierbei als Erhebungszeitpunkte während des regulären Unterrichtsgeschehens, in denen schriftliche und verbale Bearbeitungen und Produkte von Schüler/-innenaufgaben die Datengrundlage waren. Die konkrete Datenauswertung wird schließlich anhand eines ausgewählten Samplings (Typisierungsbildung) vorgenommen, sodass zwar alle Schüler/-innen sowohl an allen Lern- als auch an

---

[25] Vgl. REIS, OLIVER/SCHWARZKOPF, THERESA: Diagnose im Religionsunterricht: Konzeptionelle Grundlagen und Praxiserprobungen, Berlin 2015, 53–54.

allen Datenerhebungszeitpunkten einheitlich teilnahmen, die gezielte qualitative Datenmaterialanalyse aber auf insgesamt vier bis fünf Schüler/-innen pro Durchgang beschränkt wird.

Die folgenden Ausführungen geben einen schlaglichtartigen Einblick in das schriftliche Datenmaterial und gleichzeitig in den Zusammenhang zwischen der Anwendungs- und Transferphase im Laufe des Lehr-Lernarrangements und der offenen schriftlichen Befragung zum Ende der Unterrichtsreihe, in der die Lernenden einen beurteilenden Erklärungsversuch in Hinblick auf ein neues authentisches Leidbeispiel formulieren.

Die folgende Tabelle[26] zeigt Schülerprodukte zwei verschiedener Anwendungsaufgaben. Diese sind von den Lernenden jeweils nach der Erarbeitung eines Theodizee-Erklärungsmodells in Bezug auf die Anforderungssituation bearbeitet worden. Dabei handelt es sich um einen Brief der Schüler/-innen aus der Perspektive Hiobs an Samuel Koch und um eine beurteilende Stellungnahme zu der Theodizee-Erklärungstheorie nach Hans Jonas in Bezug auf den Fall Samuel Koch aus der eigenen Perspektive des / der Lernenden. Beide unterschiedlichen Anwendungs- und Transfermethoden führen auf, wie die theoretischen Bedeutungseinheiten bzw. Aspekte der kennengelernten Theodizee-Entwürfe auf das konkrete Fallbeispiel bezogen werden und wie damit das Beurteilenlernen der Theodizee-Erklärungstheorien entlang echter Leidbeispiele initiiert wird:

Perspektivierende Anwendungsaufgabe: Brief aus der Perspektive Hiob an Samuel Koch	Beurteilende Stellungnahme zu der Theodizee-Erklärungstheorie nach Hans Jonas in Bezug auf den Fall Samuel Koch
Lieber Samuel, warum es dich trifft oder mich, werden wir nie erfahren. Gott tut jedoch nie etwas einfach so. Er will unseren Reifungsprozess ankurbeln und sehen, ob wir mit unserer Strafe umgehen können.[...] Das Wichtigste hierbei ist, wenn auch sehr schwer: Gott zu vertrauen und nicht den Glauben zu verlieren, denn unser Leid ist für Gott eine Loyalitätsprobe und erst wenn wir ihm zeigen, dass wir das Leid überstehen und Gottes Beistand annehmen, kann unser Leid vielleicht ein Ende nehmen. Gott nutzt unser Leid als Rechtleitung und	*Ich denke, dass Hans Jonas' Ansatz einen guten Grund liefert, weshalb uns Leid zustößt. Die fehlende Allmacht durch die Freiheit, die Gott uns gegeben hat, kann Samuel helfen. Samuel kann verstehen, warum Gott nicht eingreift, nämlich weil er nicht kann [...].* *Samuel könnte sich damit abfinden, wenn er das Christentum außen vor lässt. Aus christlicher Sicht kann es nämlich anders sein und die Frage, warum genau er im Rollstuhl sitzt, ist auch nicht beantwortet.* *Hans Jonas eine Hilfe für Samuel sein, wenn er sich ganz drauf einlässt*

---

[26] Alle drei Schülerprodukte sind von ein und demselben Schüler erstellt worden.

das muss man annehmen, um mit dem Leid umgehen zu können. *[...] Ich versuche ein Vorbild für uns Leidtragende zu sein, damit wir Gott näher kommen und nicht immer alles nur hinterfragen.* Hiob	*und die Frage „warum genau ich?" ruhen lässt. Er muss sich auf die jüdische Sicht einlassen und verstehen, dass Gott allen Menschen Freiheit geschenkt hat und Gut und Böse zulässt. Gott kann nicht eingreifen.*

Beide unterschiedlichen Zugänge fordern die Schüler/-innen dazu auf, die kognitive Ebene mit der existentiellen Ebene zusammenzudenken und dabei differenziert abzuwägen, welche Sach- und Werturteile[27] herangezogen werden können, um in Hinblick auf die fremd-biografische Leiderfahrung einen möglichen Antwortversuch leisten zu können. So führt der Schüler aus der Perspektive Hiobs (links in der Tabelle) gegenüber dem Leidtragenden Samuel verschiedene Elemente an, die er als Beurteilungsgrundlage für seinen Erklärungsversuch heranzieht: u.a. das Überstehen eines Reifungs- und Vertrauensprozesses, eine Loyalitätsprobe, Leid als Erziehungsmaßnahme und der Beistand Gottes.

Das Datenmaterial, das in der eignen Stellungnahme zu Jonas Theorie in Hinblick auf den Fall Koch entstanden ist (rechts in der Tabelle), führt auf, warum und unter welchen Bedingungen die Aufgabe des Allmachtgedankens für Koch ein Antwortansatz darstellen könnte. Hierbei beurteilt der Schüler den Theodizee-Erklärungsansatz von Jonas, indem er die bewusste Unterscheidung der christlichen von der jüdischen Perspektive in Bezug auf das Eingreifen Gottes und die Selbstaufgabe seiner Allmacht hervorhebt und darlegt, dass die geschenkte menschliche Freiheit und die göttliche Unfähigkeit eingreifen zu können, mögliche Hilfestellungen für den Fall Koch sind.

Diese beiden schriftlichen Produkte zeigen exemplarisch und rein deskriptiv auf, wie die Lernenden während der ganzen Unterrichtsreihe mithilfe unterschiedlicher Methoden die konkrete Anwendung und das Abwägen von möglichen Theodizee-Erklärungsmustern im Kontext realer Fallbeispiel immer wieder eingeübt haben. Das Ziel dieses Lernprozesses war es, am Ende

---

[27] Nach Margarete Dörr basiert ein Sachurteil „auf einer bestimmten Auswahl, Verknüpfung und Deutung [von (Sach)Aussagen]" (DÖRR, MARGARETE: Das Schulbuch im Geschichtsunterricht. Kriterien für seine Beurteilung. In: JÄCKEL, EBERHAND/WEYMAR, ERNST (Hg.): Die Funktion der Geschichte in unserer Zeit, Stuttgart 1975, 300). Bei einem Werturteil wird der kognitive Aspekt um einen personalen und emotionalen Aspekt erweitert. Beim Prozess des Werturteils sind SchülerInnen in der Lage, die 'Angemessenheit' des angewandten Maßstabs zu reflektieren und verschiedene Positionen gegeneinander abzuwägen. Hierbei kommt die Anwendung von persönlichen normativen (ethischen) Kategorien zum Tragen, die von persönlichen Interessen, Motiven, Einstellungen, (religiösen) Sozialisationsbedingungen der Lernenden etc. beeinflusst werden (vgl. FUCHS, MONIKA E.: Bioethische Urteilsbildung im Religionsunterricht. Theoretische Reflexion – Empirische Rekonstruktion, Göttingen 2010, 184–185).

des Lehr-Lernarrangements die Theodizee-Erklärungstheorien im Kontext einer neuen Anforderungssituation differenziert beurteilen zu können. Der folgende Transkriptausschnitt soll einen Eindruck darüber verschaffen, wie diese Schüleraufgabe, aufbauend auf den durchgeführten Unterrichtssequenzen zuvor, umgesetzt wurde und zum Ende des Design-Experiments als Datengrundlage diente. Hierbei soll vor allem der Umgang mit den beiden zuvor erwähnten Erklärungsmodellen (Buch Hiob und Hans Jonas) in Bezug auf den Fall Doaa Al Zamel[28] aufgezeigt werden.

> *Liebe Doaa,*
> *wir Menschen sind nicht in der Lage das Handeln Gottes nachzuvollziehen. Trotzdem versuchen wir es immer wieder. Ist Gott überhaupt allmächtig? Gott hat uns die Freiheit gegeben frei entscheiden zu können. Wir tragen die Verantwortung für das Leid auf der Welt, weswegen Gott keine Macht über das Leid hat. Die Menschen in Syrien, die den Krieg angefangen haben oder die wütenden Schmuggler, die das Loch in das Schifferboot gerammt haben, verursachten Leid. Gott hatte nicht die Macht darüber, euer Leiden zu verhindern, weil die Schmuggler die Freiheit hatten selbst zu entscheiden, ob sie es für richtig halten oder nicht. In der Bibel wird von Hiob erzählt. Niemals hat er etwas Schlechtes getan und trotzdem wurde ihm alles genommen, genau wie dir auch. Auch er hat zunächst Gott angeklagt und gefragt, ob es eine Strafe sei, aber dann hat er wieder Vertrauen zu Gott gewonnen und hat das Leid als Loyalitätsprobe verstanden. Hiob hat wieder Gewissheit über Gott erlangt und vielleicht möchte Gott auch dich auf die Probe stellen. Das Wichtigste ist, dass du nicht vergisst, was Gott dir alles für schöne Dinge gegeben hat, z. B. Bassem, in den du verliebt warst [...].*[29]

---

[28] Der Fall erzählt von der schicksalhaften Flucht des syrischen Mädchens Doaa AlZamel: „Doaa ist noch ein Teenager, als sie ihre Heimat Syrien verlässt, um Krieg und Terror zu entkommen. Sie und ihr Freund Bassem träumen von einer gemeinsamen Zukunft in Europa. Doch das Schicksal meint es anders: Das Flüchtlingsboot, dem sie ihr Leben anvertrauen, geht unter, und während Doaa verzweifelt ums Überleben kämpft, muss sie mit ansehen, wie Bassem neben ihr in den Wellen versinkt. Von den über fünfhundert Bootsflüchtlingen können nach qualvollen Tagen auf dem Meer nur eine Handvoll gerettet werden. Am Ende überlebt Doaa, ein Baby im Arm, das ihr eine ertrinkende Frau anvertraut hat, und ihr bleibt nichts als die Hoffnung in ihrem Herzen. Sie lebt heute in Schweden" (FLEMING, MELISSA: Doaa - Meine Hoffnung trug mich über das Meer: Ein außergewöhnliches Schicksal, München 2017).

[29] Das Datenmaterial der durchgeführten Design-Experimente wird von der Forscherin aktuell ausgewertet, sodass konkrete Ergebnisse erst nach Beendigung Dissertationsprojekts zur Verfügung stehen.

Der Transkriptausschnitt konkretisiert, wie der Schüler Elemente aus den Erklärungsmodellen von Jonas und dem Buch Hiob auf die Geschehnisse im Fall Doaa heranzieht (z. B. geschenkte Freiheit der Schmuggler, Gottes Unvermögen in das menschliche freie Handeln einzugreifen, Leid als Probe). Zugleich verdeutlicht dieses Lernergebnis, wie stark die einzelnen Unterrichtssequenzen und Datenerhebungsmomente ineinandergreifen resp. zusammenhängen und warum ein Forschungssetting in Form einer ganzen Unterrichtsreihe konzipiert wurde.

3. Religionsdidaktische und forschungsmethodische Chancen und Grenzen von Design-Experimenten in Form von ganzen Unterrichtsreihen

Mit Rekurs auf das vorgestellte Projekt werden gleich zwei forschungsspezifische Merkmale in der experimentellen Forschung exemplarisch aufgezeigt, die sich gegenseitig bedingen. Der hier gewählte Untersuchungsraum charakterisiert sich sowohl durch eine ganze Unterrichtsreihe als auch durch seinen Durchführungskontext: das reale Unterrichtgeschehen. Im regulären Klassensetting übernimmt die empirische Entwicklungsforschung in Hinblick auf das Unterrichten eine (beinah) begleitende Funktion. Hierbei wird sie bewusst mit allen Komplexitäten des Unterrichtsalltags konfrontiert und schließt konstant gehaltene Variablen von Vornherein aus. Vielfältige Störvariablen wurden im Zuge dieser praxisnahen Feldforschung als unausweichliche und daher besonders hinreichend zu berücksichtigende Faktoren mitgedacht, die das Durchführen und Evaluieren des Designs bzw. des Lernsettings mitbeeinflussten. Die hohe Komplexität, „die durch den einbezogenen Unterricht, die Weiterentwicklung der Interventionen [und Methoden] im laufenden Prozess sowie vielfältige Interaktionen gekennzeichnet [ist]",[30] stellt für den/die Forscher/-in jedoch auch eine enorme Herausforderung dar, die eine Reihe an Hürden miteinschließt. Kontrollierte Untersuchungssettings müssen sich nicht auf die multifaktoriellen und nicht planbaren Gegebenheiten des Schulalltags einstellen. Dazu gehören demnach auch Unterrichtsstörungen, Ausfälle in den regulären Unterrichtsstunden, Fehlzeiten der Schüler/-innen und damit Unregelmäßigkeiten in der Teilnahme am Unterricht etc.

Als weitere didaktische und forschungsmethodische Chance sowie gleichzeitig auch als Grenze kann die enge Kopplung von Unterricht und Forschung aufseiten der unterrichts- und forschungsprojektleitenden Person verstanden

---

[30] RALLE, BERND/DI FUCCIA, DAVID-SAMUEL: Aktionsforschung als Teil fachdidaktischer Entwicklungsforschung, 48.

werden. Ein Design-Experiment, das sich als ganze Unterrichtsreihe gestaltet, erfordert entweder eine sehr enge und ständige Zusammenarbeit zwischen Fachlehrer/-in und Forscher/-in oder einen Doppelauftrag ein. Nimmt der/die Forscher/-in gleichzeitig die Rolle der Lehrperson ein, ist zu berücksichtigen, dass sowohl auf religionsdidaktischer und fachwissenschaftlicher als auch auf forschungsmethodischer Ebene eine adäquate Professionalisierung gegeben sein muss. Beide einnehmenden Rollen müssen Erfahrungen in empirischer Unterrichtforschung als auch in der realen Lehrpraxis gewährleisten können. Darüber hinaus muss die in zwei Rollen agierende Person eine hohe Kompetenz in der Reflexion der je eingenommenen Rolle besitzen.

Zusammenfassend kann festgehalten werden, dass eine fachdidaktische Entwicklungsforschung, die in Form einer ganzen Unterrichtsreihe konzipiert und im regulären Religionsunterricht durchgeführt wird, zwar keine Gewissheit für praktische Handlungsanregungen und damit keine Übersetzungsleistung für die Unterrichtspraxis garantiert, aber sich der tatsächlichen Unterrichtsrealität stellt. Hiermit ermöglicht sie empirisch abgesicherte Einblicke in religiöse Lernprozesse mit ihren externen Einflussfaktoren. Mit dieser forschungspraktischen Entscheidung eröffnet das Forschungsformat die Chance, mit den heterogenen und individuell unterschiedlich ausgeprägten Variablen im Religionsunterricht von Vornherein umzugehen und diese in konkreten Weiterentwicklungen mitzudenken.

Literatur

AHLERS, NIENKE: Schüler/innen-Befragungen in der empirischen Religionspädagogik. Das Verfahren der Mehrebenenanalyse in der Auswertung quantitativer Daten. In: HÖGER, JAN / ARZT, SILVIA: Empirische Religionspädagogik und praktische Theologie. Metareflexionen, innovative Forschungsmethoden und aktuelle Befunde aus Projekten der Sektion „Empirische Religionspädagogik" der AKRK, Freiburg und Salzburg 2016, 106–113.

COBB, PAUL/U. A.: Design Experiments in Educational Research. In: Educational Researcher, 32 (2003) 1, 9–13.

DOMSGEN, MICHAEL/LÜTZE, FRANK MICHAEL: Schülerperspektiven zum Religionsunterricht. Eine empirische Untersuchung in Sachsen-Anhalt, Leipzig 2010.

DÖRR, MARGARETE: Das Schulbuch im Geschichtsunterricht. Kriterien für seine Beurteilung. In: JÄCKEL, EBERHAND/WEYMAR, ERNST (Hg.): Die Funktion der Geschichte in unserer Zeit, Stuttgart 1975.

EINSIEDLER, WOLFGANG: Was ist didaktische Entwicklungsforschung? In: EINSIEDLER, WOLFGANG (Hg.): Unterrichtsentwicklung und Didaktische Entwicklungsforschung, Bad Heilbrunn 2011, 41–70.

ENGLERT, RUDOLF/HENNECKE, ELISABETH/KÄMMERLING, MARKUS: Innenansichten des Religionsunterrichts. Fallbeispiele – Analysen – Konsequenzen, München 2014.

FISCHER, DIETLIND: Religiöse Kompetenz bei Schüler/innen erkennen. Fachdidaktische Aufgabe von Lehrenden. In: Religion unterrichten. Informationen für Religionslehrerinnen und –lehrer im Bistum Hildesheim, 1 (2009), 6–9.

FLEMING, MELISSA: Doaa - Meine Hoffnung trug mich über das Meer: Ein außergewöhnliches Schicksal, München 2017.

FRANK, STEPHEN/ILLER, CAROLA: Kompetenzorientierung – mehr als ein didaktisches Prinzip. In: Report: Zeitschrift für Weiterbildungsforschung Heft 36 (2013) 4, 32–41.

FUCHS, MONIKA: Bioethische Urteilsbildung im Religionsunterricht. Theoretische Reflexion – Empirische Rekonstruktion, Göttingen 2010.

LARISSA, ZWETSCHLER: Gleichwertigkeit von Termen - Konstruktion und Erforschung einer diagnosegeleiteten Lernsituation im Mathematikunterricht der 8. Klasse, Wiesbaden 2015.

MARTEN, CLAUSEN/EINSIEDLER, WOLFGANG (Hg.): Unterrichtsentwicklung und Didaktische Entwicklungsforschung, Bad Heilbrunn 2011. In: Zeitschrift für Pädagogik 58 (2012) 2, 275–278.

MÖLLER, RAINER/SAJAK, CLAUS PETER/KHORCHIDE, MOUHANAD (Hg.): Kompetenzorientierung im Religionsunterricht: Von der Didaktik zur Praxis, Münster 2014.

OBST, GABRIELE: Anforderungssituationen als Ausgangspunkt kompetenzorientierten Lehrens und Lernens im Religionsunterricht. Ein Werkstattbericht aus der Praxis des Religionsunterrichts in der Sekundarstufe II. In: FEINDT, ANDREAS/U. A. (Hg.): Kompetenzorientierung im Religionsunterricht. Befunde und Perspektiven, Münster 2009, 181–196.

OBST, GABRIELE: Kompetenzorientiertes Lehren und Lernen im Religionsunterricht, Göttingen ^{4}2015.

PREDIGER, SUSANNE/U. A.: Der lange Weg zum Unterrichtsdesign. Zur Begründung und Umsetzung fachdidaktischer Forschungs- und Entwicklungsprogramme. In: KOMOREK, MICHAEL/PREDIGER, SUSANNE (Hg.): Der lange Weg zum Unterrichtsdesign. Zur Begründung und Umsetzung fachdidaktischer Forschungs- und Entwicklungsprogramme, Münster 2013, 9–24.

PREDIGER, SUSANNE/U. A.: Lehr-Lernprozesse initiieren und erforschen. Fachdidaktische Entwicklungsforschung im Dortmunder Modell. In: MNU 65 (2012), 452–457.

RALLE, BERND/DI FUCCIA, DAVID-SAMUEL: Aktionsforschung als Teil fachdidaktischer Entwicklungsforschung. In: KRÜGER, DIRK/U. A. (Hg.): Methoden in der naturwissenschaftsdidaktischen Forschung, Heidelberg 2014, 43–56.

REIS, OLIVER/SCHWARZKOPF, THERESA: Diagnose im Religionsunterricht: Konzeptionelle Grundlagen und Praxiserprobungen, Berlin 2015.

RITTER, WERNER/U. A.: Leid und Gott. Aus der Perspektive von Kindern und Jugendlichen, Göttingen 2006.

SCHWARZKOPF, THERESA: Vielfältigkeit denken. Wie Schülerinnen und Schüler im Religionsunterricht argumentieren lernen, Stuttgart 2016.

SCHWEITZER, FRIEDRICH: Religionsunterricht erforschen: Aufgaben und Möglichkeiten empirisch religionsdidaktischer Forschung. In: Zeitschrift für Pädagogik 6 (2007) 2, 3–6.

Gewalt und deren Überwindung. Ein verbindendes Motiv zwischen Lernenden und Lerngegenstand

Barbara Strumann

In meiner Dissertation „In Psalmen der Gewalt begegnen" habe ich für Kinder und Jugendliche mit Unterstützungsbedarf in der emotionalen und sozialen Entwicklung ein psalmendidaktisches Lehr-Lernarrangement entwickelt, in dem sie ihre Gewaltverflochtenheit in Sprache überführen und sich konstruktiv mit destruktiven und belastenden Emotionen auseinandersetzen konnten.

Neben der Entwicklung und Erforschung eines Lehr-Lernarrangements „ist Ziel und Ausgangspunkt gegenstandsorientierter fachdidaktischer Entwicklungsarbeit stets auch die Spezifizierung und Strukturierung des fachlichen Lerngegenstands an sich."[1]

In religionspädagogischen Projekten ist es allerdings schwierig, die „Lerngegenstände in eindeutigen Strukturen [zu] beschreiben und davon die Vorstellungen der Schülerschaft"[2] abzugrenzen, beziehungsweise dazu in Beziehung zu setzen.

Oliver Reis und Theresa Schwarzkopf stellen in ihrem Dortmunder Modell zu Diagnose und Förderung religiöser Lernprozesse in der Katholischen Theologie den Unterschied des Religionsunterrichts zu anderen Fächern wie folgt dar: „Charakteristisch für den Religionsunterricht ist, dass er voraussetzt, dass der persönliche Glaube automatisch immanente Dinge in ein religiöses System einbindet. Der Auftrag des Religionsunterrichts ist es dann, über die theologische Meta-Norm die intuitive religiöse Strukturierung von Wirklichkeit systematisch zu entfalten."[3] Über diese theologische, für zeitliche Veränderungen offen gehaltene Meta-Norm kann der Religionsunterricht Lernziele und Lern-Outcomes formulieren, „aber er kann nicht behaupten, dass Glaube

---

[1] Vgl. PREDIGER, SUSANNE/U. A.: Lehr-Lernprozesse initiieren und erforschen. Fachdidaktische Entwicklungsforschung im Dortmunder Modell. In: MNU (2012), Heft 65/8, 452–457, hier: 454.
Während die erziehungswissenschaftliche Entwicklungsforschung sich „rein auf unterrichts-methodische Fragen beziehen kann, ist Ziel und Ausgangspunkt gegenstandsspezifischer fachdidaktischer Entwicklungsarbeit stets auch die Spezifizierung und Strukturierung des fachlichen Lerngegenstands an sich." PREDIGER/U. A.: Lehr-Lernprozesse, 454.

[2] REIS, OLIVER/SCHWARZKOPF, THERESA: Diagnostik im Religionsunterricht. Konzeptionelle Grundlagen und Praxiserprobungen, Berlin 2015, 113.

[3] Ebd.

so geht."⁴ Hierin liegt der Unterschied zu anderen Fachdidaktiken. Der Wirklichkeitszugang, in den beispielsweise die Mathematikdidaktik einführt, löst sich von den immanenten Objekten und „verlangt, dass die mathematischen Regeln als System und ihre Modellierungsbedeutung von Wirklichkeit übernommen wird."⁵ Die einzelnen mathematischen Lerngegenstände sind somit „in eindeutigen Strukturen [zu] beschreiben"⁶.

Ein religionspädagogischer Ansatz „muss zum einen epistemologisch von einer anderen normativen Form der Sachstrukturen ausgehen und er muss zum anderen immer sauber zwischen dem persönlichen Glauben und der dann künstlich erscheinenden theologischen Struktur unterscheiden."⁷ Hierin mag sich religionsdidaktische Entwicklungsforschung von anderen Fachdidaktiken unterscheiden.

Inwiefern dies auch zu Veränderungen in dem zyklischen Ansatz der fachdidaktischen Entwicklungsforschung, insbesondere in der Spezifizierung und Strukturierung des Lerngegenstandes führt, sei im Folgenden mit bedacht. Dieser Beitrag ermöglicht einen Einblick in mein Vorgehen bei der Spezifizierung und Strukturierung des Lerngegenstands. Dazu stelle ich zunächst die Projektstruktur dar, in der die Spezifizierung und Strukturierung des Lerngegenstands als „Ziel und Ausgangspunkt gegenstandsspezifischer fachdidaktischer Entwicklungsarbeit"⁸ eine zentrale Position einnimmt. Es folgen Einblicke in die Schüler/-innenvoraussetzungen, die systemisch-fachliche und die stoffdidaktische Analyse des Lerngegenstands. Im letzten Teil des Beitrags wird der Lerngegenstand um Erkenntnisse zu Lernendenperspektiven, die aus der dreimaligen Durchführung und Erforschung des Lehr-Lernarrangements gewonnen wurden, erweitert.

1. Struktur des Forschungs- und Entwicklungsprojekts

Die Struktur meiner Arbeit orientiert sich an dem Dortmunder Modell der Fachdidaktischen Entwicklungsforschung.⁹

---

[4] Ebd.
[5] Ebd.
[6] Ebd.
[7] Ebd., 114.
[8] PREDIGER/U. A.: Lehr-Lernprozesse, 454.
[9] Vgl. PREDIGER/U. A.: Lehr-Lernprozesse; GÄRTNER, CLAUDIA: Einführung in Fachdidaktische Entwicklungsforschung aus religionsdidaktischer Perspektive, in diesem Band.

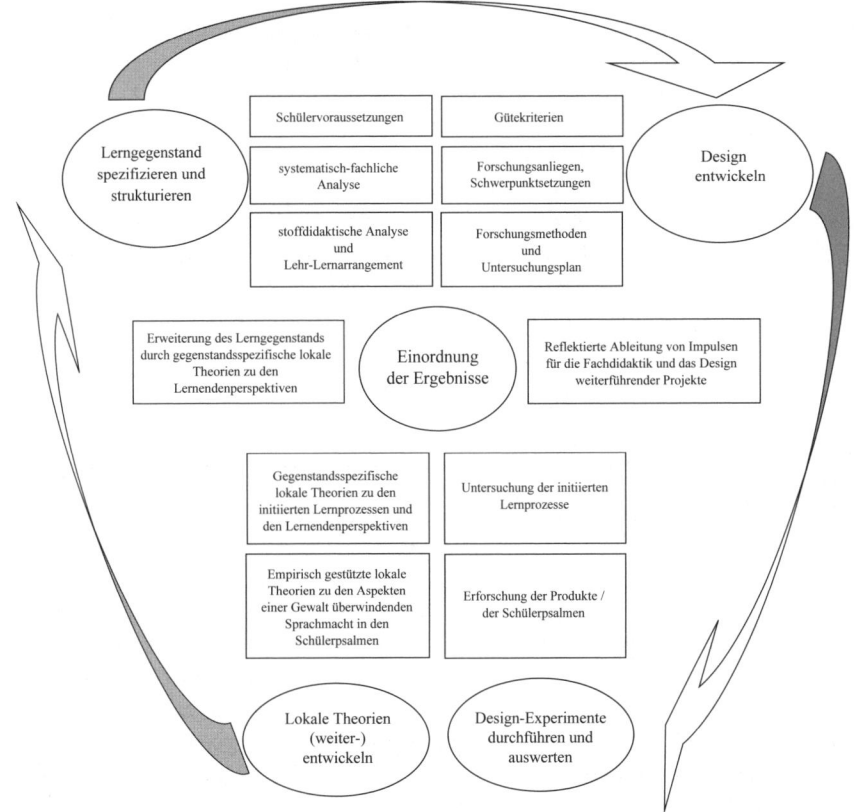

Abb. 1: *Darstellung des Zyklus*

Ausgehend von der noch näher zu beschreibenden Spezifizierung und Strukturierung des Lerngegenstands habe ich ein umfangreiches erstes Design zur Erforschung des Lehr-Lernarrangements entwickelt.

Die Erforschung unterteilt sich in eine grobe Untersuchung der initiierten Lernprozesse und eine fokussierte Analyse der (End-)Produkte, der Schüler/-innenpsalmen.

Durchgeführt wurden die Designexperimente zunächst in der Klasse 5/6 einer Förderschule für den Förderschwerpunkt emotionale und soziale Entwicklung. Die Erkenntnisse zu den initiierten Lernprozessen aus dem ersten Durchführungszyklus stellten die „neue und erweiterte Grundlage für den nächsten Durchlauf im Entwicklungsforschungszyklus"[10] dar. Auf Grundlage dieser ersten Schicht einer lokalen Theorie[11] wurde das erste Design überarbeitet.

Im zweiten und dritten Durchführungszyklus habe ich die überarbeiteten Designexperimente mit einer Kleingruppe der Förderschule und einer Kleingruppe einer Schule des gemeinsamen Lernens durchgeführt.[12]

Die im Zuge der drei Durchführungszyklen zunehmend an Komplexität gewonnenen lokalen Theorien flossen in den Lerngegenstand zurück und erweiterten ihn um Erkenntnisse zu Lernendenperspektiven. Durch die Integration dieser gegenstandsspezifischen Erkenntnisse in die Analysen des Lerngegenstands konnten Impulse abgeleitet werden, „die das konkrete Design weiterführender Projekte beeinflussen und über das konkrete Lehr-Lernarrangement hinaus Wirksamkeit für eine wissenschaftlich fundierte Fachdidaktik bilden".[13]

2. Gewalt und Gewaltüberwindung – Ein verbindendes Element zwischen Lernenden und Lerngegenstand

Aufgrund der eingangs geschilderten Schwierigkeit den Lerngegenstand in eindeutigen Strukturen zu beschreiben und die Vorstellungen der Schüler/-innen davon abzugrenzen beziehungsweise dazu in Beziehung zu setzen,[14] habe ich für die Spezifizierung und Strukturierung des Lerngegenstands das Motiv der Gewalt und deren Überwindung als verbindendes Element zwischen den Lernenden und dem Lerngegenstand gewählt. Zu diesem Motiv konnten klar umschriebene empirisch abgesicherte Erkenntnisse zu der im Fokus stehenden Schüler/-innengruppe zusammengetragen werden. Aus den lokalen Theorien

---

[10] PREDIGER/U. A.: Lehr-Lernprozesse, 455.
[11] „Die Dokumentation der in den Design-Experimenten beobachteten Lernprozesse und deren Auswertung vor dem Hintergrund der im Lehr-Lernarrangement intendierten Lernprozesse und anvisierten Lernziele bilden eine erste Schicht einer empirisch geschützten lokalen Lehr-Lern-Theorie zu dem in den Blick genommenen Lerngegenstand" PREDIGER/U. A.: Lehr-Lernprozesse, 455.
[12] Die Kleingruppe an der Förderschule setzte sich aus drei Jugendlichen im Alter von 13 bis 16 Jahren zusammen.
Die Kleingruppe an der weiterführenden Schule mit dem Angebot des gemeinsamen Lernens bestand aus einer Schülerin und drei Schülern mit und ohne Unterstützungsbedarf in der emotionalen und sozialen Entwicklung im Alter von 12 bis 13 Jahren.
[13] PREDIGER/U. A.: Lehr-Lernprozesse, 456.
[14] Vgl. REIS/SCHWARZKOPF: Diagnostik, 114.

der drei Durchführungszyklen habe ich diese Ausführungen (die Schüler/innenvoraussetzungen) dann um Lernendenperspektiven erweitert.

In der systemisch-fachlichen und stoffdidaktischen Analyse arbeitete ich heraus, warum der Gewaltverflochtenheit der hier im Fokus stehenden Kinder und Jugendlichen ausgerechnet mit einer so gewaltdurchzogenen Sprachform wie die der individuellen Klagepsalmen begegnet werden kann.

Das Motiv der Gewalt und deren Überwindung zog sich also wie ein roter Faden durch das Vorhaben.

In dem nun anschließenden Einblick in die Schüler/-innenvoraussetzungen wird das Motiv aus pädagogisch-psychologischer Perspektive betrachtet.

3. Einblicke in die Spezifizierung und Strukturierung des Lerngegenstands

3.1 Einblick in die Schüler/-innenvoraussetzungen

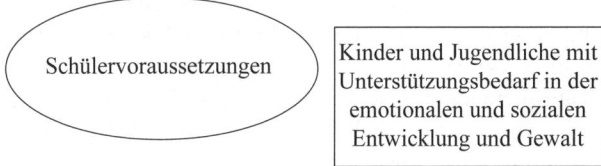

Abb. 2: *Darstellung des Einblicks in die Schülervoraussetzungen*

In der Ausbildungsordnung sonderpädagogische Förderung (AO-SF), die Verordnung über die sonderpädagogische Förderung, den Hausunterricht und die Schule für Kranke, wird sonderpädagogischer Unterstützungsbedarf in der emotionalen und sozialen Entwicklung wie folgt definiert:

> „Ein Bedarf an sonderpädagogischer Unterstützung im Förderschwerpunkt Emotionale und soziale Entwicklung (Erziehungsschwierigkeit) besteht, wenn sich eine Schülerin oder ein Schüler der Erziehung so nachhaltig verschließt oder widersetzt, dass sie oder er im Unterricht nicht oder nicht hinreichend gefördert werden kann und die eigene Entwicklung oder die der Mitschülerinnen und Mitschüler erheblich gestört oder gefährdet ist."[15]

Die in diesem Forschungsprojekt im Fokus stehenden Kinder und Jugendlichen fallen durch ihr oppositionelles und aggressives Verhalten auf, das ihre eigene Entwicklung oder die ihrer Mitschülerinnen und Mitschüler erheblich stört oder gefährdet.[16]

---

[15] AUSBILDUNGSORDNUNG SONDERPÄDAGOGISCHE FÖRDERUNG – AO-SF, § 4 (4).
[16] Vgl. AUSBILDUNGSORDNUNG SONDERPÄDAGOGISCHE FÖRDERUNG – AO-SF, § 4 (4).

Anhand groß angelegter Längsschnittstudien können folgende einander kumulativ verstärkende bio-psycho-soziale Risikofaktoren für die Herausbildung von aggressiven Verhaltensweisen benannt werden. Dazu gehören: *kindbezogene Risikofaktoren* (schwieriges Temperament, verminderte emotionale Fähigkeiten, mangelnde Empathie und verzerrte soziale Informationsverarbeitung u.a.), *familiäre Risikofaktoren* (ungünstiges Erziehungsverhalten, Ehe- oder Partnerschaftskonflikte, Armut u. a.) und *Risiken im weiteren Umfeld des Kindes* (negativer Einfluss durch Gleichaltrige, problembelastete Wohngebiete, ein schlechtes Schulklima, geringes Interesse an und Verbundenheit mit der Schule, Konzentration von Schüler/-innen mit aggressiv-dissozialen Verhaltensweisen an einer Schule / in einer Klasse u. a.).[17]

Um mich der Komplexität der Gewaltverflochtenheit dieser Schüler/-innengruppe anzunähern, greife ich den von Burkhard Liebsch gewählten Begriff der „Gewalt-Verkettungen"[18] auf. Gewalt zeugt immer Gegen-Gewalt. „Die Gegen-Gewalt der einen ist die Gewalt, gegen die sich die anderen mit ihrer Gegen-Gewalt wenden werden. So lassen sich scheinbar in jeder Gewalt-Verkettung die Begriffe vertauschen: Was für die einen Gewalt ist, ist für die anderen nur Gegen-Gewalt, die als solche gerade nicht bloß Gewalt zu sein beansprucht."[19] Die Frage nach dem Anfang der Gewalt ist eigentlich nicht zu beantworten.[20] Da Gewalt immer erinnerbar bleibt, kann von einem „»Amselfeld« künftiger Gegengewalt"[21] gesprochen werden.

Harry Kaufmann stellt in seinem Prozessmodell aggressiven Verhaltens[22] einzelne Stufen von der Wahrnehmung eines äußeren Ereignisses bis zur (aggressiven) Handlungsausführung dar. Da der Prozess aggressiven Verhaltens in diesem Modell auf jeder Stufe unterbrochen werden kann, habe ich es in die weitere Theoriebildung und die Gestaltung des Lehr-Lernarrangements einbezogen.

---

[17] STRUMANN: In Psalmen der Gewalt begegnen. Schülerinnen und Schüler mit Unterstützungsbedarf in der emotionalen und sozialen Entwicklung überführen mit Hilfe der individuellen Klagepsalmen ihre Gewaltverflochtenheit in Sprache und setzen sich konstruktiv mit destruktiven und belastenden Emotionen auseinander, im Erscheinen. Herausgearbeitet aus: PETERMANN, FRANZ/KOGLIN, UTE: Aggression und Gewalt von Kindern und Jugendlichen, Berlin 2013, 34–50f.
[18] LIEBSCH, BURKHARD: Subtile Gewalt. Spielräume sprachlicher Verletzbarkeit. Eine Einführung, Weilerswist 2007, 128.
[19] LIEBSCH: Gewalt, 128.
[20] Vgl. STRUMANN: Psalmen.
[21] LIEBSCH: Gewalt, 129.
[22] KAUFMANN, HARRY: Definitions an methodology in the study of aggression, Psychological Bulletin 64 (1965), 351–364.

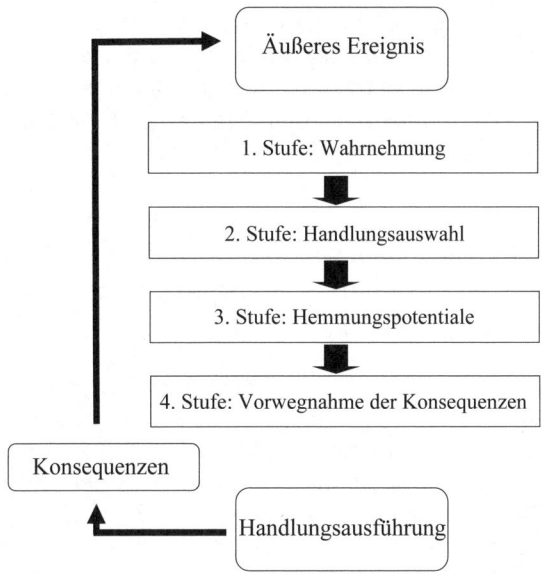

Abb. 3: *Darstellung des Prozessmodells aggressiven Verhaltens*[23]

3.2 Einblick in die systemisch-fachliche Analyse des Lerngegenstands

Abb. 4: *Darstellung des Einblicks in die systemisch-fachliche Analyse des Lerngegenstands*

---

[23] Darstellung aus: STRUMANN: Psalmen, nach: PETERMANN, FRANZ/PETERMANN, ULRIKE: Training mit aggressiven Kindern, 13., überarbeitete Aufl., Weinheim 2012, 71.

Die pädagogisch-psychologischen Ausführungen zur Gewaltverflochtenheit in den Schüler/-innenvoraussetzungen werden in der nun anschließenden systemisch-fachlichen Analyse durch eine systemisch-kommunikative, sprachwissenschaftliche und theologische Betrachtung der Gewaltdurchzogenheit der Kommunikation, der Sprache und der individuellen Klagepsalmen ergänzt.[24]

3.2.1 Kommunikation und Gewalt – Exklusion zum Zwecke der Inklusion in den Kommunikationsprozessen der funktional differenzierten Gesellschaft

In unserer heutigen, funktional differenzierten Gesellschaft befindet sich die im Fokus stehende Schüler/-innengruppe in einem regelrechten Spannungsfeld zwischen Inklusion und Exklusion. Die klaren Kriterien für den gesellschaftlichen und somit auch schulischen Ausschluss der früheren Gesellschaftsformen gelten nicht mehr, in Zeiten der Vollinklusion bedarf es Sonderregelungen.[25] „Abweichendes Verhalten ist jetzt nicht mehr Grund für Exklusion, sondern für Sonderbehandlung zum Zwecke der Inklusion."[26] Gutachten und Diagnosen rechtfertigen spezielle Maßnahmen, wie die separate Beschulung der hier im Fokus stehenden Schüler/-innengruppe. „Exklusion wird gleichsam in die Form von Inklusion gekleidet"[27], um weiterhin von Vollinklusion sprechen zu können. Aufgrund der „Mehrfachabhängigkeit von Funktionssystemen"[28] zieht der Ausschluss aus einem System allerdings auch den Ausschluss aus anderen nach sich. Viele dieser Heranwachsenden machen sogenannte „Exklusionskarrieren"[29].

Einige Jungen und männliche Jugendliche[30] fallen dabei durch stark gewalttätige Verhaltensweisen auf. „Aufgrund dieser gesellschaftlichen Aus-

---

[24] In dieser Ergänzung fasse ich zentrale Aspekte aus der systemisch-fachlichen Analyse des Lerngegenstands aus meiner Dissertation zusammen.
[25] Vgl. STRUMANN: Psalmen.
[26] LUHMANN, NIKLAS: Jenseits von Barbarei. In: LUHMANN, NIKLAS: Gesellschaftsstruktur und Semantik, Bd. 4, Frankfurt am Main 1995, 138–150, hier: 144.
[27] LUHMANN, NIKLAS: Soziologische Aufklärung 6. Die Soziologie und der Mensch, Wiesbaden 2008, 229.
[28] LUHMANN, NIKLAS: Die Gesellschaft der Gesellschaft, Frankfurt am Main 1998, 631.
[29] STICHWEH, RUDOLF: Die Weltgesellschaft. Soziologische Analysen, Frankfurt am Main 2000, 97.
[30] Jungen und männliche Jugendliche machen den größten Teil der Schülerschaft mit Unterstützungsbedarf in der emotionalen und sozialen Entwicklung aus. Vgl. u.a. STEIN, ROLAND/MÜLLER, THOMAS: Inklusion im Förderschwerpunkt emotionale und soziale Entwicklung, Stuttgart 2015, 61f.

grenzungsprozesse haben sie nichts mehr zu verlieren und richten ihre aggressiven Tendenzen offensiv nach außen."[31] Mit Gewalt scheinen diese exkludierten Jugendlichen Wahrnehmung zu erzwingen und Nichtberücksichtigung zu umgehen. „Diesen Gedanken weitergedacht, stellt Gewalt die inkludierende Macht Exkludierter dar."[32]

3.2.2 Sprache und Gewalt – Verletzungs- und Handlungsmacht der Sprache

Die verbale Gewalt stellt die häufigste schulische Gewaltform dar.[33] Besonders in wiederkehrenden verletzenden Interaktionsmustern wird die Verletzungsmacht der Sprache deutlich. „Die rituelle Wiederholbarkeit eröffnet sprachlicher Gewalt ein Wirkungsfeld, das weit über die einzelne Äußerung hinausgeht."[34]

Neben ihrer Verletzungsmacht besitzt die Sprache aber auch eine Handlungsmacht, die die sprachliche Gewalt unterbrechen kann. Diese Handlungsmacht wird erkennbar an „einem bestimmten, abweichenden Sprachgebrauch, dem es auch darum gehen muss, Macht anders auszuüben."[35] Zahlreiche Beispiele von Gewalt unterbrechenden Formen sprachlicher Handlungsmacht finden wir in den individuellen Klagepsalmen.

3.2.3 Individuelle Klagepsalmen und Gewalt – Der Schrei nach Gewalt und eine Gewalt überwindende Sprachmacht

In den Psalmen sind menschliche Erfahrungen in ihrer umfassenden Themenbreite zusammengefasst. Nichts wird ausgeklammert.[36] Die „Welt voller Feindschaft und Gewalt"[37], die sich in der vielgestaltigen Bildsprache der individuellen Klagepsalmen auftut, stellt ein starkes Identifikationsmerkmal für die im Fokus stehenden Kinder und Jugendlichen dar.[38] In dieser Gewalt blei-

---

[31] MÜLLER, CHRISTOPH: Aggression und Männlichkeiten: Geschlechtertheoretische Überlegungen zum Förderschwerpunkt Emotionale und Soziale Entwicklung. In: Zeitschrift für Heilpädagogik (1) 2014, 15–21, hier: 18.
[32] STRUMANN: Psalmen.
[33] Vgl. SCHUBARTH, WILFRIED: Gewaltprävention in Schule und Jugendhilfe, Neuwied 2000, 82.
[34] STRUMANN: Psalmen.
[35] LIEBSCH: Ende, 270.
[36] Vgl. STRUMANN: Psalmen.
[37] ZENGER, ERICH: Ein Gott der Rache? Feindpsalmen verstehen, Freiburg im Breisgau 1994, 7.
[38] In dem Motiv der Gewaltdurchzogenheit und deren Überwindung, dem verbindenden Element zwischen den Lernenden und dem Lerngegenstand, liegt die Chance dieses Vorhabens.

ben die individuellen Klagepsalmen aber nicht verhaftet. Im Klagen gegen Gewalt und Schreien nach Gewalt zeigt sich ihre Gewalt überwindende sprachliche Handlungsmacht. „Die Betenden sprechen also nicht nur, sondern sie *handeln* durch ihr Sprechen. Sie nehmen mit Gott Kontakt auf (anreden), sie protestieren gegen die gegenwärtigen schlechten Verhältnisse (klagen), sie machen Gott verantwortlich (anklagen) und versuchen, auf ihn einzuwirken (bitten)."[39]

Aspekte der in diesem Zitat angesprochenen sprachlichen Handlungsmacht habe ich für typische Elemente, „die in einem individuellen Klagepsalm vorkommen können, aber nicht alle zu finden sein müssen"[40], herausgearbeitet. Dabei wurde deutlich, dass die Sprachmacht der einzelnen Elemente unabhängig vom persönlichen Glauben der Klagenden ihre Wirksamkeit entfalten kann. So verhindert beispielsweise die Anrede / der Hilferuf, „ das kürzeste und zugleich theologisch bemerkenswerteste Element"[41], ins Jammern abzurutschen und sich in seiner Wut, seinem Selbstmitleid zu verlieren. Als Struktur gebendes Element geben Anrede und Hilferuf der Klage eine Zielrichtung, unabhängig davon, wer angerufen wird.[42]

---

[39] HIEKE, THOMAS: Schweigen wäre gotteslästerlich. Klagegebete – Auswege aus dem verzweifelten Verstummen. In: STEINS, GEORG (Hg.): Schweigen wäre gotteslästerlich. Die heilende Kraft der Klage, Würzburg 2000, 45–68, hier: 56.

[40] DE VOS, CHRISTIANE: Klage als Gotteslob aus der Tiefe. Der Mensch vor Gott in den individuellen Klagepsalmen, Tübingen 2005, 6f.. Siehe dazu auch meine zusammenfassende Kritik am Paradigma der Gattungsforschung in STRUMANN, Psalmen.

[41] HIEKE, Schweigen, 49.
Bemerkenswert, weil es alles andere als selbstverständlich ist, sich dann an Gott zu wenden, wenn man sich in seiner Sorge und Not von ihm verlassen fühlt, ihn möglicherweise für das Unheil verantwortlich macht. Vgl. STRUMANN, Psalmen.

[42] Weitere Aspekte einer Gewalt überwindenden Sprachmacht wurden in der systemisch-fachlichen Analyse meiner Arbeit zu allen typischen Elementen eines individuellen Klagepsalms herausgearbeitet. Vgl. STRUMANN, Psalmen.

3.3 Einblick in die stoffdidaktische Analyse des Lerngegenstands

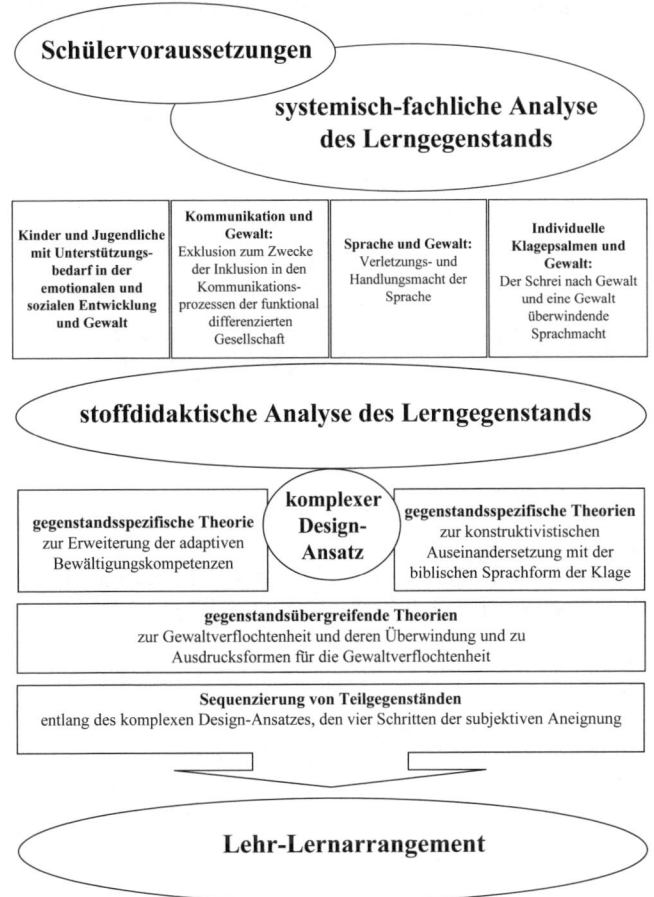

Abb. 5: *Darstellung des Einblicks in die stoffdidaktische Analyse des Lerngegenstands*

An die zuvor dargestellten Schüler/-innenvoraussetzungen und die Inhalte der systemisch-fachlichen Analyse knüpft die stoffdidaktische Analyse mit dem komplexen Designansatz, den gegenstandsspezifischen und gegenstandsübergreifenden Theorien an. In den folgenden Ausführungen werden die pädagogisch-psychologische, die systemisch-kommunikative, sprachwissenschaftliche und theologische Betrachtung des Motivs der Gewalt und deren Überwindung um eine didaktische Perspektive erweitert.

Neben der Darstellung des komplexen Design-Ansatzes fasse ich zentrale Aspekte aus zwei gegenstandsspezifischen Theorien und einem gegenstandsübergreifenden Ansatz zusammen.

3.3.1 Der komplexe Design-Ansatz

Als komplexen Design-Ansatz für die Entwicklung und Erforschung meines Lehr-Lernarrangements habe ich die vier Schritte der subjektiven Aneignung von Diethelm Wahl gewählt.[43]

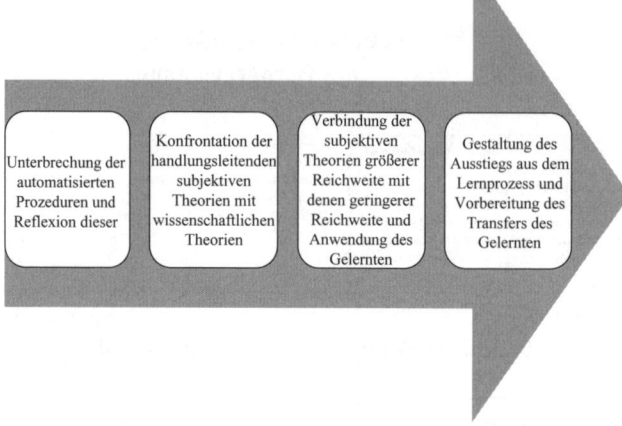

Abb. 6: *Skizze zu den vier Schritten der subjektiven Aneignung*[44]

Diese vier Schritte zur Gestaltung von erfolgreichen Lernumgebungen ermöglichen die Überwindung der vielfach zu beobachtenden Diskrepanz zwischen Wissen und Handeln.[45] Als Designansatz stellten sie die leitende Theorie für die Entwicklung und Erforschung meines Lehr-Lernarrangements dar.

---

[43] Vgl. WAHL, DIETHELM: Lernumgebungen erfolgreich gestalten. Vom trägen Wissen zum kompetenten Handeln, Bad Heilbrunn 2013, 31ff.
[44] Skizze nach WAHL: Lernumgebungen, 31ff.
[45] Wahl beschreibt eine Diskrepanz zwischen Wissen und Handeln. Diese führt er auf die unterschiedlichen Wirkungsgrade der subjektiven Theorien zurück. Er unterscheidet zwischen subjektiven Theorien geringer und größerer Reichweite.
Die *subjektiven Theorien geringerer Reichweite* sind handlungssteuernd, wegen „ihres hohen Verdichtungsgrades und wegen der Schnelligkeit des interaktiven Handelns", sind nur schwer zugänglich, uns selbst nur zum Teil bekannt und kaum veränderbar. WAHL: Lernumgebungen, 31.
Die *subjektiven Theorien größerer Reichweite* sind die uns zugänglichen, leicht veränderbaren Gedanken und Einstellungen, die allerdings „in der Regel keine zentrale Rolle beim »Handeln unter Druck«" spielen. WAHL: Lernumgebungen, 31.
In den vier Schritten werden die beiden unterschiedlichen subjektiven Theorien (geringerer und größerer Reichweite) zueinander in Beziehung gesetzt.

3.3.2 Gegenstandsspezifische Theorie zur konstruktivistischen Auseinandersetzung mit der biblischen Sprachform der Klage

Eine der gegenstandsspezifischen Theorien zur konstruktivistischen Auseinandersetzung mit der Klage ist Tanja Schmidts soziologisch-konstruktivistische Relecture von Baldermanns Psalmendidaktik.[46] Angelehnt an Luhmanns Systemtheorie arbeitet Schmidt die stabilisierende und wahrnehmungsfördernde Wirkung von Sprache aus Baldermanns Psalmendidaktik heraus:
Sprache ermöglicht es den diffusen psychischen Systemen, komplexe Gedankenstrukturen zu entwickeln. „Ohne diesen externen Bezug auf das Formenangebot der Sprache sind psychische Systeme der Diffusität ihrer Stimmungen und Gedanken unmittelbar ausgesetzt."[47]

Durch den Umgang mit der differenzierten und metaphernreichen Sprache der individuellen Klagepsalmen wird „die emotionale Wahrnehmungsfähigkeit Heranwachsender gefördert."[48] Je verweisungsreicher die Begriffs- und Vorstellungswelt ausgebildet ist, desto differenzierter kann auch das innere Erleben wahrgenommen werden.[49] Viele Konflikte von Schüler/-innen mit Unterstützungsbedarf in der emotionalen und sozialen Entwicklung können im Zusammenhang mit einer wenig differenzierten, oft verzerrten Wahrnehmung und einer fehlerhaften Interpretation von sozialen Situationen gebracht werden.[50]

3.3.3 Gegenstandsspezifische Theorie zur Erweiterung der adaptiven Bewältigungskompetenzen

Aufgrund der allgemein hohen Bedeutsamkeit von Resilienzfaktoren[51] und der besonderen Relevanz für in Gewaltzusammenhänge verflochtene Kinder und Jugendliche habe ich das Erlernen und Erproben neuer Bewältigungsstrategien zur Erweiterung der adaptiven Bewältigungskompetenzen als gegenstandsspezifische Theorie gewählt.

---

[46] Tanja Schmidt verortet Ingo Baldermanns Psalmendidaktik in der modernen Kommunikationstheorie.
[47] SCHMIDT: Bibel 129.
[48] Ebd., 130.
[49] Vgl. Ebd., 129f.
[50] Vgl. PETERMANN/PETERMANN: Training, 71 und STRUMANN, Psalmen.
[51] „Unter Resilienz wird die Fähigkeit von Menschen verstanden, Krisen im Lebenszyklus unter Rückgriff aus persönliche und sozial vermittelte Ressourcen zu meistern und als Anlass für Entwicklung zu nutzen." WELTER-ENDERLIN, ROSMARIE/HILDENBRAND, BRUNO (Hg.): Resilienz – Gedeihen trotz widriger Umstände, Heidelberg 2006, 13.
In verschiedenen Resilienzstudien kristallisierten sich sechs zentrale schützende Faktoren heraus: Selbstwahrnehmung, Selbststeuerung, Selbstwirksamkeit, Soziale Kompetenz, Adaptive Bewältigungskompetenzen und Problemlösen. Vgl. FRÖHLICH-GILDHOFF, KLAUS/RÖNNAU-BÖSE, MAIKE: Resilienz, 3. Aufl., München 2014, 40.

Viele Konflikte von Schüler/-innen mit Unterstützungsbedarf in der emotionalen und sozialen Entwicklung resultieren wie gerade beschrieben aus einer verzerrten Wahrnehmung sozialer Situationen. Einseitige, gefährdende und gewaltdurchzogene Bewältigungsmuster weisen auf die begrenzte Handlungsauswahl in sozialen Situationen hin und können mit der Zeit die Gewohnheitsstärke für aggressive Verhaltensweisen erhöhen.[52]

Die ersten beiden Stufen des Prozessmodells aggressiven Verhaltens und die Interventionen, die Ulrike und Franz Petermann in ihrem Training mit aggressiven Kindern für alle vier Stufen ergänzt haben,[53] stellen darum wichtige Ansatzpunkte für die Entwicklung des Lehr-Lernarrangements dar.

3.3.4 Gegenstandsübergreifende Theorie zu Ausdrucksformen für die Gewaltverflochtenheit

In einer der gegenstandsübergreifenden Theorien greife ich Bettina Uhligs Ausdrucksformen auf der Ebene des Symbolischen im und zum Umgang mit Verletzlichkeit und Gewalt auf.

„Wenn es gelingt, Aggressivität, Zerstörungswut, Destruktionspotenzial, aber auch Angst, Zurückweichen, Verletztlichsein auf der Ebene des Symbolischen in die Sichtbarkeit und ins Bewusstsein zu heben, bestehen Möglichkeiten der Kompensation von Gewalt und bestenfalls der Abwendung von Gewaltmustern."[54] Die vielfältigen Perspektiven und Deutungen, die sich über die symbolische Ebene eröffnen, laden zum Austausch und zur Diskussion ein und ermöglichen „analoge Situationen und Handlungsoptionen besser einzuschätzen und sich bewusst zu verhalten."[55]

---

[52] Vgl. u.a. PETERMANN/PETERMANN: Training, 71.
[53] Die ersten beiden Interventionen, die Ulrike und Franz Petermann in ihrem Training für aggressive Kinder dem Prozessmodell aggressiven Verhaltens zuordnen lauten: Veränderung der Wahrnehmungsgewohnheiten und Verringerung der Gewohnheitsstärke für aggressives Verhalten, vgl. PETERMANN/PETERMANN: Training, 71.
[54] UHLIG, BETTINA: „Linie um Linie…" Künstlerisch-ästhetische Ausdrucksformen im und zum Umgang mit Verletzlichkeit und Gewalt. In: PITHAN, ANNEBELLE/U. A. (Hg.), Verletzlichkeit und Gewalt. Ambivalenz wahrnehmen und gestalten. Forum für Heil- und Religionspädagogik Bd. 3, Münster 2005, 170–178, hier: 172.
[55] Ebd., 174.

3.3.5 Sequenzierung von Teilgegenständen für die Entwicklung des Lehr-Lernarrangements

Entlang des komplexen Design-Ansatzes[56] habe ich aus den gegenstandsspezifischen und gegenstandsübergreifenden Theorien, von denen einzelne zusammengefasst dargestellt wurden, Teilgegenstände sequenziert und das Lehr-Lernarrangement entwickelt.

Unterbrechung der automatisierten Prozeduren und Reflexion dieser	Konfrontation der handlungsleitenden subjektiven Theorien mit wissenschaftlichen Theorien	Verbindung der subjektiven Theorien größerer Reichweite mit denen geringerer Reichweite und Anwendung des Gelernten	Gestaltung des Ausstiegs aus dem Lernprozess und Vorbereitung des Transfers des Gelernten
Ausgrenzung und Bedrohung, Rachewünsche und Gewaltphantasien in den individuellen Klagepsalmen als Identifikationsmöglichkeit für die im Fokus stehende Schülergruppe	Auseinandersetzung mit den fremden Denk-, Sprach- und Handlungsmustern in den individuellen Klagepsalmen durch Probehandeln und Probedenken	Reflexion eigener Situationen des Klagens und Erprobung einer schriftlichen Form: das Psalmen-Schreiben	Betrachtung üblicher Bewältigungsstrategien bei destruktiven und belastenden Emotionen
Gestaltpädagogische Ausdrucksformen für die Offenlegung individueller Interpretationsmuster und automatisierter Prozeduren in der Auseinandersetzung mit Ausgrenzungserfahrungen und Rachewünschen in Psalmworten	Dialogische, kooperative Lerngelegenheiten	Psalmen entlang der kennengelernten Elemente aus dazugehörigen Psalmworten zusammensetzen	Überführung der Gewaltverflochtenheit in Sprache im Schreiben eigener Psalmen mit Hilfe der Struktur gebenden Elementen
	Kennenlernen typischer Elemente eines individuellen Klagepsalmes: gestaltpädagogische Auseinandersetzung mit den Funktionen und der Wirksamkeit dieser Elemente	Erprobung religiöser Sprachmuster und Erweiterung der religiösen Sprachfähigkeit	Erprobung des Psalmen-Schreibens und -Lesens als neue Bewältigungsstrategien bei destruktiven und belastenden Emotionen und zur konstruktiven Bearbeitung der eigenen Gewaltverflochtenheit
Wahrnehmung und Strukturierung des inneren Erlebens durch externen Bezug zur Sprachform der biblischen Klage	Auseinandersetzung und Erprobung einer fremden Bewältigungsstrategie: das Klagen in den individuellen Klagepsalmen		

Abb. 7: *Sequenzierung von Teilgegenständen für die Entwicklung des Lehr-Lernarrangements* [57]

---

[56] Die Bezeichnung der ersten beiden Schritte unterscheiden sich z.T. von der Skizze in Abb. 6, vgl. STRUMANN, Psalmen.
[57] Vgl. STRUMANN: Psalmen.

Zur Erforschung wurde das Lehr-Lernarrangement in ein Forschungsdesign überführt. Die aus jedem Durchführungszyklus gewonnenen, immer komplexer werdenden gegenstandsspezifischen lokalen Theorien zu den initiierten Lernprozessen, zu Lernendenperspektiven und die empirisch gestützten lokalen Theorien zu Aspekten einer Gewalt überwindenden Sprachmacht in den Schüler/-innenpsalmen flossen in den Lerngegenstand zurück.

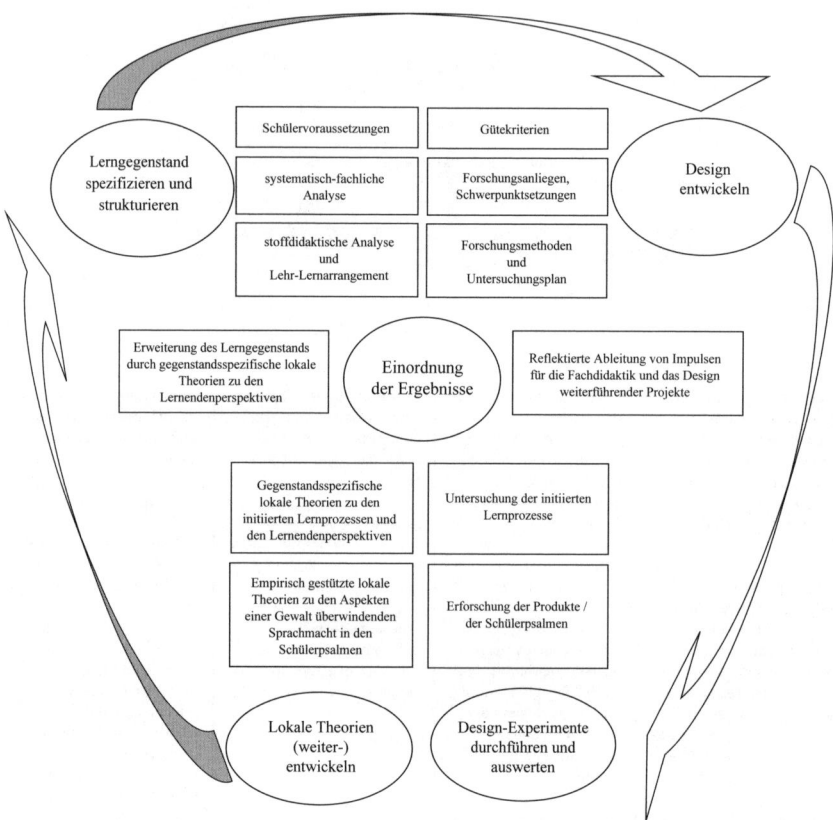

Abb. 8: *Darstellung des Zyklus*

In dem nun folgenden Resümee stelle ich die Erweiterung des Lerngegenstands um zentrale Erkenntnisse zu Lernendenperspektiven dar. Dabei reflektiere ich, ob durch das verbindende Motiv der Gewalt und deren Überwindung die Vorstellungen der Kinder und Jugendlichen vom Lerngegenstand abzugrenzen beziehungsweise dazu in Beziehung zu setzen sind.

4 Erweiterung des Lerngegenstands um Erkenntnisse zu Lernendenperspektiven

Nach Auswertung der drei Durchführungszyklen konnte ich den Lerngegenstand um gewonnene Erkenntnisse zu Lernendenperspektiven erweitern. Zentrale nun zu betrachtende Erkenntnisse betreffen zum einen die Wahrnehmungsgewohnheiten der Teilnehmenden in der Auseinandersetzung mit Gewalt und Gewalterfahrungen in Psalmworten und zum anderen ihre Erprobung des Psalmen-Schreibens und -Lesens zur Erweiterung ihrer Bewältigungskompetenzen.

4.1 Wahrnehmungsgewohnheiten in der Auseinandersetzung mit Gewalt und Gewalterfahrungen in Psalmworten

In der Untersuchung der initiierten Lehr-Lernprozesse wurde eine Vielzahl von Wahrnehmungsgewohnheiten sichtbar. Ein Großteil der Kinder und Jugendlichen nahm die Ausgrenzungs- und Bedrohungsszenen in den ersten beiden Psalmworten[58] wahr, zeichnete und beschrieb eigene Ausgrenzungs- und Bedrohungserfahrungen oder erfahrene körperliche Gewalt. Einige von ihnen schilderten wie sie die beschriebenen Situationen wenden und sich rächen konnten. Andere stellten sich als (unbeteiligte oder dem Täter nahestehende) Beobachter einer Ausgrenzungs- oder Bedrohungsszene dar. Eine weitere Gruppe nahm sich als Täter der im Psalmwort thematisierten Ausgrenzung und Bedrohung wahr und mied die Identifikation mit dem ausgegrenzten und bedrängten Psalmen-Ich. Diesen Kindern und Jugendlichen scheint in der Begegnung mit den Psalmworten bewusst geworden zu sein, dass auch sie gelegentlich „zu den Verursachern der in den Psalmen beklagten Leiden gehören."[59]

In der Auseinandersetzung mit dem Rachewunsch[60] und den Feindesgruppen der individuellen Klagepsalmen kamen bei allen Teilnehmenden, auch bei

---

[58] Im Hass gegen mich sind sich alle einig; sie tuscheln über mich und sinnen auf Unheil. Ps 41, 8 und Viele Hunde umlagern mich, eine Rotte von Bösen umkreist mich. Ps 22, 17.

[59] ZENGER, ERICH: Ein Gott der Rache? Feindpsalmen verstehen, Freiburg im Breisgau 1994, 161.

[60] Oh Gott, zerbrich ihnen die Zähne im Mund! Zerschlage, Herr, das Gebiß der Löwen! Ps 58, 7.

denjenigen, die sich zuvor zu den Tätern zählten, Ausgrenzungs- und Gewalterfahrungen zur Sprache.[61]

Das gewählte Motiv ermöglichte allen Kindern und Jugendlichen – unabhängig von ihrem persönlichen (Un-)Glauben – einen ersten Zugang zum Lerngegenstand. Einzelne Interpretationsmuster in der Auseinandersetzung mit Ausgrenzungserfahrungen in den Psalmworten lassen sich von erwarteten Reaktionen – wie der Identifikation mit dem ausgegrenzten und bedrängten Psalmen-Ich – abgrenzen. Die sichtbar gewordene Vielzahl an Wahrnehmungsgewohnheiten kann aber in ihrer Gänze zum Lerngegenstand in Beziehung gesetzt werden.

4.2 Erweiterung der Bewältigungskompetenzen durch die Erprobung des Psalmen-Schreibens als eine mögliche neue Bewältigungsstrategie

Die Teilnehmenden aller drei Zyklen ließen sich auf das Erproben des Psalmen-Schreibens und -Lesens ein. Besonders aufschlussreich sind die Themen, mit denen sie sich im Sprachraum ihrer Psalmen auseinandersetzten. In der fokussierten Erforschung der Schüler/-innenpsalmen konnte ich folgende Formen der Gewaltverflochtenheit markieren:

„Zentrale Themen der Gewaltverflochtenheit in den Klagen:
– In 61 Psalmen klagen die Teilnehmenden über unkontrollierbare Affekte: über ihre Wut, ihre Aggressivität, das Ausflippen.
– In 43 Psalmen konnten Klagen über negative und belastende Stimmungen markiert werden.
– In 29 Psalmen befinden sich Klagen über Schuld und Schuldgefühle.

In den Klagen wird deutlich, was (welche Emotionen) das Verhalten anderer bei den Kindern und Jugendlichen auslöst:
– In 69 Psalmen ist von Wut, Hass und Kontrollverlust die Rede.
– In 24 Psalmen werden Angst, Verzweiflung und Traurigkeit als Reaktion auf das Verhalten anderer genannt.
– In 23 Psalmen bringen die Teilnehmenden Rachegedanken und Gewaltphantasien zum Ausdruck.

Zentrale Themen der Gewaltverflochtenheit in den Bitten:
– In 94 Psalmen bitten die Kinder und Jugendlichen, dass die Anderen sich besser verhalten (sie nicht mehr schlagen, beleidigen oder ausgrenzen).

---

[61] Vgl. STRUMANN, Psalmen.

– In 93 Psalmen habe ich Bitten um eine bessere Selbstregulation gefunden.
– In 16 Psalmen bitten die Teilnehmenden um Vergebung.
– 11 Psalmen beinhalten Bitten um Rache."[62]

5 Resümee

In ihren eigenen Psalmen haben die Teilnehmenden ihre Gewaltverflochtenheit in Sprache überführt und sich mit ihren destruktiven und belastenden Emotionen konstruktiv auseinandergesetzt. Die Vorstellungen der Kinder und Jugendlichen können so in Beziehung zum Lerngegenstand gesetzt werden, mehr noch: An ihren Psalmen wird deutlich, dass die Teilnehmenden sich mit ihren Vorstellungen, mit ihrer Gewaltverflochtenheit, ihrer Wut, ihren Sorgen und Nöten in den individuellen Klagepsalmen wiederfinden. Unabhängig von ihrem persönlichen (Un-)Glauben haben sie dieses abweichende Sprachmuster aufgegriffen, um ihre Gewaltverflochtenheit zu unterbrechen (vgl. 3.2.).[63]

Durch diese andere normative Form der Sachstrukturen[64] unterscheiden sich die (meisten) religionspädagogischen Spezifizierungen und Strukturierungen der Lerngegenstände im Forschungs- und Nachwuchskolleg FUNKEN von vielen anderen Fachdidaktiken. Trotz der einleitend geschilderten Schwierigkeiten spreche ich mich für diese theologischen Strukturen als Ausgangspunkt der Spezifizierung und Strukturierung von religionspädagogischen Lerngegenständen aus,[65] weil ich wie Reis und Schwarzkopf „immer noch von der bildenden Kraft bestimmter christlicher Gegenstände überzeugt"[66] bin.

---

[62] STRUMANN: Psalmen.
[63] Die Frage nach der *persönlichen Gottesbeziehung der Teilnehmenden* konnte und wollte ich im Rahmen meines Projektes nicht beantworten. „Die Realität dieser Beziehung erscheint nur in der sprachlichen Form, in der Gott adressiert wird. Diese Form wird von den Heranwachsenden authentisch ausgefüllt. Gott stellt in ihren Psalmen eine sprachliche Realität dar." STRUMANN: Psalmen.
[64] In diesem Fall auch durch das verbindende Motiv der Gewalt und deren Überwindung.
[65] Und dies „trotz ihrer Vorläufigkeit und Unterlegenheit gegenüber dem persönlichen (Un-)Glauben" REIS/SCHWARZKOPF: Diagnostik, 114.
[66] REIS/SCHWARZKOPF: Diagnostik, 114. Vgl. auch: RUSTER, THOMAS/REIS, OLIVER: Kann man Religion überhaupt lehren? Das trinitarische Lernprogramm des christlichen Glaubens. In: Herder Korrespondenz Spezial: Glauben lehren? Zur Zukunft des Religionsunterrichts, Freiburg i. Br. 2013, 14–18.

Literatur

AUSBILDUNGSORDNUNG SONDERPÄDAGOGISCHE FÖRDERUNG – AO-SF.
DE VOS, CHRISTIANE: Klage als Gotteslob aus der Tiefe. Der Mensch vor Gott in den individuellen Klagepsalmen, Tübingen 2005.
FRÖHLICH-GILDHOFF, KLAUS/RÖNNAU-BÖSE, MAIKE: Resilienz, 3. Aufl., München 2014.
GÄRTNER, CLAUDIA: Einführung in Fachdidaktische Entwicklungsforschung aus religionsdidaktischer Perspektive, in diesem Band.
HIEKE, THOMAS: Schweigen wäre gotteslästerlich. Klagegebete – Auswege aus dem verzweifelten Verstummen. In: STEINS, GEORG (Hg.): Schweigen wäre gotteslästerlich. Die heilende Kraft der Klage, Würzburg 2000, 45–68.
KAUFMANN, HARRY: Definitions an methodology in the study of aggression, Psychological Bulletin 64 (1965), 351–364.
LIEBSCH, BURKHARD: Subtile Gewalt. Spielräume sprachlicher Verletzbarkeit. Eine Einführung, Weilerswist 2007.
LUHMANN, NIKLAS: Soziologische Aufklärung 6. Die Soziologie und der Mensch, Wiesbaden 2008.
LUHMANN, NIKLAS: Die Gesellschaft der Gesellschaft, Frankfurt am Main 1998.
LUHMANN, NIKLAS: Jenseits von Barbarei. In: LUHMANN, NIKLAS: Gesellschaftsstruktur und Semantik, Bd. 4, Frankfurt am Main 1995, 138–150.
MÜLLER, CHRISTOPH: Aggression und Männlichkeiten: Geschlechtertheoretische Überlegungen zum Förderschwerpunkt Emotionale und Soziale Entwicklung. In: Zeitschrift für Heilpädagogik (1) 2014, 15 – 21.
PETERMANN, FRANZ/PETERMANN, ULRIKE: Training mit aggressiven Kindern, 13., überarbeitete Aufl., Weinheim 2012.
PETERMANN, FRANZ/KOGLIN, UTE: Aggression und Gewalt von Kindern und Jugendlichen, Berlin 2013.
PREDIGER, SUSANNE/U. A.: Lehr-Lernprozesse initiieren und erforschen. Fachdidaktische Entwicklungsforschung im Dortmunder Modell. In: MNU (2012), Heft 65/8, 452–457.
REIS, OLIVER/SCHWARZKOPF, THERESA: Diagnostik im Religionsunterricht. Konzeptionelle Grundlagen und Praxiserprobungen, Berlin 2015.
RUSTER, THOMAS/REIS, OLIVER: Kann man Religion überhaupt lehren? Das trinitarische Lernprogramm des christlichen Glaubens, In: Herder Korrespondenz Spezial: Glauben lehren? Zur Zukunft des Religionsunterrichts, Freiburg im Breisgau 2013, 14–18.
SCHMIDT, TANJA: Die Bibel als Medium religiöser Bildung. Kulturwissenschaftliche und religionspädagogische Perspektiven, Göttingen 2008.
SCHUBARTH, WILFRIED: Gewaltprävention in Schule und Jugendhilfe, Neuwied 2000.
STEIN, ROLAND/MÜLLER, THOMAS: Inklusion im Förderschwerpunkt emotionale und soziale Entwicklung, Stuttgart 2015.
STICHWEH, RUDOLF: Die Weltgesellschaft. Soziologische Analysen, Frankfurt am Main 2000.
STRUMANN, BARBARA, In Psalmen der Gewalt begegnen. Schülerinnen und Schüler mit Unterstützungsbedarf in der emotionalen und sozialen Entwicklung überführen mit Hilfe der individuellen Klagepsalmen ihre Gewaltverflochtenheit in Sprache und setzen sich konstruktiv mit destruktiven und belastenden Emotionen auseinander, im Erscheinen.
UHLIG, BETTINA: „Linie um Linie…" Künstlerisch-ästhetische Ausdrucksformen im und zum Umgang mit Verletzlichkeit und Gewalt. In: PITHAN, ANNEBELLE/U. A. (Hg.), Verletzlichkeit und Gewalt. Ambivalenz wahrnehmen und gestalten. Forum für Heil- und Religionspädagogik Bd. 3, Münster 2005.

WAHL, DIETHELM: Lernumgebungen erfolgreich gestalten. Vom trägen Wissen zum kompetenten Handeln, Bad Heilbrunn 2013.
WELTER-ENDERLIN, ROSMARIE/HILDENBRAND, BRUNO (Hg.): Resilienz – Gedeihen trotz widriger Umstände, Heidelberg 2006.
ZENGER, ERICH: Ein Gott der Rache? Feindpsalmen verstehen, Freiburg im Breisgau 1994.

Zyklisches Arbeiten als hilfreiches Gerüst im Forschungsprozess. Ein Werkstattbericht

David Faßbender

1. Zyklisches Arbeiten in der Fachdidaktische Entwicklungsforschung – Auch ein sich entwickelnder Forschungsprozess?

Fachdidaktische Entwicklungsforschung – der Name verdeutlicht die Doppelfunktion eines Forschungsansatzes, der zum einen Grundlagenforschung und so einen Beitrag zur Theorieentwicklung, zum anderen Entwicklungsarbeit und so konkrete Produkte für die unterrichtliche Praxis hervorbringen möchte.[1] Die Verbindung dieser beiden Aspekte soll dazu beitragen, die eingangs dieses Bandes von Gärtner dargestellte Lücke zwischen Theorie und Praxis zu verringern. Zugleich ist die Fachdidaktische Entwicklungsforschung im Dortmunder Modell dadurch gekennzeichnet, dass Forschung und Entwicklung iterativ und vernetzt sind, womit ein Unterschied zu linear verlaufenden Forschungen besteht.[2] In diesem Zusammenhang kann der Begriff des „Entwickelns" auch auf den Forschungsprozess selber angewandt werden. Im Verlauf dessen findet eine stetige Weiterentwicklung, ein Gestalten, Verändern und Optimieren des zu erforschenden Lerngegenstandes, des Forschungsdesigns, gegebenenfalls auch des Erkenntnisinteresses statt.

Während die vorherigen Beiträge zu diesem Sammelband explizite Fragestellungen und Herausforderungen in der Planung von Forschungsvorhaben in der Fachdidaktischen Entwicklungsforschung zum Thema hatten, sollen hier das für die Fachdidaktische Entwicklungsforschung im Dortmunder „Forschungs- und Nachwuchskolleg Fachdidaktische Entwicklungsforschung zu diagnosegeleiteten Lehr-Lernprozessen" (FUNKEN) typische und im einleitenden Artikel von Gärtner bereits kurz beschriebene zyklische Modell ge-

---

[1] Vgl. HUßMANN, STEPHAN/U. A.: Gegenstandsorientierte Unterrichtsdesigns entwickeln und erforschen. Fachdidaktische Entwicklungsforschung im Dortmunder Modell. In: KOMOREK, MICHAEL/PREDIGER, SUSANNE (Hg.): Der lange Weg zum Unterrichtsdesign. Zur Begründung und Umsetzung fachdidaktischer Forschungs- und Entwicklungsprogramme (Fachdidaktische Forschungen 5), Münster 2013, 25–42, hier: 29.
[2] Vgl. ebd., 30.

nauer erläutert, spezifische Fragestellungen in den einzelnen Phasen aufgezeigt und so Vorteile und Herausforderungen, insbesondere in Hinblick auf religionsdidaktische Forschung, betrachtet werden. Veranschaulicht wird dies abschließend am Beispiel eines Forschungsvorhabens im Bereich der Gleichnisdidaktik.[3] So soll auch aufgezeigt werden, auf welche Weise eine Entwicklung im Forschungsprozess selbst geschehen kann.

2. Die einzelnen Arbeitsbereiche des Forschungszyklus

2.1 *Lerngegenstände spezifizieren und strukturieren*

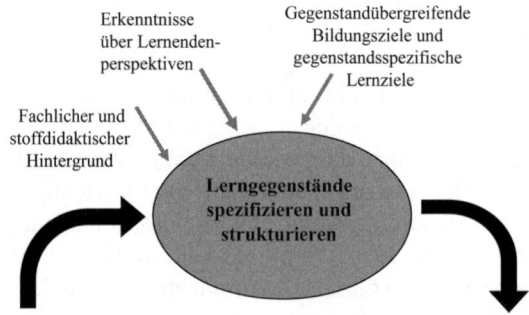

Abb. 1: *Der erste Arbeitsbereich im Forschungsprozess*[4]

Der Arbeitsbereich „Lerngegenstände spezifizieren und strukturieren" stellt in der Regel den Einstieg in ein Forschungsvorhaben und somit in das zyklische Arbeiten dar, zugleich ist ein spezifizierter und strukturierter Lerngegenstand auch als ein Ziel der Forschung anzusehen. Fachdidaktische Entwicklungsforschung im Dortmunder Modell versteht sich besonders als lerngegenstandsorientiert, weshalb in diesem Schritt eine grundlegende Ausdifferenzierung des Lerngegenstandes erfolgen muss, bevor hieraus ein entsprechendes Lehr-

---

[3] Dabei handelt es sich um ein noch laufendes Dissertationsprojekt im Rahmen des Dortmunder FUNKEN-Kollegs.

[4] Aus PREDIGER, SUSANNE/U. A.: Lehr-Lernprozesse initiieren und erforschen – Fachdidaktische Entwicklungsforschung im Dortmunder Modell. In: Der mathematische und naturwissenschaftliche Unterricht 65 (2012), 452–457, 454, leicht verändert nach http://www.mathematik.uni-dortmund.de/~prediger/veroeff/12-Prediger_et_al_MNU_FUNKEN_Webversion.pdf, 4. [7.9.2017].

Lern-Arrangement für die Designexperimente entwickelt werden kann.[5] Anders als vielleicht angenommen werden kann, sind Lerngegenstände nicht als gegeben anzunehmen, bloß weil beispielsweise Themen und Zielsetzungen in Curricula festgeschrieben sind oder anderweitig normativ gesetzt wurden, gleichwohl auch diese Anhaltspunkte für die Wahl eines Unterrichtsgegenstandes und seine Spezifizierung und Strukturierung herangezogen werden können.[6] Lerngegenstände dürfen hierbei nicht als reine Lerninhalte verstanden werden, sondern müssen im Sinne der Kompetenzorientierung immer mit einer bestimmten Tätigkeit, mit welcher sie bearbeitet werden, gekoppelt sein.[7]

Neben gegenstandsübergreifenden Bildungszielen und gegenstandsspezifischen Lernzielen gilt es hier außerdem die Lernendenperspektive mit zu berücksichtigen, was zu Beginn eines Forschungsvorhabens mitunter nicht möglich ist, wenn diese zuvor nicht bereits im Rahmen anderer Studien erfasst wurden, so dass diese erst in weiteren Zyklen anhand selbst generierter Erkenntnisse berücksichtigt werden können.[8] Bereits hier wird ein Vorteil des zyklischen Arbeitens der Fachdidaktischen Entwicklungsforschung für die Religionsdidaktik deutlich, denn in vielen Bereichen fehlen entsprechende empirische Erkenntnisse zu gegenstandsspezifischen Lernendenperspektiven.[9]

---

[5] Vgl. PREDIGER/U. A.: Lehr-Lernprozesse, 453f.
[6] In diesem Zusammenhang sei auf die grundsätzliche religionsdidaktische Frage nach Themen und Inhalten des Religionsunterrichts hingewiesen, wie sie beispielsweise im Jahrbuch für Religionspädagogik 2011 diskutiert wurde. Vgl. ENGLERT, RUDOLF/U. A. (Hg.): Was sollen Kinder und Jugendliche im Religionsunterricht lernen? (JRP 27), Neukirchen-Vluyn 2011.
[7] Vgl. REIS, OLIVER/SCHWARZKOPF, THERESA: Diagnose religiöser Lernprozesse. In: DIES. (Hg.): Diagnose im Religionsunterricht. Konzeptionelle Grundlagen und Praxiserprobung, Berlin 2015, 15-120, hier: 46.
[8] Vgl. PREDIGER/U. A.: Lehr-Lernprozesse, 454.
[9] Vgl. zum gegenwärtigen Stand empirischer Unterrichtsforschung in der Religionspädagogik ENGLERT, RUDOLF/REESE-SCHNITKER, ANNEGRET: Varianten korrelativer Didaktik im Religionsunterricht – Eine Essener Unterrichtsstudie. In: BAYRHUBER, HORST/U. A. (Hg.): Empirische Fundierung in den Fachdidaktiken (Fachdidaktische Forschungen 1), Münster 2011, 59-74, hier: 61f. Zugleich können und sollten selbstverständlich auch solche Erkenntnisse und Theorien über die allgemeine Glaubensentwicklung von Kindern und Jugendlichen oder ihre Gottesvorstellungen mit berücksichtigt werden, beispielsweise seien hier nur genannt: OSER, FRITZ/GMÜNDER, PAUL: Der Mensch – Stufen seiner religiösen Entwicklung. Ein strukturgenetischer Ansatz, Gütersloh ³1992; FOWLER, JAMES W.: Stufen des Glaubens. Die Psychologie der menschlichen Entwicklung und die Suche nach Sinn, Gütersloh 1991; oder MAULL, IBTISSAME YASMINE: Gottesbilder und Gottesvorstellungen vom Kindes- zum Jugendalter. Eine qualitativ-empirische Längsschnittuntersuchung, Göttingen 2017.

Für die Spezifizierung des Lerngegenstandes formulieren Prediger u. a.. folgende Leitfragen:

- „Was soll überhaupt gelernt werden und mit welchen Schwerpunktsetzungen?
- Welche Bildungsgehalte sind bei der Formulierung der Themen zu akzentuieren?
- Wie muss der Lerngegenstand genau konstruiert werden, um eine adäquate Vermittlung zwischen fachsystematischer und individueller Perspektive zu ermöglichen?"[10]

Ebenso werden Fragen zur Strukturierung des Lerngegenstandes formuliert:

- „Durch welche Kontexte, Anschauungen oder Perspektiven können lernförderliche Anknüpfungspunkte an die Vorerfahrungen der Lernenden gefunden werden?
- Auf welche Weise muss der Lerngegenstand selbst ggf. verändert bzw. neu strukturiert werden, damit er erlernbar wird?
- Welche Sequenzierung in Teilgegenstände ermöglicht nach welchen Design-Prinzipien Lernpfade, die für die Lernenden zugänglich sind?"[11]

Insbesondere diese Fragen zur Strukturierung des Lerngegenstandes machen deutlich, dass ein zyklisches Forschen, welches auch dazu dienen kann Gelingensbedingungen aber eben auch Hürden im Lehr-Lernprozess zu erkennen, notwendig ist, um Veränderungen vorzunehmen, so Lösungsansätze zu erproben und im Idealfall zu stetigem Erkenntnisgewinn auf der einen Seite und einem verbesserten Entwicklungsprodukt auf der anderen Seite zu gelangen.

---

[10] PREDIGER/U. A.: Lehr-Lernprozesse, 454.
[11] Ebd.

2.2 Design (weiter-)entwickeln

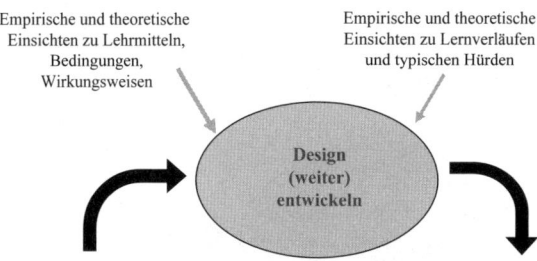

Abb. 2: *Der zweite Arbeitsbereich im Forschungsprozess*[12]

Sind die grundlegenden Überlegungen zum Lerngegenstand gemacht und dieser spezifiziert und strukturiert, so können konkrete Lehr-Lern-Arrangements erarbeitet werden, mit denen die späteren Experimente durchgeführt werden können. Zwar ist die Entwicklung von Lehr-Lern-Arrangements stets auch ein kreativer Akt, der nicht bloß aus theoretischen Überlegungen heraus geschieht, dennoch fließen auch in diesen Prozess empirische und theoretische Erkenntnisse zu Lehr- und Lernmitteln, Methoden, Bedingungen und Wirkungsweisen mit ein.[13] Gerade dort, wo wenig fachdidaktisches Wissen in diesem Bereich vorhanden ist, wie es in der Religionsdidaktik der Fall ist, steigt das Maß an notwendiger Kreativität sowie der explorative Charakter der Untersuchung.[14]

Auch in den zentralen Fragestellungen, die in dieser Arbeitsphase zu bedenken sind, wird deutlich, inwiefern ein zyklisches Forschungsvorhaben sinnvoll ist, um in diesem Zusammenhang zu tragfähigen Entscheidungen und Erkenntnissen zu gelangen:

- „Welche Lernaktivitäten sollen nach welchen Design-Prinzipien mit welchen Aufgabestellungen für welche Ziele initiiert werden?
- Mit welchen Lehr-Lernmitteln können die Prozesse unterstützt werden?

---

[12] Aus ebd., leicht verändert nach http://www.mathematik.uni-dortmund.de/~prediger/veroeff/12-Prediger_et_al_MNU_FUNKEN_Webversion.pdf, 5. [7.9.2017].
[13] Vgl. ebd., 454.
[14] Vgl. ebd. Dies soll zugleich nicht bedeuten, dass es in der religionsdidaktischen Praxis nicht eine Vielzahl an guten Methoden und Lehr- und Lernmitteln gibt, welche auch in entsprechender Literatur veröffentlicht werden und an denen sich bei der Gestaltung konkreter Lehr-Lern-Arrangements orientiert werden kann, allerdings muss festgestellt werden, dass eine Vielzahl hiervon nicht oder nur unzureichend empirisch erforscht ist, auch dann, wenn sie selber auf theoretischen Grundannahmen basieren. Vgl. beispielsweise RENDLE, LUDWIG (Hg.): Ganzheitliche Methoden im Religionsunterricht, München ^{7}2017; NIEHL, FRANZ W./THÖMMES, ARTHUR: 212 Methoden für den Religionsunterricht, München 2014.

- Wie können typische Hürden auf den Lernpfaden der Schülerinnen und Schüler umgangen oder überwunden werden?"[15]

2.3 Design-Experimente durchführen und auswerten

Abb. 3: *Der dritte Arbeitsbereich im Forschungsprozess*[16]

In einem weiteren Schritt werden nun die zum Lerngegenstand entwickelten Lehr-Lern-Arrangements in Design-Experimenten erprobt. Hierbei können unterschiedlichste Dokumentations- und Forschungsmethoden zum Einsatz kommen, die entsprechend der gewählten Lernumgebung (Laborsituation/Klassensetting) und dem gewünschten Erkenntnisinteresse ausgewählt werden müssen.

Gerade dann, wenn zu einem Lerngegenstand im Vorfeld wenige Erkenntnisse vorhanden sind, empfiehlt es sich früh erste Design-Experimente durchzuführen. Hier kann die Tragfähigkeit der vorgenommenen Strukturierung sowie des entwickelten Lehr-Lern-Arrangements überprüft werden und somit erste Erkenntnisse für spätere Zyklen gewonnen werden; tiefergehende Untersuchungen erfolgen dann in späteren Zyklen.[17] Für die religionsdidaktische Forschung sollte hier insbesondere die Lernendenperspektive bezüglich des Lerngegenstandes im Vordergrund des Forschungsinteresses stehen, da mögliche Lerngewinne schwer festzustellen sind.

Zu einzelnen forschungsmethodischen Fragestellungen und der Notwendigkeit Entscheidungen in diesen Bereichen treffen zu müssen, gehen die vorherigen Beiträge in diesem Band ausgiebig ein, weshalb hier auf ihre Darstellung verzichtet wird.[18]

---

[15] PREDIGER/U. A.: Lehr-Lernprozesse, 454.
[16] Aus ebd., 455, leicht verändert nach http://www.mathematik.uni-dortmund.de/~prediger/veroeff/12-Prediger_et_al_MNU_FUNKEN_Webversion.pdf, 5. [7.9.2017].
[17] Vgl. ebd.
[18] Insbesondere die Beiträge von Blanik und Strumann.

2.4 Lokale Theorien zu Lehr-Lernprozessen (weiter) entwickeln

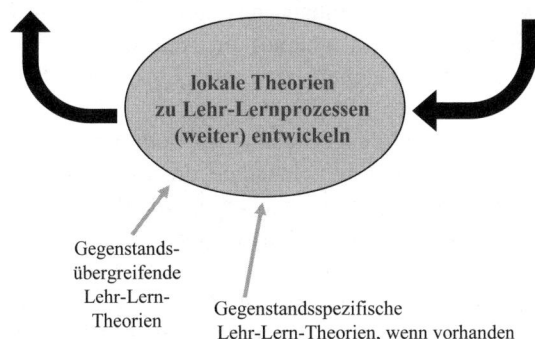

Abb. 4: *Der vierte Arbeitsbereich im Forschungsprozess*[19]

Die Phase der lokalen Theorieentwicklung stellt neben der Entwicklung eines Lehr-Lern-Arrangements mit samt der Spezifizierung und Strukturierung des entsprechenden Lerngegenstandes den Weg hin zur zweiten Zielsetzung der Fachdidaktischen Entwicklungsforschung dar. Die aus der Auswertung der Design-Experimente gewonnenen Erkenntnisse zu Verläufen, Hürden, Gelingensbedingungen des Designs sowie zu Lernendenperspektiven können hier zurückbezogen werden auf die in der ersten Phase des Zyklus herangezogenen Theorien, sofern diese vorhanden waren, diese bestätigen, erweitern oder revidieren.[20] Steht ein nachfolgender Zyklus an, so werden diese Erkenntnisse in den weiteren Forschungsverlauf mit einbezogen. Verfestigen sich Erkenntnisse im Verlauf weitere Zyklen oder fügen sich diese passend in bereits bestehende Theorien ein, so kann hierbei von einer tatsächlichen Theorieentwicklung gesprochen werden. „*Lokal* bleibt die Theorie dabei im doppelten Sinn, weil sie ganz bewusst gegenstandsspezifisch bleibt und nur begrenzt beansprucht, auf andere Lerngegenstände übertragbar zu sein."[21]

---

[19] Aus PREDIGER/U. A.: Lehr-Lernprozesse, 455, leicht verändert nach http://www.mathematik.uni-dortmund.de/~prediger/veroeff/12-Prediger_et_al_MNU_FUNKEN_Webversion.pdf, 6. [7.9. 2017].
[20] Vgl. ebd.
[21] Ebd., 455f (Hervorhebung im Original).

3. Werkstattbericht zum Forschungsvorhaben

Konkretisiert werden soll dies anhand des bereits erwähnten Forschungsprojekts in der Gleichnisdidaktik, welches im Rahmen des FUNKEN-Kollegs durchgeführt wird und in welchem zum jetzigen Zeitpunkt drei Forschungszyklen stattgefunden haben.

Zu Beginn des Forschungsvorhabens im Sommer 2015 war kein klarer Lerngegenstand formuliert. Vielmehr stand die Idee der Binnendifferenzierung im inklusiven Religionsunterricht durch Bibeltexte in Leichter Sprache für Förderschüler/-innen im Fokus.[22] „Mit Leichter Sprache wird eine barrierefreie Sprache bezeichnet, die sich durch einfache, klare Sätze und ein übersichtliches Schriftbild auszeichnet. Sie ist deshalb besser verständlich, besonders für Menschen mit Lernschwierigkeiten oder mit Behinderungen."[23] Um beispielhaft untersuchen zu können, ob der parallele Einsatz von Bibeltexten der Einheitsübersetzung, als für den Regelunterricht der weiterführenden Schulen vorgesehene Übersetzung, und Bibeltexten in Leichter Sprache möglich ist, benötigte es daher zunächst einen konkreten Lerngegenstand, für welchen Texte und ein entsprechendes Forschungssetting entwickelt werden konnten.

Ausgehend von den Lehrplänen der weiterführenden Schulen in NRW für die Jahrgangsstufen 5/6 wurden im neutestamentlichen Bereich Texte der Gattung „Gleichnisse" als geeignetes Textmaterial ausgewählt. Die Texte selber stellten hierbei nicht alleine den Lerngegenstand dar. Da jeder Inhalt auch mit einer entsprechenden Tätigkeit verknüpft werden muss, wurde das Verstehen von Gleichnistexten im ersten Zyklus als Lerngegenstand betrachtet, wobei hierbei vor allem die inhaltliche Zusammenfassung der jeweiligen Gleichnisse in den Blick genommen wurde, um mögliche Unterschiede zwischen der Bearbeitung anhand unterschiedlicher Textgestaltungen erkennbar zu machen. Im Gegensatz zu anderen Lerngegenständen existieren zum Gleichnisverständnis von Schüler/-innen bereits einige religionsdidaktische Erkenntnisse

---

[22] Zur Leichten Sprache im Zusammenhang mit Bibeltexten vgl. KatBl 142 (2017). Heft 4: Leichte Sprache. Insbesondere: FAßBENDER, DAVID: Voll schwer?! Bibeltexte in Leichter Sprache für den inklusiven RU. In: KatBl 142 (2017), 277–280; sowie ders.: Barrierefreie Bibel. Bibeltexte in Leichter Sprache für Menschen mit Lernschwierigkeiten. In: Pastoralblatt für die Diözesen Aachen, Berlin, Essen, Hildesheim, Köln und Osnabrück 66 (2014), 259–265.

[23] MINISTERIUM FÜR ARBEIT, SOZIALES, GESUNDHEIT, FAMILIE UND FRAUEN DES LANDES RHEINLAND-PFALZ, REFERAT REDEN UND ÖFFENTLICHKEITSARBEIT (Hg.): Leichte Sprache. Leitfaden für die Erstellung von Briefen und Veröffentlichungen im Ministerium für Arbeit, Soziales, Gesundheit, Familie und Frauen 2008. Verfügbar gewesen unter: http://lb.rlp.de/fileadmin/landesbehindertenbeauftragter/LeitfadenLeichteSprache.pdf. Zuletzt geprüft am 27. Juni 2013 (derzeit nicht mehr verfügbar).

und Theorien.[24] In der anschließenden Auseinandersetzung mit dem aktuellen Theoriestand im Bereich der Gleichnisdidaktik und dem allgemeinen religionsdidaktischen Prinzip der Elementarisierung wurden vier geeignete Gleichnisse für den Unterricht ausgesucht und exegetisch bearbeitet, um anschließend Übersetzungen in Leichter Sprache vorzunehmen.[25] Gleichzeitig wurde zunächst folgende Forschungsfrage formuliert:

In welcher Weise ist der parallele Einsatz von Gleichnistexten in Leichter Sprache und Texten der Einheitsübersetzung im inklusiven Religionsunterricht so möglich, dass sich auf dieser Basis im Unterrichtsgeschehen ein gemeinsames Kommunikationsgeschehen vollzieht?

Als Kommunikationsgeschehen wurde hierbei das gegenseitige Austauschen über zuvor in Einzelarbeit erarbeitete Fragen verstanden, welche für alle Schüler/-innen inhaltlich gleich waren, allerdings ebenfalls zusätzlich in Leichter Sprache gestellt wurden. Als Designelement wurde zur Unterstützung dieses Prozesses das Placemat ausgewählt und an das Vorhaben angepasst, welches die Struktur des zunächst Einzeln-Arbeitens und späteren gemeinsamen Erarbeitens einer zentralen Aussage des jeweiligen Gleichnistextes verdeutlichen sollte.[26] Die von den Schüler/-innen zu bearbeitenden Fragen wurden hierbei auf Grundlage der von Müller formulierten „Ebenen des Verständnisses von Gleichnistexten" entwickelt, welche die gleichwertige Mehrdeutigkeit von Gleichnissen berücksichtigen, allerdings vor allem auf den Aspekt „Gleichnisse sind Geschichten", also die jeweilige Bildebene der Gleichnisse thematisierten.[27]

Anhand der Aufzeichnungen der Design-Experimente des ersten Zyklus, welche im Sommer 2016 stattfanden, konnten zwar keine deutlichen Unterschiede im Textverständnis auf Basis der unterschiedlichen Textgestaltungen

---

[24] In diesem Fall die durchaus unterschiedlichen Positionen zum geeigneten Zeitpunkt der Thematisierung von Gleichnistexten hinsichtlich des Alters von Schüler/-innen bei Baldermann und Bucher. Vgl. BALDERMANN, INGO: Einführung in die Bibel, Göttingen ⁴1991, 179–186; DERS.: Gottes Reich – Hoffnung für Kinder, Neukirchen-Vluyn 1991, 81–95; BUCHER, ANTON A.: Gleichnisse verstehen lernen. Strukturgenetische Untersuchungen zur Rezeption synoptischer Parabeln (Praktische Theologie im Dialog 5), Freiburg (Schweiz) 1990; Ebenso herangezogen wurde HERMANS, CHRIS: Wie werdet Ihr die Gleichnisse verstehen? Empirisch-theologische Forschung zur Gleichnisdidaktik (Theologie & Empirie 12), Kampen/Weinheim 1990.

[25] Hierbei handelt es sich um die folgenden vier Gleichnisse aus dem Lukasevangelium: Lk 13,1–9 (Vom unfruchtbaren Feigenbaum), Lk 14,7–11 (Von der Sitzordnung beim Hochzeitsmahl), Lk 15,1–7 (Vom verlorenen Schaf) und Lk 15,8–10 (Von der verlorenen Drachme).

[26] Vgl. FREUDENBERGER-LÖTZ, PETRA: Theologische Gespräche mit Jugendlichen. Erfahrungen – Beispiele – Anleitungen. Ein Werkstattbuch für die Sekundarstufe, München/Stuttgart 2012, 109f.

[27] Vgl. MÜLLER, PETER: Gleichnisse Jesu, In: BÜTTNER, GERHARD/U. A. (Hg.): Handbuch Theologisieren mit Kindern. Einführung – Schlüsselthemen – Methoden, München/Stuttgart 2014, 214–216.

festgestellt werden, allerdings blieben bei allen Schüler/-innen theologische Deutungen der Gleichnistexte weitgehend aus, was auch auf eine starke Fokussierung der Frageanlässe im Hinblick auf die bildliche Ebene der Gleichnisse zurückgeführt wurde.[28]

Aus diesem Grund wurde für den zweiten Zyklus stärker das religionsdidaktische Konzept des Theologisierens mit Kindern/Jugendlichen mitberücksichtigt und hierfür ausgehend von der Exegese und Elementarisierung der Gleichnistexte mögliche Gesprächsverläufe erarbeitet, um so auf auftretende kindertheologische Deutungen im Gespräch seitens der Lehrperson/des Forschers zu reagieren.[29] In der Auswertung des zweiten Zyklus stellten sich hier ansatzweise übertragene Bedeutungszuschreibungen der Bildebene seitens der Schüler/-innen ein, die anhand der Analyse durch Kategorisierung von Schüler/-innen-Aussagen sichtbar gemacht werden konnten. Hieraus ergab sich, rückgebunden an das Kompetenzstufenmodells des Gleichnisverständnisses nach Bucher sowie die Kompetenzerwartungen der Lehrpläne NRW im Bereich der Urteilskompetenz eine weitere Ausdifferenzierung des Lerngegenstandes hin zur Fokussierung auf die Übertragung von der Bild- zur Sachebene von Gleichnissen, anstelle des bloßen inhaltlichen Verständnisses der Bildebene der Gleichnisse.[30] Hierbei sollte nicht nur das reine Identifizieren der Sachebene von Gleichnissen, sondern im Sinne der Urteilskompetenz eine individuelle oder aktuelle Bedeutungszuschreibung der Gleichnistexte geschehen.

Zur Verbesserung der Möglichkeit einer solchen Übertragung und Bedeutungszuschreibung wurde für den dritten Zyklus der Kontext der jeweiligen Gleichniserzählungen mit hinzugenommen und Veränderungen an den jeweiligen Aufgabenstellungen vorgenommen. Zwar ließen sich im dritten Zyklus deutlich mehr Übertragungen der Bild- zur Sachebene feststellen, allerdings bleibt eine individuelle oder aktuelle Bedeutungszuschreibung der Gleichnistexte weitgehend aus, weshalb für den vierten und aller Voraussicht nach letzten Zyklus in den Design-Experimenten mit konkreten aktuellen Anforderungssituationen gearbeitet werden soll, welche derzeit entwickelt werden.

Hinsichtlich der ursprünglich zu Beginn des Forschungsvorhabens gestellten Forschungsfrage musste bereits früh festgestellt werden, dass keine fundierten Aussagen getroffen werden können: In keinem der bisherigen Zyklen

---

[28] Der Zeitpunkt der Durchführung von Design-Experimenten im ersten Zyklus widerspricht im vorliegenden Forschungsbeispiel der oben erwähnten Empfehlung, diese möglichst früh durchzuführen, was auf die Genese des Forschungsvorhabens und die damit verbundenen aufwendigen Vorarbeiten zurückzuführen ist.

[29] Die Empfehlung die unterschiedlichen Positionen Baldermanns und Buchers mithilfe des Konzeptes der Kindertheologie zu überbrücken formulierte schon Mette in METTE, NORBERT: Kinder und Gleichnisse. In: FRANKEMÖLLE, HUBERT (Hg.): Die Bibel: das bekannte Buch – das fremde Buch, Paderborn 1994, 185–200, 197–200.

[30] Vgl. BUCHER: Gleichnisse, 42.

konnte ein deutlicher Unterschied im Textverständnis zwischen den Schüler/-innen, welche die Texte der Einheitsübersetzung gelesen haben, und jenen Schüler/-innen mit Förderbedarf, welche die Texte in Leichter Sprache als Grundlage hatten, festgestellt werden.[31]

Dennoch konnten anhand eines deskriptiven Herangehens in der Analyse des vorhandenen Datenmaterials Veränderungen hinsichtlich des Lerngegenstandes und Designs im Laufe der Zyklen vorgenommen werden, die die Entwicklung und Verbesserung einer Lernumgebung zum Theologisieren mit Kindern/Jugendlichen im Kontext des Thematisierens von Gleichnissen in den Fokus des Erkenntnisinteresses des Forschungsvorhabens nehmen. Hierbei zeigte sich beispielsweise, dass die Rolle der Lehrperson in lenkender Weise bei theologischen Gesprächen mit Kindern/Jugendlichen und eine entsprechende Auseinandersetzung mit möglichen Beurteilungen von Gleichnistexten der Schüler/-innen eine entscheidende Grundlage für den Lehr-Lern-Prozess darstellen.

Hinsichtlich der zweiten Zielsetzung Fachdidaktischer Entwicklungsforschung, der Theoriebildung, wird hierbei ein Erkenntnisgewinn bezüglich der Lernendenperspektive im Hinblick auf Gleichnisverständnis und Bedeutungszuschreibung im Kontext kindertheologischer Erarbeitungen erwartet.

4. Fazit

Forschung im zyklischen Modell entwickelt sich, sie ist ein stetiger Prozess hin zu einem möglichst hohen Erkenntnisgewinn über möglichst praxistaugliche und theoretisch begründbare Entwicklungsprodukte; dies wurde in diesem Beitrag deutlich. Abschließend seien daher Vorteile und Hürden der Arbeit im zyklischen Modell der Fachdidaktischen Entwicklungsforschung zusammengefasst.

Zyklisches Arbeiten als Lernchance
Nicht nur die (Weiter-)Entwicklung von Designs und lokaler Theorien oder die (Re-)Strukturierung von Lerngegenständen sind Schritte, die sich im Zuge der Arbeit im zyklischen Modell vollziehen. Auch die forschende Person entwickelt sich weiter, wie es vermutlich bei jedem/jeder Forscher/-in in jedem

---

[31] Dies kann verschiedene Ursachen haben, über die nur spekuliert werden kann. Möglich ist, dass an den in Laborsettings durchgeführten Design-Experimente eine zu geringe Anzahl an Schüler/-innen mit Förderbedarf teilgenommen hat, ebenso wie ein bereits im Hinblick auf diese Frage ausreichend entwickeltes Design-Element mit den Bibeltexten in Leichter Sprache im ersten Zyklus vorhanden gewesen sein könnte.

Forschungsprozess der Fall ist. Die Möglichkeiten des fortschreitenden Erkenntnisgewinnes, des Wahrnehmens von Hürden und Gelingensbedingungen sowie der Veränderung und Anpassung erscheinen in dem zyklischen Vorgehen der Fachdidaktischen Entwicklungsforschung allerdings besonders geeignet für Nachwuchsforscher/-innen. Ihnen kann das Modell ein hilfreiches Gerüst im Forschungsprozess sein.

Explorative Untersuchungen auf unbekanntem Terrain
In der Religionsdidaktik dominieren „große" Theorien, wie es Gärtner im einleitenden Artikel formuliert hat. In vielen Bereichen ist die Religionsdidaktik, wie viele der theologischen Disziplinen, sehr normativ – eine empirische Religionsdidaktik steckt noch immer in den Kinderschuhen. Gerade hier bietet eine explorative Untersuchung von Lernprozessen eine gute Möglichkeit zunächst Hürden und Gelingensbedingungen spezifischer, lerngegenstandsorientierter Lern-Lehr-Arrangements zu beschreiben und im selben Forschungsvorhaben mögliche Konsequenzen für eine Weiterentwicklung dieser Settings und einer tragfähige Theorieentwicklung zu ziehen.

Praxis und Theorie zusammenbringen
Das zyklische Vorgehen im Prozess der Fachdidaktischen Entwicklungsforschung zeichnet sich dadurch aus, dass es nicht eine nur einmalige Begegnung zwischen Wissenschaftler/-innen und Praktiker/-innen gibt. Gerade hierdurch besteht die Möglichkeit praxistaugliche Entwicklungsprodukte sowie fundierte lokale Theorien der Forschung zu entwickeln, da der Forschungsprozess im Idealfall erst dann abgeschlossen wird, wenn ein notwendiges Maß an Sättigung im Veränderungspotential der jeweiligen Phasen des Zyklus erreicht ist.

Wann ist die Forschung beendet?
Genau dieser Aspekt, dass eine Sättigung im Veränderungspotential der jeweiligen Phasen des Zyklus erreicht sein sollte, damit ein Forschungsprojekt zu einem Abschluss kommt, kann allerdings auch als Schwierigkeit verstanden werden. Zu welchem Zeitpunkt ist diese Sättigung erreicht? Veränderungen und Verbesserungen können vermutlich immer vorgenommen werden, entscheidend ist es, zu erkennen, wann es genug ist. Hier haben auch zeitliche Ressourcen einen Einfluss, so dass im Rahmen der Fachdidaktischen Forschung im Dortmunder FUNKEN-Kolleg zumeist vier bis fünf Zyklen durchgeführt werden.

Komplexe Forschungsgenese darstellen
Zuletzt sei noch auf eine Herausforderung bezüglich des zyklischen Arbeitens hingewiesen. Die in diesem Beitrag dargestellten und mehrfach iterativ am Ende eines Forschungsvorhabens durchlaufenen Phasen erfordern eine Viel-

zahl an Entscheidungen im Forschungsverlauf. Diese Entscheidungen angemessen zu begründen und die ihnen zugrunde liegenden Erkenntnisse und Zwischenergebnisse angemessen im Sinne eines transparenten Forschungsvorhabens darzustellen, erfordert großen Aufwand und Anstrengungen.

Literatur

BALDERMANN, INGO: Einführung in die Bibel, Göttingen ^{4}1991.
BALDERMANN, INGO: Gottes Reich – Hoffnung für Kinder, Neukirchen-Vluyn 1991.
BUCHER, ANTON A.: Gleichnisse verstehen lernen. Strukturgenetische Untersuchungen zur Rezeption synoptischer Parabeln (Praktische Theologie im Dialog 5), Freiburg (Schweiz) 1990.
ENGLERT, RUDOLF/U. A. (Hg.), Was sollen Kinder und Jugendliche im Religionsunterricht lernen? (JRP 27), Neukirchen-Vluyn 2011.
ENGLERT, RUDOLF/REESE-SCHNITKER, ANNEGRET: Varianten korrelativer Didaktik im Religionsunterricht – Eine Essener Unterrichtsstudie. In: BAYRHUBER, HORST/U. A. (Hg.): Empirische Fundierung in den Fachdidaktiken (Fachdidaktische Forschungen 1), Münster 2011, 59–74.
FAßBENDER, DAVID: Voll schwer?! Bibeltexte in Leichter Sprache für den inklusiven RU. In: KatBl 142 (2017), 277–280.
FAßBENDER, DAVID: Barrierefreie Bibel. Bibeltexte in Leichter Sprache für Menschen mit Lernschwierigkeiten. In: Pastoralblatt für die Diözesen Aachen, Berlin, Essen, Hildesheim, Köln und Osnabrück 66 (2014), 259–265.
FOWLER, JAMES W.: Stufen des Glaubens. Die Psychologie der menschlichen Entwicklung und die Suche nach Sinn, Gütersloh 1991.
FREUDENBERGER-LÖTZ, PETRA: Theologische Gespräche mit Jugendlichen. Erfahrungen – Beispiele – Anleitungen. Ein Werkstattbuch für die Sekundarstufe, München/Stuttgart 2012.
HERMANS, CHRIS: Wie werdet Ihr die Gleichnisse verstehen? Empirisch-theologische Forschung zur Gleichnisdidaktik (Theologie & Empirie 12), Kampen/Weinheim 1990.
HUßMANN, STEPHAN/U. A.: Gegenstandsorientierte Unterrichtsdesigns entwickeln und erforschen. Fachdidaktische Entwicklungsforschung im Dortmunder Modell. In: KOMOREK, MICHAEL/PREDIGER, SUSANNE (Hg.): Der lange Weg zum Unterrichtsdesign. Zur Begründung und Umsetzung fachdidaktischer Forschungs- und Entwicklungsprogramme (Fachdidaktische Forschungen 5), Münster 2013, 25–42.
KatBl 142 (2017). Heft 4: Leichte Sprache.
MAULL, IBTISSAME YASMINE: Gottesbilder und Gottesvorstellungen vom Kindes- zum Jugendalter. Eine qualitativ-empirische Längsschnittuntersuchung, Göttingen 2017.
METTE, NORBERT: Kinder und Gleichnisse. In: FRANKEMÖLLE, HUBERT (Hg.): Die Bibel: das bekannte Buch – das fremde Buch, Paderborn 1994, 185–200.
MINISTERIUM FÜR ARBEIT, SOZIALES, GESUNDHEIT, FAMILIE UND FRAUEN DES LANDES RHEINLAND-PFALZ, REFERAT REDEN UND ÖFFENTLICHKEITSARBEIT (Hg.): Leichte Sprache. Leitfaden für die Erstellung von Briefen und Veröffentlichungen im Ministerium für Arbeit, Soziales, Gesundheit, Familie und Frauen 2008. Verfügbar gewesen unter: http://lb.rlp.de/fileadmin/landesbehindertenbeauftragter/LeitfadenLeichteSprache.pdf. Zuletzt geprüft am 27. Juni 2013 (derzeit nicht mehr verfügbar).

OSER, FRITZ/GMÜNDER, PAUL: Der Mensch – Stufen seiner religiösen Entwicklung. Ein strukturgenetischer Ansatz, Gütersloh ³1992.

MÜLLER, PETER: Gleichnisse Jesu, In: BÜTTNER, GERHARD/U. A. (Hg.): Handbuch Theologisieren mit Kindern. Einführung – Schlüsselthemen – Methoden, München/Stuttgart 2014, 214–216.

NIEHL, FRANZ W./THÖMMES, ARTHUR: 212 Methoden für den Religionsunterricht, München 2014.

PREDIGER, SUSANNE/U. A.: Lehr-Lernprozesse initiieren und erforschen – Fachdidaktische Entwicklungsforschung im Dortmunder Modell. In: Der mathematische und naturwissenschaftliche Unterricht 65 (2012), 452–457, online verfügbar unter: http://www.mathematik.uni-dortmund.de/~prediger/veroeff/12-Prediger_et_al_MNU_FUNKEN_Webversion.pdf, 4. Zuletzt geprüft am 07. September 2017.

REIS, OLIVER/SCHWARZKOPF, THERESA: Diagnose religiöser Lernprozesse. In: DIES. (Hg.): Diagnose im Religionsunterricht. Konzeptionelle Grundlagen und Praxiserprobung, Berlin 2015, 15–120.

RENDLE, LUDWIG (Hg.): Ganzheitliche Methoden im Religionsunterricht, München ⁷2017.

III. Aus- und Außenblick

Learning in Motion. Didaktische Entwicklungsforschung im Horizont religionsdidaktischer und praktisch-theologischer Theoriebildung

Hubertus Roebben

Einleitung

Im ersten Beitrag dieses Bandes geht Claudia Gärtner mit Recht davon aus, dass die Forschung bezüglich religiöser Bildungsprozesse einer stärkeren Verankerung im Wechselspiel von Theorie und Praxis bedarf. Dabei sollten vor allem die Dignität der Praxis und die „Weisheit des Praktikers" (Heinz-Elmar Tenorth) so valorisiert werden, dass eine präzisere und validere Theoriebildung erfolgen kann. Im „Zwischenraum zwischen ‚großen' Lehr-Lern-Theorien und Einzelfallbeobachtungen"[1] – zwei Extreme, in denen die Religionsdidaktik sich üblicherweise situiert – befinden sich die Forschungsbeiträge des Dortmunder Konzeptes der religionsdidaktischen Entwicklungsforschung, die in diesem Band dokumentiert werden. In jenem Zwischenraum lassen sich theoriegeleitete Lehr-Lern-Arrangements und praxisorientierte Reflexion als Prozess zusammenschmieden. Neue Unterrichtsmaterialien und neue lokale Theorien sind die Produkte dieses Vorgehens. In meinem Beitrag zeige ich (1.) die Stärken des Konzeptes an und dynamisiere (2.) dort, wo das Konzept (oft in Übereinstimmung mit der Evaluation der Entwicklungsforscher/-innen selbst) noch ausbaufähig ist, einige zentrale religionsdidaktische Voraussetzungen des Konzeptes im Hinblick auf 'unentdeckte Potenziale"[2] und konkrete Verbesserungsvorschläge für Unterricht und Forschung. Im letzten Teil (3.) versuche ich, diese Potenziale und Vorschläge praktisch-theologisch einzuholen und zu reflektieren.

Ausgangspunkt meiner Überlegungen ist die kritische Annahme, dass die religionsdidaktische Entwicklungsforschung sich bewusster mit „Entwicklung" auseinandersetzen muss, oder genauer noch mit ‚Entwicklung in Zeit

---

[1] GÄRTNER, CLAUDIA: Einführung in Fachdidaktische Entwicklungsforschung aus religionsdidaktischer Perspektive, in diesem Band.
[2] Ebd.

und Raum'. Ich meine hiermit, dass sie sich selbst noch mehr als eine Form von Bildungsforschung verstehen sollte, die es wagt *zeitliche* Veränderung (in Schüler/-innen, Lehrer/-innen und im Objekt des Lernens!) kräftiger zu explizieren und es ebenso wagt, kräftiger über die Kommunikation der Partner *vor Ort* in diesem Veränderungsprozess zu berichten. ‚Learning in motion' bedeutet erstens, dass Lernen konstant (zeitlich und räumlich) in Bewegung ist, und zweitens das Lernen lediglich in der (kommunikativen) Bewegung stattfinden kann. Ohne bewegungsbewusste Partizipant/-innen – *without change agents* – kein Lernen. Dass bezüglich dieser Annahme ebenfalls Grenzen aufgezeigt werden können, wird hoffentlich im Fazit deutlich.

1 Entwicklungsforschung: Ein vielversprechendes Konzept

Das Konzept der Entwicklungsforschung wird im Dortmunder FUNKEN-Kolleg in unterschiedlichen fachspezifischen Kontexten didaktisch durchgeführt, kollegial diskutiert, theoretisch reflektiert und in Dissertationen (und andersartigen Forschungsberichten) dokumentiert. In diesem Band berichten die Autor/-innen über die Anwendung des Konzeptes im Rahmen ihrer unterschiedliche Unterrichtsthemen und Schulformen. Die zentralen Merkmale dieses Unterrichts- und Forschungsvorgehens wurden bereits im einführenden Beitrag von Claudia Gärtner erwähnt. Ich wiederhole sie hier erneut und hoffe, damit die inhärente und nachhaltige Stärke des Konzeptes zu betonen.

- Diese Bildungsforschung ist *interventionist*. Man spricht davon, dass Kinder und Jugendliche in diesem Forschungsformat dort ‚abgeholt werden, wo sie sind'. Dabei werden sie in ihren Schulbiographien, ihren Lernvoraussetzungen und persönlichen Differenzen wahrgenommen und zugleich als Subjekte des Lernens ernstgenommen: Bildlich gesprochen werden sie von ihrem aktuellen Standpunkt abgeholt und mitgenommen an einen ihnen (noch!) unbekannten Ort. Hier wird ein Bildungsangebot geschaffen, im Sinne einer „sinnstiftenden Kommunikation"[3] mit der Welt, mit anderen und mit sich selbst, damit eine Aneignung-im-Selbst durch die herausfordernde Vermittlung-des-Fremden stattfinden kann.
- Die Forschung hat einen *iterativen Prozesscharakter*. Immer wieder muss sich der/die Lehrer/-in, der/die zugleich Forscher/-in ist, der Tatsache vergewissern, ob das Lehr-Lern-Material angemessen ist bzw. ob optimie-

---

[3] Das fünfte der zehn Merkmale guten Unterrichts gemäß MEYER, HILBERT: Was ist guter Unterricht?, Berlin ^{6}2009.

rende Veränderungen im Sinne von Akzeptanz, Vertiefung, kritischer Bewertung und Transfer des Gelernten notwendig sind. Diese zyklische Prozessorientierung passt ausgezeichnet zu den neueren kompetenzorientierten Didaktikentwürfen, Rahmenlehrplänen und Schulbüchern des Religionsunterrichts.

– Praxis und Theorie setzen einander wechselseitig voraus. In dem erwähnten „Zwischenraum zwischen ‚großen' Lehr-Lern-Theorien und Einzelfallbeobachtungen" entstehen kleine, aber ‚ehrliche' *lokale Theorien* für den Religionsunterricht. Das Standardformat des iterativen Zyklus' lässt eine intensive Verknüpfung von Theorie und Praxis optimal zu: Der Lerngegenstand wird spezifiziert und strukturiert, das Lehr-Lern-Design wird im Hinblick auf die Adressaten entwickelt, die Design-Experimente werden durchgeführt und ausgewertet und zum Schluss in lokale Theorien umgesetzt.

– Das Konzept ist *lerngegenstandorientiert*, dies heißt, dass der Gegenstand (Sache) optimal und ständig – also iterativ – an die Lernenden (Personen) angepasst werden muss, damit sie auch ‚ankommen' kann.[4] Schüler/-innen werden in diesem Konzept in Lernsettings hineingeführt, in denen es tatsächlich etwas zu lernen gibt. Dieses ‚gibt' ist allerdings nicht einfach geschenkt, es setzt eine Anstrengung oder Leistung des Lernenden voraus, auch in dem paradoxen Fall, dass es spezielle Lernhilfen gibt. So behauptet David Faßbender zum Beispiel, dass „auch Bibeltexte in Leichter Sprache […] noch so schwierig sein [müssen], dass sie Lernanlässe bieten."[5]

– Und zuletzt sei betont, dass es sich bei dieser Entwicklungsforschung um *vernetzte* Forschung handelt. Sie soll eine „ecological validity" aufzeigen, das heißt, sie soll in dem natürlichen Lernumfeld der Lernenden stattfinden, in dem es zumindest Vernetzungen zwischen Lernenden, Lehrpersonal und Gegenstand (die Elemente der traditionellen Trias) gibt, in dem aber auch der konkrete Kontext des Lernumfeldes (Schule, Elternhaus, Peergroup, soziale Medien, usw.) den Lernprozess entscheidend prägt. Im folgenden Abschnitt meines Beitrags wird hoffentlich deutlich, dass gerade diese explizite Kontextualisierung oder Verortung der Entwicklungsforschung in Zeit und Raum (siehe die Annahme oben) oft fehlt und dass damit die Veränderung zwar klinisch-sauber, aber nicht immer ökologisch-valide, durchgeführt, dokumentiert und ausgewertet werden kann. Im einführenden Übersichtsartikel erwähnt auch Claudia Gärtner diese Lücke. Genau hier liegt meines Erachtens die zentrale Herausforderung für die religionsdidaktische Entwicklungsforschung.

---

[4] Vgl. ROEBBEN, BERT: Schulen für das Leben. Eine kleine Didaktik der Hoffnung, Stuttgart 2016, 71–75.

[5] FAßBENDER, DAVID: Voll schwer?! Bibeltexte in Leichter Sprache für den inklusiven Religionsunterricht. In: Katechetische Blätter 142 (2017), 277–280, hier: 279.

2 Religionsdidaktische Horizonterweiterung

Die intersubjektive Dimension des Lernens, das ‚Immer bewegliche Lernen'/ ‚Forschen in der Gegenwart des Anderen' in einem geteilten Lernkontext (als ‚gelebter' Klassenraum im Gegensatz zur ‚klinischen' Laborsituation), sollte im Rahmen der Entwicklungsforschung dynamisiert werden, damit die ursprüngliche Bedeutung des viel versprechenden Konzeptes besser zum Tragen kommt. Elemente wie ‚gelebte' Kontext, ‚gelebte' Kommunikation und „gelebte" Veränderung verdienen in diesem Zusammenhang grundsätzlich mehr Aufmerksamkeit.

Neue Erkenntnisse diesbezüglich können über die Forschungsarbeit des norwegischen Religionsdidaktikers Geir Afdal gewonnen werden. Er hat aufgrund theoretischer Konzepten von Charles Taylor und Yrjö Engeström religiöses Lernen als „social practice" definiert. Religiöse Bildung (als Praxis) und Forschung über religiöse Bildung (als Theorie) gehören zusammen und bilden ein gemeinsames „activity system", das in einer „community of practice" (woran sich sowohl Lernende, Lehrende als auch Forschende beteiligen) gelebt, gelernt, ausgetauscht, erforscht und evaluiert werden kann.[6] Hier auf das Anliegen der Entwicklungsforschung angewandt: diese Forschung sollte „empirically engaged, theoretically reflected and *dialogically* interpretive" sein.[7] Mit Afdal konzentrieren wir uns auf das dritte Element – meines Erachtens ‚the missing link' – in der bisherigen Entwicklungsforschung.

Die soziale Wirklichkeit des Lebens und des Lernens ist permanent „in motion". Traditionelle Forschungstechniken sind oft nicht angemessen, um solche Veränderungen in Zeit und Raum zu sondieren. Afdal behauptet, dass die Sozialwissenschaften (inkl. Bildungswissenschaft) dringend neue Forschungsmethoden brauchen, die über „observing and understanding stable orders" hinausgehen.[8] „Participatory action research" ist für Afdal die favorisierte konkrete Gestalt solcher Forschung.[9] Um zu beschreiben, auszuwerten und zu verstehen, was im gemeinsam „gelebten" Religionsunterricht genau passiert, ist die intersubjektive Auseinandersetzung und Berichterstattung aller am Unterricht Teilhabenden über ihre Erfahrungen in dieser „shared world"[10] notwendig. Diese partizipatorische Vorgehensweise ermöglicht,

> „[…] that the different voices involved in the determination of direction (included the voices of the researchers) are identified, and clashes between them are regarded as an opportunity to get toward a clearer view of the contradictions. Such

---

[6] Vgl. AFDAL, GEIR: Researching Religious Education as Social Practice, Münster/New York, 2010, 49–67.
[7] Ebd., 86.
[8] YRJÖ ENGESTRÖM, zitiert in AFDAL: Researching Religious, 50.
[9] Ebd., 17–18.
[10] Vgl. CHARLES TAYLOR, zitiert in AFDAL: Researching Religious, 29–33.

an approach does not eliminate the power relations and constraints at play, but it helps demystify them and potentially to rearrange them by capitalizing on grey areas of uncertainty."[11]

In solchen Grauzonen müssen also alle Beteiligten bei der Definierung, der Durchführung, der Evaluation und der Reflexion des Bildungsprozesses bewusst präsent sein, um gemeinsam feststellen zu können, wie sie sich selbst als Subjekte des Lernens verändern und wie sich das Objekt des Lernens während des Prozesses verändert bzw. verändert wird. Afdal behauptet, dass in einem bestimmten *Fach* (wie dem Religionsunterricht) die spezifischen *Inhalte*[12] und die eigenen *Methodiken* („tools" und „mediating artefacts", wie z. B. biblische Erzählungen, performative Ausdrucksformen, kirchenpädagogische Erkundungen, Diakoniearbeit usw.) das *Objekt* des Lernens mit immer neuen Bedeutungen anreichern. *Veränderung* ist hier erneut das zentrale Stichwort:

> „On the one hand objects are holding the pieces and bits of social practices together; they give activity systems their directions, purpose and motivations. On the other hand, objects are 'runaway objects', never fixed and open to change. In a setting of religious education this means that the object, what we perhaps could call 'students' religious understanding' is never fixed. It changes as a result of the processes in the activity system. An interesting conflict arises when there is a contradiction between new objects and old tools."[13]

Die intersubjektiv geteilte Klärung und Verständigung der Fachinhalte entwickelt sich dynamisch in und durch den fachdidaktisch geplanten Lernprozess zu einem neu komponierten Lernobjekt, welches dann wiederum Anlass für neue Lernprozesse gibt. Meiner Meinung nach sollte gerade diese dynamisch-intersubjektive Gestalt der Bedeutungsvergewisserung des Gelernten („Was haben *wir* heute gelernt?") expliziter in der religionsdidaktischen Entwicklungsforschung betont und ausgearbeitet werden. Im Folgenden versuche ich kurz herauszukristallisieren, was dies für die didaktische Trias (Schüler/-in, Lehrer/-in, Lerninhalt) bedeutet.

Die Schüler/-innen gehören von Anfang an zu den Mit-Bestimmenden des Prozesses und ‚verhandeln' durch ihre aktive Präsenz, wie und was tatsächlich gelernt wird. Divergente Meinungsbilder (zum einen zwischen Schüler/-innen untereinander und zum anderen zwischen Lehrer/-in und Schüler/-innen) über

---

[11] ENGESTRÖM, zitiert in AFDAL: Researching Religious, 65.
[12] Z. B. die biblische Theologie in der Forschung von Faßbender und Strumann, sowie in der systematischen Theologie in der Forschung von Blanik, Gärtner und Schwarzkopf in diesem Band.
[13] AFDAL: Researching Religious, 55. Der Belgische Religionspädagoge Herman Lombaerts nennt solche Konflikte „hermeneutische Knoten" (vgl. ROEBBEN, HUBERTUS: Theology Made in Dignity. On the Precarious Role of Theology in Religious Education, Leuven/u. a. (CT), 2016, 82–83).

Objekt und Methodik des Lernprozesses können so entstehen, wie oben erwähnt, aber sie sind ein Anlass dafür, dass die Kommunikation erneut und vertieft geführt und somit erneut und vertieft gelernt wird.[14] In der Forschungsarbeit von Theresa Schwarzkopf ist diese Komponente im Rahmen des kooperativen Lernens in der Form einer sogenannten Schreibkonferenz eingebracht worden.[15] In diesen bewusst geplanten Austauschmomenten „können die Konflikte [wegen Meinungsunterschieden, BR] intensiv bearbeitet werden bzw. gelöst werden. Die einzelnen Lerner werden gerade hier zu einem Perspektivwechsel herausgefordert, um miteinander an diesem Konflikt und dem Lerninhalt weiterdenken zu können."[16] Kinder und Jugendliche ko-kreieren dann intersubjektiv und flexibel in Zeit und Raum den Lernprozess, damit alle gemeinsam im Lernen vorankommen können.

Und was ist mit dem/der Lehrer/-in? Was tatsächlich in solchen kooperativen und aktivierenden Lernprozessen gelernt wird, kann man, laut Hilbert Meyer, „weder sehen, noch riechen, noch hören. Ein Lehrer hat lediglich eine begrenzte Sicht und einen begrenzten Einfluss auf das tatsächliche Lernen seiner Schüler: Er kann höchstens seine Unterrichtsstruktur an die voraussichtliche Lernstruktur der Schüler anpassen."[17] Er/Sie sollte sich wie ein Jazzmusiker[18] bei jedem Lerngegenstand und der dazu gehörenden methodischen Vorgehensweisen die Frage der „Gegenwarts- und Zukunftsbedeutsamkeit"[19] des Lerngegenstands in der Lebenswelt der Schüler/-innen stellen, damit der Gegenstand auch wirklich als Herausforderung – als „Anforderungssituation" im Jargon der Kompetenzorientierung – wahrgenommen und angenommen wird. Diese Idee war bereits am Anfang des 20. Jahrhunderts in den Werken von John Dewey in den Vereinigten Staaten präsent:

> "It thus becomes the office of the educator to select those things within the range of existing experience that have the promise and potentiality of presenting new

---

[14] Martin Rothgangel stützt sich diesbezüglich auf die Systemtheorie und zitiert Luhmann: „Differenzschema [sic!] enthalten […] immer ein Moment der Kontingenz. Das „andere" der Differenz, das „woraufhin" der Unterscheidung, muss gewählt werden und ist auch anders möglich. Man muss die Wahl des Beobachtungsschemas dem autopoetischen System des Beobachters überlassen" (ROTHGANGEL, MARTIN: Religionspädagogik in Dialog I. Disziplinäre und interdisziplinäre Grenzgänge, Stuttgart 2014, 283).

[15] Vgl. SCHWARZKOPF, THERESA: Vielfältigkeit denken. Wie Schülerinnen und Schüler im Religionsunterricht argumentieren lernen, Stuttgart 2016, 128–133.

[16] Ebd., 129.

[17] ROEBBEN: Schulen für das Leben, 131.

[18] Ebd., 82–83.

[19] WOLFGANG KLAFKI, zitiert in ROTHGANGEL, MARTIN: Religionspädagogik in Dialog I, 137.

problems which by stimulating new ways of observation and judgment will expand the area of further experience."[20]

Bei der Besprechung des ‚activity system' gemäß Geir Afdal wurde darauf hingewiesen, dass nicht nur Schüler/-innen und Lehrer/-innen (die Subjekte) während des ‚gelebten' Lernprozesses ‚in motion' sind, sondern dass auch der Inhalt des Gelernten (das Objekt) sich verändert. Dies wird klar und deutlich bestätigt in der Forschungsarbeit von Barbara Strumann.[21] Hier ist die Handlungsmacht der Sprache in den Klagepsalmen nicht nur ein didaktisches Designelement, welches gut zu den Adressaten (jungen Menschen mit emotionalen und sozialen Förderbedarf wegen Gewalterfahrungen) passt, sie eröffnet nicht lediglich neue Denkhorizonte, sondern auch ein neues Sprachspiel, das kognitiv, affektiv und konativ junge Menschen auch wirklich bewegen kann.[22] Die Bibel „donne à penser", sie gibt zu denken (Paul Ricoeur), und lädt die Lesenden und Lernenden ein, sie (hermeneutisch) neu und *anders* zu lesen und zu lernen. Die Psalmen der Bibel werden in der Forschung von Strumann nicht nur als Material für das Lernsetting angeboten, sondern von Jugendlichen in komplexen Lebens- und Erziehungsumständen selbst neu und anders verstanden und angeeignet. Die Psalmen der Schüler/-innen, die als Produkte des forschungsgeleiteten Unterrichts auftauchen, sind mehr als antizipierbare „learning outcomes". Sie müssen meiner Meinung nach als neue kleine Psalmentheologien von Jugendlichen betrachtet werden. Was dies für die Theologie bedeutet, wird im dritten Teil dieses Aufsatzes diskutiert. Als Fazit des zweiten Teils zitiere ich die amerikanische praktische Theologin Katherine Turpin, die mein Anliegen zugespitzt folgendermaßen formuliert:

> "The realities we study are not stable: the emergent dynamic inherent to contemporary religious communities and lived human experiences means they are always *in motion*. In practical theology, accounting for that remainder, the extent to which we do not know what is going on in any given practice or human experience is often only tentatively mentioned rather than thematized as a normative part of working at the intersection of theology and lived human experience. Rather than approaching this unknowable remainder as a failure of the discipline, we might

---

[20] JOHN DEWEY, zitiert in GHILONI, AARON: John Dewey among the Theologians, New York/u. a. 2012, 156.

[21] STRUMANN, BARBARA, Psalmen – Tiefe Lieder mit schweren Jungs. Religionsunterricht an einer Förderschule mit dem Förderschwerpunkt emotionale und soziale Entwicklung. In: PEMSEL-MAIER, SABINE/SCHAMBECK, MIRIAM (Hg.), *Inklusion?! Religionspädagogische Einwürfe,* Freiburg im Breisgau /u. a. 2014, 247–261.

[22] Ebd., 258: „Durch den Umgang mit Klagepsalmen und das Schreiben eigener Psalmen ist ein Sprachraum zum konstruktiven Umgang mit Gewalt entstanden. Die Arbeitsergebnisse, die aufgenommenen Gespräche und besonders auch die eigenen Psalmen der Schüler zeigen, dass der Umgang mit den individuellen Klagepsalmen überaus geeignet ist, diese Schülergruppe zu einer Reflexion von Gewalterfahrungen und ihrer eigenen Gewaltfantasien und Aggressionen anzuregen."

understand it as a marker of adequacy in attending to the uncontrollable multivocality of the local knowledges."[23]

3 Praktisch-theologische Horizonterweiterung

Bildung ist in ihrer Gesamtdarstellung (als Theorie, als Praxis und als Verflechtung von beidem) immer auch theologisch relevant und bedeutungsvoll. Wie Kinder und Jugendliche ihr Leben gestalten, wie sie durch Erziehung und Bildung heranwachsen, sagt auch etwas über Herkunft und Zukunft menschlicher Existenz und über die Auseinandersetzung des Menschen mit der Kontingenz des Lebens und mit der Sehnsucht nach ultimativer Vollkommenheit aus. Religionsdidaktische Entwicklungsforschung könnte in dieser Hinsicht etwas „offenbaren" über wie Kinder und Jugendliche in einem spätmodernen Kontext (von Traditionsabbruch und Religionsplural) ihre zerbrechliche und zugleich hoffnungsorientierte Sinnsuche auch im Rahmen des Religionsunterrichts ausdrücken und reflektieren können. Langfristig ist es dann die Aufgabe der praktischen Theologie, die Ergebnisse der religionsdidaktischen (z. B. Unterrichtsforschung) und religionspädagogischen (z. B. Kinder- und Jugendtheologie) Forschung zu sammeln, zu verdichten und kritisch-konstruktiv an die akademische und kirchliche Theologie zurückzuspielen. Damit setzt die praktische Theologie ein Zeichen, nämlich dafür, dass die Gesamttheologie (als *Objekt*) selbst immer in Bewegung ist, oder besser noch, immer von *Subjekten* (von Schüler/-innen und Lehrer/-innen) intersubjektiv bewegt wird. Theologie als „God-Talk" ist in den Händen von konkreten, lernenden Menschen, die sich mit Gott und Welt auseinandersetzen, immer ein „runaway object".[24] Dieses Geschehen würde ich als die „gelebte Theologizität" der religiösen Bildung bezeichnen.

Meiner Meinung nach lässt sich diese gelebte Theologizität, diese im Akt des Theologisierens gelebte Theologizität, auch dort wahrnehmen und erforschen, wo Jugendlichen und ihre Lehrenden *miteinander* im Religionsunterricht theologisch denken und handeln.[25] Damit weiche ich von der Meinung von Bernhard Dressler ab, der behauptet, dass der Religionsunterricht insgesamt theologisch bedeutungsvoll ist, aber die eigentliche Theologie nicht von den Schüler/-innen kommt, sondern von den Religionslehrer/-innen im Prozess „angetragen" wird. „Soll bei den Schülerinnen und Schülern die *religiöse*

---

[23] TURPIN, KATHERINE: The Complexity of Local Knowledge. In: MERCER, JOYCE/MILLER-MCLEMORE, BONNIE (Hg.): Conundrums in Practical Theology, Leiden/Boston, 2016, 250–275, hier: 271.
[24] Siehe Anm. 13.
[25] Vgl. ROEBBEN: Theology Made in Dignity, 86–93.

Orientierung gefördert werden, gehört bei den Religionslehrer/-innen *theologische* Urteilsfähigkeit dazu [...]. Es kommt darauf an, der gelebten Religion Selbstreflexions- und Artikulationsmöglichkeiten zuzusprechen, durch die sie an Konsistenz, Prägnanz und Kohärenz gewinnen kann. Genau darin ist m.E. die Theologizität der Religionspädagogik als Fach begründet [...]."[26]

Auch Friedrich Schweitzer schreibt den Jugendlichen die theologische Kompetenz des Theologisierens zu (im Gegensatz zu Dressler), jedoch bleibt hier das Theologisieren mit Jugendlichen stark lehrerzentriert. Der/Die Lehrer/-in „kontrolliert" das Unterrichtsgeschehen aufgrund von einer soliden theologischen Dogmatik. Theologie bekommt dann „eine praxisrekonstruktive Bedeutung, indem sie auf die Sichtweisen der Jugendlichen bezogen wird und deren weiterer Klärung dient [...]. Mit ihrer Hilfe [= der theologischen Dogmatik] wird es zunächst den Lehrkräften und in weiterem Gang des Unterrichts, so ist es zu hoffen, auch den Jugendlichen möglich, die Bedeutung bestimmter Argumentationsweisen zu identifizieren und ihre (in diesem Falle problematischen) Implikationen zu erkennen."[27] Der/die Lehrer/-in, so Friedrich Schweitzer, erklärt etwas und die Lernenden versuchen dann, zu verstehen. Der/die Lehrer/-in macht abduktiv-korrelativ „greifbar", was implizit bei den Lernenden an theologische Ideen anwesend ist.

Wirklich spannend wird es aber, wenn die Jugendlichen selbst mit ihrer Theologie zu Wort kommen dürfen. Dann kann die Theologie sich *in actu* realisieren, im konkreten Akt des Theologisierens als solcher, im Subjekt, das sich im „dreifachen Sprechen", im Dialog mit der Tradition/den Traditionen, mit anderen Lernenden und mit sich selbst als Lernende theologisch auseinandersetzt.[28] Heinz Streib meint:

> „Damit [...] die Gestaltung der eigenen Religiosität nicht blind geschieht oder in Unmündigkeit führt, ist Theologie als kritische Reflexion des Prozesses der diskursiven Aneignung notwendig. Überspitzt könnte man behaupten: Je radikaler

---

[26] DRESSLER, BERNHARD: Die Frankfurter Studie im Kontext empirischer Forschung zur Professionalität von Religionslehrkräften. In: HEIMBROCK, H.-G. (Hg.): Taking Position. Empirical Studies and Theoretical Reflections on Religious Education and Worldview, Münster/New York, 2016, 81–90, 86 [kursiv BR].

[27] SCHWEITZER, FRIEDRICH: Das Theologische der Religionspädagogik. Grundfragen und Herausforderungen. In: SCHLAG, THOMAS/SUHNER, JASMINE (Hg.): Theologie als Herausforderung religiöser Bildung. Bildungstheoretische Orientierungen zur Theologizität der Religionspädagogik, Stuttgart, 2017, 9–20, hier: 17.

[28] ROEBBEN: Schulen für das Leben, 96. Interessant ist in diesem Zusammenhang die Idee, mit „fremd-biografischen" Elementen zu arbeiten, die eine Brücke zwischen Tradition, Mitschüler/-innen und dem Selbst schlagen können, siehe BLANIK NICOLE: Wie Schülerinnen und Schüler Theodizeelösungsansätze mit fremd-biographischen Leidsituationen zusammendenken können. Fachdidaktische Entwicklungsforschung zum Thema Theodizee in der Sekundarstufe II., In: Religionspädagogische Beiträge 77 (2017) – im Erscheinen.

die Traditionsvergessenheit, desto notwendiger ist theologische Reflexion. Besondere Bedeutung für diesen Reflexionsprozess aber hat die Kommunikation interindividueller Differenzen in der gegenwärtigen Lebenswelt, in unserem Fall: der theologische Dialog zwischen den Jugendlichen selbst."[29]

Die religionsdidaktische Entwicklungsforschung kann zu diesem genuin theologischen Reflexionsprozess im Religionsunterricht beitragen, vorausgesetzt, dass sie Entwicklung wirklich ernst nimmt als eine (wie oben genannte) „dynamisch-intersubjektive Gestalt der Bedeutungsvergewisserung des Gelernten". Konkret impliziert dies, dass Religionslehrer/-innen Kinder und Jugendliche im Unterricht zum *Mit*-Theologisieren ermuntern, dass sie die religiösen Traditionen immer wieder entwicklungsorientiert *mit* den Lernenden erschließen, und so intersubjektiv untersuchen, wie die theologische Bedeutung der Tradition(en) auch heute „zu denken gibt".

Fazit

Am Anfang dieses Beitrags wurde die Dignität der Praxis und der dynamisch-interaktive Charakter des religiösen Lernens betont. Auch wurde darauf hingewiesen, dass religionsdidaktische Theoriebildung sich immer nur „lokal", das heißt kontextualisiert (Raum) und provisorisch (Zeit), durchsetzen kann. Im Rahmen dieses Beitrags habe ich diese Stellung religionsdidaktisch mit der Position von Geir Afdal erweitert und praktisch-theologisch anhand der Kinder- und Jugendtheologie reflektiert. Die religionsdidaktische Entwicklungsforschung kann meiner Meinung nach ihr „unentdecktes Potenzial"[30] wirklich zur Geltung bringen, wenn sie die Entwicklung in Zeit und Raum als „gelebte Entwicklung" verstehen würde, als eine Entwicklung die von Lernenden, Lehrenden und Forschenden gemeinsam empirisch untersucht, theoretisch reflektiert und *dialogisch* interpretiert wird.[31] Die praktisch-theologischen Überlegungen im letzten Teil dieses Aufsatzes haben hoffentlich dazu beigetragen, dieses Umdenken von Praxis und Forschung zu fördern. Die „unentscheidbaren Fragen" der religionsdidaktischen Praxis und Forschung[32] stimulieren das Bewusstsein, dass „Rationalität [...] sich nicht bloß auf die naturwissenschaftliche Erkenntnisrationalität [beschränkt], sondern [...] ebenso [verweist] auf

---

[29] STREIB, HEINZ: Jugendtheologie als narrativer Diskurs. In: SCHLAG, THOMAS, SCHWEITZER, FRIEDRICH/U. A., Jugendtheologie. Grundlagen – Beispiele – Kritische Diskussion, Neukirchen-Vluyn, 155–164, hier: 163.
[30] Siehe Anm. 2.
[31] Siehe Anm. 7.
[32] Siehe Anm. 23.

eine Handlungsrationalität, auf eine expressiv-ästhetische Rationalität genauso wie auf eine therapeutische und eben auch eine religiöse Rationalität."[33] Von solchem „hermeneutisch erzeugtem Orientierungswissen"[34] kann die didaktische Entwicklungsforschung insgesamt profitieren. Dementsprechend ist hermeneutische Demut gefragt, so Katherine Turpin:

> "Instead of a stance of control of all the details characteristic of the modernist task of description comparison starts from a place of humility and tentativeness. This need for modesty in what can be said across contexts may be one reason why attention to practice lacks legitimacy in the academy. Such a starting point conflicts with the performance of authoritative knowing that the academic voice of expertise demands."[35]

Die Dignität der Praxis sollte also als ultimativer hermeneutischer Maßstab für praktisch-pädagogische und praktisch-theologische Forschung gelten, was wiederum an die Ausgangsposition und somit den Beginn dieses Textes anknüpft.[36]

Literatur

AFDAL, GEIR: Researching Religious Education as Social Practice, Münster/New York, 2010.
BLANIK, NICOLE: Wie Schülerinnen und Schüler Theodizeelösungsansätze mit fremd-biographischen Leidsituationen zusammendenken können. Fachdidaktische Entwicklungsforschung zum Thema Theodizee in der Sekundarstufe II., In: Religionspädagogische Beiträge 77 (2017) – im Erscheinen.
DRESSLER, BERNHARD: Die Frankfurter Studie im Kontext empirischer Forschung zur Professionalität von Religionslehrkräften. In: HEIMBROCK H.-G. (Hg.): Taking Position. Empirical Studies and Theoretical Reflections on Religious Education and Worldview, Münster/New York 2016, 81–90.
FASSBENDER, DAVID: Voll schwer?! Bibeltexte in Leichter Sprache für den inklusiven Religionsunterricht. In: Katechetische Blätter 142 (2017), 277–280.
GHILONI, AARON: John Dewey among the Theologians, New York/u. a. 2012.
MEYER, HILBERT: Was ist guter Unterricht? Berlin [6]2009.
PITSCHMANN, CARINA: 1,2,3 …, Gott – Unendlichkeit als Sinn-Wissen im Religionsunterricht der Grundschule. In: KALLOCH, CHRISTINA/SCHREINER, MARTIN (Hg.): „Gott hat

---

[33] Franz Gruber, zitiert in PITSCHMANN, CARINA: 1,2,3 …, Gott – Unendlichkeit als Sinn-Wissen im Religionsunterricht der Grundschule. In: KALLOCH, CHRISTINA/SCHREINER, MARTIN (Hg.): „Gott hat das im Auftrag gegeben." Mit Kindern über Schöpfung und Welterstehung nachdenken, Stuttgart 2012, 159–175, hier 173–174.
[34] Jürgen Mittelstraß, zitiert in PITSCHMANN, CARINA: 1,2,3 …, Gott, 174.
[35] TURPIN, KATHERINE: The Complexity of Local Knowledge, 268.
[36] Ich danke Frau Katharina Welling, wissenschaftliche Mitarbeiterin am Lehrstuhl für Religionsdidaktik, für das sprachliche und inhaltliche Feedback zu meinen Überlegungen.

das im Auftrag gegeben." Mit Kindern über Schöpfung und Welterstehung nachdenken (Jahrbuch für Kindertheologie, Band 11), Stuttgart 2012, 159–175

REIS, OLIVER/SCHWARZKOPF, THERESA: Diagnostik im Religionsunterricht. Konzeptionelle Grundlagen und Praxiserprobungen, Berlin 2015.

ROEBBEN, BERT: Schulen für das Leben. Eine kleine Didaktik der Hoffnung, Stuttgart 2016.

ROEBBEN, BERT: Theology Made in Dignity. On the Precarious Role of Theology in Religious Education, Leuven/u. a. (CT) 2016.

ROTHGANGEL, MARTIN: Religionspädagogik in Dialog I. Disziplinäre und interdisziplinäre Grenzgänge, Stuttgart 2014.

SCHWARZKOPF, THERESA: Vielfältigkeit denken. Wie Schülerinnen und Schüler im Religionsunterricht argumentieren lernen, Stuttgart 2016.

SCHWEITZER, FRIEDRICH: Das Theologische der Religionspädagogik. Grundfragen und Herausforderungen. In: SCHLAG, THOMAS/SUHNER, JASMINE (Hg.): Theologie als Herausforderung religiöser Bildung. Bildungstheoretische Orientierungen zur Theologizität der Religionspädagogik, Stuttgart, 2017 9–20.

STREIB, HEINZ: Jugendtheologie als narrativer Diskurs. In: SCHLAG, THOMAS/U. A., Jugendtheologie. Grundlagen – Beispiele – Kritische Diskussion, Neukirchen-Vluyn, 155–164.

STRUMANN, BARBARA: Psalmen – tiefe Lieder mit schweren Jungs: Religionsunterricht an einer Förderschule mit dem Förderschwerpunkt emotionale und soziale Entwicklung. In: PEMSEL-MAIER, SABINE/SCHAMBECK, MIRIAM (Hg.), Inklusion?! Religionspädagogische Einwürfe, Freiburg im Breisgau/u. a. 2014, 247–261.

TURPIN, KATHERINE: The Complexity of Local Knowledge, in Conundrums in Practical Theology. In: MERCER, JOYCE/MILLER-MCLEMORE, BONNIE (Hg.): Conundrums in Practical Theology, Leiden/Boston 2016, 250–275.

Religionsdidaktische Entwicklungsforschung. Kommentar zu Chancen und Grenzen eines Forschungsformats

Susanne Prediger

1. Charakteristika des im Sammelband gewählten Modells von Design-Research

Entwicklungsforschung bzw. Design-Research ist ein Forschungsformat von national und international zunehmender Bedeutung, das überall dort geschätzt wird, wo zwei zentrale Ziele von Wissenschaft kombiniert werden sollen:

- *Ziel A:* Entwicklung (das Design) von Lehr-Lern-Arrangements einerseits und
- *Ziel B:* Gewinnung tiefer Einsichten und Theoriebeiträge über die Lehr-Lern-Prozesse.

Seit Anfang der 1990er Jahre wurde diese Dualität der Ziele zunehmend betont[1] und Forschungsformate entwickelt, die beide Ziele *miteinander vereinen* statt nur im Sinne einer Methodenpluralität *nebeneinander zuzulassen.* Inzwischen liegen umfassende Erfahrungen für unterschiedliche Ausprägungen von Design-Research vor.[2] Die Breite der möglichen Ausprägungen dokumentiert auch ein Sammelband mit 51 Beispielen von Design-Research-Studien aus vielen unterschiedlichen erziehungswissenschaftlichen und fachdidaktischen

---

[1] Vgl. ARTIGUE, M.: Didactical engineering. In: DOUADY, R./ MERCIER, A. (Hg.): Recherches en Didactique des Mathématiques. Selected papers, Grenoble 1992, 41–70.; BROWN, A.L.: Design experiments: Theoretical and methodological challenges in creating complex interventions in classroom settings. In: The Journal of the Learning Sciences 2 (2/1992), 141-178; COBB, P./CONFREY, J./DISESSA, A./LEHRER, R./SCHAUBLE, L.: Design experiments in education research. In: Educational Researcher 32(1/2003), 9–13.

[2] Vgl. bzgl. verschiedener Priorisierungen charakterisiert durch VAN DEN AKKER, J./GRAVEMEIJER, K./MCKENNEY, S./NIEVEEN, N. (Hg.): Educational Design Research, London 2006; zugespitzt in PREDIGER, S./GRAVEMEIJER, K./CONFREY, J.: Design research with a focus on learning processes – an overview on achievements and challenges. In: ZDM - Mathematics Education 47(6/2015), 877–891.

Teildisziplinen.[3] Alle Ansätze von Entwicklungsforschung teilen dabei fünf Charakteristiken:

(1) *interventionistisch*, d.h. die Forschung greift aktiv in das Unterrichtsgeschehen ein, statt es nur zu analysieren;
(2) *theoriebildend*, d.h. Ziel ist nicht nur die Entwicklung von Designs, sondern auch von Theoriebeiträgen zu einer Theorie des Lehrens und Lernens zu gelangen;
(3) *vor und nach den Designexperimenten reflektierend*, denn gerade im Abgleich von (theoretisch fundierten) intendierten Wirkungen des Designs in Lehr-Lernprozessen und (empirisch erhobenen) tatsächlich realisierten Lehr-Lernprozessen liegt der Ausgangspunkt für die Weiterentwicklung der Theorie und des konkreten Designs;
(4) *iterativ*, denn erst durch mehrmaliges Durchlaufen der Designexperimentzyklen entsteht die notwendige Qualität des Designs und die gebotene Tiefe der Theoriebeiträge; und
(5) *praxisorientiert und ökologisch valide*, d.h. es wird die Komplexität des Unterrichtsgeschehens nicht für Forschungszwecke zu sehr reduziert.

Innerhalb dieses gemeinsamen Rahmens gibt es große Unterschiede in den Design-Research-Projekten, sowohl in den konkreten Zielen, Arten von Ergebnissen, Größenordnungen (Einzelaufgabe oder Unterrichtseinheit oder ganzes Curriculum?), als auch in den konkreten Foki der Theoriebildung und Analyse, die sich auf ganz unterschiedliche Detailphänomene beziehen lassen kann.

Die Arbeiten des vorliegenden Bandes sind entstanden im Rahmen eines spezifischen Modells, und zwar dem FUNKEN-Modell für Fachdidaktische Entwicklungsforschung.[4] Es wurde entwickelt im Dortmunder Forschungs- und Nachwuchskolleg FUNKEN, in dem seit 2010 neun Fachdidaktiken (der Fächer Mathematik, Chemie, Biologie, Sport, Musik, Deutsch, Englisch, Religion und Philosophie) kooperieren. Als Mitglied des FUNKEN-Leitungs-Teams hatte ich – obwohl eigentlich aus der Mathematikdidaktik stammend – das Privileg, die verschiedensten Arbeiten der verschiedenen Fachdidaktiken

---

[3] Vgl. PLOMP, T./NIEVEEN, N. (Hg.): Educational design research, Enschede 2013.
[4] PREDIGER, S./LINK, M./HINZ, R./HUßMANN, S./THIELE, J./RALLE, B.: Lehr-Lernprozesse initiieren und erforschen – Fachdidaktische Entwicklungsforschung im Dortmunder Modell. In: Der mathematische und naturwissenschaftliche Unterricht, 65 (8/2012), 452–457; HUßMANN, S./THIELE, J./HINZ, R./PREDIGER, S./RALLE, B.: Gegenstandsorientierte Unterrichtsdesigns entwickeln und erforschen - Fachdidaktische Entwicklungsforschung im Dortmunder Modell. In: KOMOREK, M./PREDIGER, S. (Hg.): Der lange Weg zum Unterrichtsdesign: Zur Begründung und Umsetzung genuin fachdidaktischer Forschungs- und Entwicklungsprogramme, Münster/u.a. 2013, 19-36.

zu begleiten und kenne aus diesem Kontext auch die Arbeiten der Autor/-innen.

Das FUNKEN-Modell hat zwei weitere Charakteristika für seine spezifische Ausrichtung formuliert: Design-Research im FUNKEN-Modell ist stets

(6) *gegenstandsorientiert,* d.h. in Abgrenzung zu rein erziehungswissenschaftlichen Design-Research-Projekten wird die fachdidaktische (Re-)Konstruktion des Lerngegenstands in den Mittelpunkt gerückt (und die Spezifizierung und Strukturierung des Lerngegenstands daher als eigener Arbeitsbereich ausgewiesen, dies kommt in anderen Modellen nur impliziter vor);
(7) *prozessfokussierend,* d.h. es stehen die Lehr-Lernprozesse selbst, nicht nur Zwischenprodukte, im Fokus der Analysen.

Im Folgenden soll an Beispielen aus diesem Sammelband aufgezeigt werden, was die spezifischen Stärken, aber auch Grenzen dieser Charakteristika sind.

2 Charakteristika in Aktion

2.1 *Iterative Entwicklung ermöglicht substantielle Designs von Lehr-Lern-Arrangements*

Jedes der in den Beiträgen vorgestellten Projekte zeigt, dass es sich lohnt, nicht nur Lernendenvorstellungen und -kompetenzen empirisch zu erheben, sondern auch in das Designen und iterative Redesignen von Lehr-Lern-Arrangements zu investieren (*Charakteristiken interventionistisch und iterativ*). Erst im zweiten oder dritten Zyklus werden (so unsere generelle Erfahrung über alle Fächer hinweg), die Lehr-Lern-Arrangements so treffsicher, dass man die intendierten Lehr-Lern-Prozesse damit wirklich anstoßen kann. Der Sammelband dokumentiert, dass sich diese Mühe lohnt, denn herausgekommen sind eindrucksvolle Beispiele:

- Mehrperspektivische Auseinandersetzung mit Auferstehungskonzepten anhand von Romanen, die Lernende befähigt, Auferstehung theologisch zu argumentieren (Theresa Schwarzkopf)
- Psalmendidaktisches Lehr-Lern-Arrangement zum Finden einer Sprache über Gewaltverflochtenheit für Jugendliche mit Förderbedarf emotionale und soziale Entwicklung (Barbara Strumann)
- Beurteilen Lernen von Theodizee-Erklärungstheorien im Horizont von authentischen Anforderungssituationen (Nicole Blanik)

- Eigene Auferstehungsvorstellungen in Auseinandersetzung mit einem Kunstwerk entwerfen (Claudia Gärtner)
- Zugänge zum Gleichnisverständnis in heterogenen Lerngruppen entwickeln (David Faßbender)

Die Vielfalt der religionsdidaktischen Themen, Zielgruppen (von Förderschule bis zur gymnasialen Oberstufe) und didaktischen Angriffspunkte (Psalm als Medium, Jugendromane oder Kunstwerke als Medien, alltagspraktische Handlungssituationen, usw.) zeigt, wie das Forschungsformat in ganz verschiedenen Konstellationen ermöglicht, substantielle, kognitiv aktivierende und jeweils die subjektive Bezugnahme berücksichtigende Lehr-Lern-Arrangements zu entwickeln. Die dabei entstandenen religionsdidaktischen Lehr-Lern-Arrangement haben mich (als Fachfremde) sowohl in der Tiefe der angestoßenen Reflexion als auch der Konsequenz der Subjektbezüge immer wieder beeindruckt.

2.2 Andere Theoriebildungs-Beiträge möglich als bei nicht- interventionistischen Erhebungen von Lernständen

Jenseits des praktischen Nutzens zeigt jede der in den Beiträgen knapp vorgestellten Entwicklungsforschungsarbeiten (die in den Dissertationen ausführlicher nachzulesen sind), dass gerade erst durch die gezielte Anregung von Lehr-Lern-Prozessen ihre Beforschung auf anderen Ebenen möglich wird.

- So ermöglicht zum Beispiel die Analyse der von Theresa Schwarzkopf angeregten Lernprozesse, nicht nur mehrperspektivisches Denken (in Bezug auf Auferstehungsvorstellungen) als Lernziel auszuformulieren, sondern auch empirisch die möglichen Lernwege hin zur Mehrperspektivität nachzuzeichnen. Es gelingt aufzuzeigen, wie die Kompetenz des theologischen Argumentierens didaktisch aufgebrochen werden muss, damit Lernende diese sukzessive erlernen können. Damit leistet dieses Projekt einen wichtigen Beitrag, um Lernende zum reflektierten Umgang mit Pluralität und Mehrperspektivität zu befähigen.
- Die Arbeit von Nicole Blanik zeigt nicht nur, *dass* Reflexionen über Theodizee-Vorstellungen angestoßen werden können, sondern auch *wie* dies gerade durch die Situierung in einer alltagspraktisch bedeutsamen Anforderungssituation erfolgen kann. Die Arbeit bietet dadurch einen substantiellen Theoriebeitrag, inwiefern die in der Kompetenzorientierung präferierte Arbeit mit Anforderungssituationen das Beurteilenlernen fördert. Zugleich entwickelt sie empirisch fundierte Theoriebeiträge zu den Grenzen der Arbeit mit Anforderungssituationen.

Beide Beispiele sind insofern typisch für das FUNKEN-Modell, als sie nicht nur allgemeindidaktisches, fachübergreifendes Wissen zu didaktischen Prinzipien und Gestaltungsmerkmalen von Lehr-Lernarrangements vertiefen: Darüber hinaus bringen sie – und das ist FACHdidaktisch zentral – empirisch fundiertes fachspezifisches, ja sogar gegenstandsspezifisches Wissen (*Charakteristikum gegenstandsorientiert*) über die Lerngegenstände Mehrperspektivität und Argumentieren von Auferstehungsvorstellungen und Situierung von Theodizee-Vorstellungen hervor. Typisch sind Beiträge zur gegenstandspezifischen Theoriebildung im Hinblick auf typische Verläufe und Hürden von Lernprozessen, aber auch von Wirkungsweisen und Gelingensbedingungen bestimmter gegenstandsspezifischer Design-Elemente.[5] Dazu ist – insbesondere bei Einnahme einer sozialkonstruktivistischen lehr-lerntheoretischen Grundpositionierung – die Mikroanalyse ausgewählter Lernprozesse von besonderer Bedeutung[6] (*Charakteristikum prozessorientiert*). Die Arbeiten zeigen insbesondere auch, wo die Analyse von Schriftprodukten der Lernenden die Prozesse nur begrenzt gut wiedergeben, so dass vertiefte Videoanalysen wichtig werden.

2.3 Gegenstandskonstituierung unter Berücksichtigung subjektiver Perspektiven durch empirisch fundierte Spezifizierung des Lerngegenstands

Bert Roebben wirft in seinem Kommentar die Frage auf, inwiefern es im Fach Religion einen eng umgrenzten, statischen Lerngegenstand überhaupt geben kann. Barbara Strumann und Claudia Gärtner zeigen in ihren Beiträgen interessante Richtungen für Antworten auf: Ein religionsdidaktischer Lerngegenstand besteht nicht allein aus den Konstrukten der Bezugsdisziplin oder der Religion, sondern konstituiert sich gerade durch die Auseinandersetzung mit den individuellen Perspektiven. Die empirische Beforschung von Lehr-Lern-Prozessen kann einen substantiellen Beitrag dazu leisten, die Gegenstandskonstitution unter Berücksichtigung subjektiver Perspektiven zu fundieren: Bei Barbara Strumann sind es nicht die Psalmen über Gewalt, die den Lerngegenstand ausmachen, sondern die Beschäftigung mit den eigenen aktiven und passiven Gewalterfahrungen mit Hilfe der Psalmen.

---

[5] Vgl. PREDIGER, S./LINK, M./HINZ, R./HUßMANN, S./THIELE, J./RALLE, B. 2012.
[6] Vgl. GRAVEMEIJER, K./COBB, P.: Design research from a learning design perspective. In: VAN DEN AKKER, J./GRAVEMEIJER, K./MCKENNEY, S./NIEVEEN, N. (Hg.): Educational Design Research, London 2006, 45–85, PREDIGER, S./GRAVEMEIJER, K./CONFREY, J.: 2015, 877–891.

Auch wenn die Berücksichtigung subjektiver Perspektiven in der Religionsdidaktik besonders wichtig zu sein scheint, ist sie doch für JEDE Fachdidaktik hoch bedeutsam und prägt auch zum Beispiel die mathematikdidaktische Gegenstandskonstituierung.

Ein zentrales Missverständnis vieler Nicht-Fachdidaktiker ist nämlich, dass der Lerngegenstand im Fachunterricht durch die Fachdisziplin gegeben ist und sich Didaktik nicht mehr um das WAS, sondern nur noch um das WIE zu kümmern habe, also darum, wie ein Lerngegenstand vermittelt wird.

Doch Klafki hat dem bereits früh entgegengesetzt, dass die Gegenstandskonstituierung immer auch normative, nämlich bildungstheoretische Überlegungen einschließen muss, und dass ein Lerngegenstand unter Berücksichtigung der Bedeutung für das Subjekt und die Gesellschaft zu konstituieren ist.[7]

Aus Perspektive der Humanistischen Psychologie formulierte dies auch Ruth Cohn, wenn sie den Übergang vom Inhalt zum Thema in der Themenzentrierten Interaktion (TZI) gerade dadurch charakterisiert, dass das Thema die subjektiven Perspektiven mit einschließen muss.[8] „Gegenstand" im Sinne des FUNKEN-Modells wäre als das „Thema" aus der TZI.

Kattmann und Gropengießer schlossen sowohl an die bildungstheoretischen Arbeiten der Allgemeinen Didaktik als auch (vermutlich eher implizit) an die Humanistische Psychologie an,[9] als sie zur zentralen Aufgabe der von ihnen begründeten Didaktischen Rekonstruktion erklärten, die Lerngegenstände durch Bezugsetzung von fachlichen und subjektiven Perspektiven zu konstituieren.[10] Sie waren eine der ersten, die aufzeigten, welche Bedeutung dabei empirische Forschung spielen kann: Die Erhebung von individuellen Lernendenperspektiven gilt im Forschungsprogramm der Didaktischen Rekonstruktion als Ausgangspunkt für die Gegenstandskonstituierung, indem fachliche und subjektive Perspektiven systematisch aufeinander bezogen und geeignete mehrperspektivische Zugänge gesucht werden, selbst für naturwissenschaftliche und mathematische Inhalte. In diesem Sinne der Didaktischen Rekonstruktion[11] wird auch im Design-Research im FUNKEN-Modell die

---

[7] Vgl. KLAFKI, W.: Didaktische Analyse als Kern der Unterrichtsvorbereitung. Die Deutsche Schule 50 (1/1958), 450–471.

[8] Vgl. COHN, R.C./FARAU, A: Gelebte Geschichte der Psychotherapie: Zwei Perspektiven. Stuttgart 1995, 364.

[9] Vgl. KATTMANN, U./GROPENGIEßER, H.: Modellierung der didaktischen Rekonstruktion. In: DUIT, R./RHÖNECK, C. v. (Hg.): Lernen in den Naturwissenschaften, Kiel 1996, 180-204.

[10] Vgl. die bildungstheoretischen Bezüge bei KATTMANN, U./DUIT, R./GROPENGIEßER, H./KOMOREK, M.: Das Modell der Didaktischen Rekonstruktion - Ein Rahmen für naturwissenschaftsdidaktische Forschung und Entwicklung. In: Zeitschrift für Didaktik der Naturwissenschaften 3 (3/1997), 3-18.

[11] Im Sinne von KATTMANN, U./DUIT, R./GROPENGIEßER, H./KOMOREK, M. 1997.

Analyse von Lernständen und Lernprozessen genutzt, um das Verständnis vom Lerngegenstand auszuweiten und subjektive Perspektiven einzubeziehen. Der Einbezug subjektiver Perspektiven in die Gegenstandskonstitution ist also kein Spezifikum der Religionsdidaktik, sondern für alle Fächer relevant (wenn auch vermutlich in geringerem Maße als in der Religionsdidaktik). Die Beispiele von Claudia Gärtner und Barbara Strumann zeigen eindrucksvoll, was ein empirischer Zugang für eine solche subjektorientierte Gegenstandskonstituierung beitragen kann, wie also die Spezifizierung des Lerngegenstands durch die Design-Experimente befördert werden kann.[12]

- So war zum Beispiel in Barbara Strumanns Promotionsprojekt von Beginn an klar, dass es um Psalmen und Gewalt gehen sollte, dass aber die Psalmen insbesondere die Sprache für die Auseinandersetzung mit Gewaltverflochtenheit liefern und gerade darin ihre wertvolle Rolle liegen kann, wurde erst durch die Empirie herausgearbeitet.
- David Faßbenders Projekt ging von der These aus, dass in heterogenen Lerngruppen die Arbeit mit Gleichnissen durch eine Bibelübersetzung in leichter Sprache gefördert werden könne und dass somit die Lernschwierigkeiten auf der syntaktischen und semantischen Ebene anzusetzen seien. Empiriegestützt konnten hingegen Lernschwierigkeiten auf der Symbolebene ausgemacht werden und somit der Lerngegenstand entsprechend breiter spezifiziert werden.

Diese immense Chance des Forschungsformats betone ich deshalb, weil sie meines Erachtens eine der zentralen Gründe ist, alte Gräben zwischen epistemologischen bzw. hermeneutischen Zugängen einerseits und empirischen Zugängen andererseits zu überwinden und die Chancen der Empirie auch für die Gegenstandskonstitution konsequenter zu nutzen.

---

[12] Vgl. PREDIGER 2005.

3 Grenzen der Entwicklungsforschungsstudien und mögliche Anschluss-Studien

3.1 Prozessbezogene Lernwirkungen belegen noch keine nachhaltige Lernwirksamkeit

Kein Forschungsformat kann alle relevanten Forschungsfragen bearbeiten, dies gilt natürlich auch für Design-Research. Eine zentrale Grenze im Hinblick auf Belege für das Funktionieren der intendierten Wirkungen des Lehr-Lern-Arrangements liegt darin, dass die qualitative Rekonstruktion von Wirkungen innerhalb des Lernprozesses noch keine Rückschlüsse darüber erlaubt, ob nur erste fruchtbare Reflexionsprozesse angestoßen wurden oder nachhaltig etwas gelernt wurde.

Der Nachweis von nachhaltiger Lernwirksamkeit lässt sich innerhalb des Forschungsformats des Design-Research nicht erbringen. Dafür sind zum Beispiel Interventionsstudien im klassischen Forschungsdesign der experimentellen Psychologie notwendig, d.h. im quasiexperimentellen Prä-Post-Kontrollgruppen-Design.

Für einige Design-Research-Studien (in denen prozessbezogene Wirkungen aufgezeigt wurden) macht es durchaus Sinn, eine Interventionsstudie anzuschließen (in der auch quantitativ Wirksamkeit nachgewiesen wird), im besten Fall sogar innerhalb einer Dissertation.[13] In der Religionsdidaktik bin ich jedoch – als Fachfremde – durchaus skeptisch, ob die Subtilität und Subjektivität der individuell geprägten Lerngegenstände überhaupt mit standardisierten Instrumenten nach Standards der experimentellen Psychologie messbar wären. Auf keinen Fall sollte eine Verflachung der Lerngegenstände erfolgen, nur um sie messbar zu machen.

Statt dessen plädiere ich dafür, den Wert der Rekonstruktionen prozessbezogener Lernwirkungen als notwendige (wenn auch nicht hinreichende) Bedingung deutlich anzuerkennen: Wo nicht einmal während des Lehr-Lern-Prozesses selbst eine prozessbezogene Wirkung erzeugt werden kann, können sich nachhaltige Lernzuwächse auch nicht einstellen (notwendige Bedingung). Das bedeutet noch lange nicht, dass jeder, der einmal im Diskussionsprozess mehrperspektivisch argumentiert, diese Kompetenz auf Dauer erworben hat (die hinreichende Bedingung ist also nicht automatisch mit gegeben). Doch Lehr-Lern-Arrangements zunächst im Hinblick auf die prozessbezogenen situativen Wirkungen zu optimieren, schafft dennoch wichtige erste Grundlagen, deren empirische Bearbeitung unbedingt lohnend ist, auch wenn der

---

[13] Vgl. z.B. PÖHLER, B.: Konzeptuelle und lexikalische Lernpfade und Lernwege zu Prozenten - Eine Entwicklungsforschungsstudie, Dortmund (Dissertation) 2017.

zweite Schritt nicht noch Anschlussstudien erfordert. Auch hier muss die Religionsdidaktik keine Alleinstellung beanspruchen, dies gilt in allen Fachdidaktiken.

3.2 Design von Prototypen allein entfaltet keine Wirkung in der Unterrichtspraxis

Der sehr lesenswerte einleitende Artikel dieses Sammelbandes führt in die Möglichkeiten von Design-Research ein, indem er die Notwendigkeit betont, dass Didaktik auch *praxisrelevant* werden muss. Dem ist unbedingt zuzustimmen, und auch die Erfahrungen in anderen Fächern zeigen, dass es gelingen kann, einen echten Impact in der Praxis zu erzeugen.

Gleichwohl möchte ich vor allzu großem Optimismus explizit warnen, dass jedes entwickelte Lehr-Lern-Arrangement sich direkt in Praxis bewähren wird. Was in einem Entwicklungsforschungsprojekt entsteht, ist meistens erst ein Prototyp, der noch nicht unbedingt unter Alltagsbedingungen jeden Unterrichts lauffähig ist; Burkhardt beschreibt diese zusätzliche Anforderung als die des *robusten Designs*, in dem viele Subtilitäten abgeschliffen und die Ansätze auf ihren Kern konzentriert werden müssen. Dies gelingt in der Regel nicht innerhalb eines Projektes, sondern braucht auch die Einbeziehung vieler Lehrerinnen und Lehrer.[14]

Im Idealfall beziehen sich diese Implementationsstudien nicht nur auf das Robustmachen des Materials, sondern auch auf die Professionalisierungsprozesse der Lehrkräfte, die sich nicht nur das Unterrichtskonzept, sondern natürlich auch die Kernelemente der begleitend gebildeten Theorie zu eigen machen müssen. Dies erfordert oft weitere Schleifen von Design-Research, dann mit Blick auf Lehrkräfte. Auch diese sind unbedingt lohnenswert, wie Erfahrungen in anderen Fächern zeigen.

Insgesamt wird mit diesem Sammelband ein wichtiger erster Schritt vorgelegt, um ein vielfach bewährtes Forschungsformat in eine weitere Fachdidaktik-Disziplin zu tragen. Ich wünsche ihm innerhalb und außerhalb der Religionsdidaktik viele Nachahmer!

---

[14] BURKHARDT, H.: From design research to large-scale impact. Engineering research in education. In: VAN DEN AKKER, J./GRAVEMEIJER, K./MCKENNEY, S./NIEVEEN, N. (Hg.): Educational Design Research, London 2006, 121-150 zeigt, wie dies möglich ist.

Literatur

VAN DEN AKKER, J./GRAVEMEIJER, K./MCKENNEY, S./NIEVEEN, N. (Hg.): Educational Design Research, London 2006.
ARTIGUE, M.: Didactical engineering. In: DOUADY, R./MERCIER, A. (Hg.): Recherches en Didactique des Mathématiques. Selected papers, Grenoble 1992, 41–70.
BARAB, S./SQUIRE, K.: Design-based research: Putting a stake in the ground. In: Journal of the Learning Sciences 13(1/2004),1 -14.
BROWN, A.L.: Design experiments: Theoretical and methodological challenges in creating complex interventions in classroom settings. In: The Journal of the Learning Sciences 2 (2/1992), 141-178.
BURKHARDT, H.: From design research to large-scale impact. Engineering research in education. In: VAN DEN AKKER, J./GRAVEMEIJER, K./MCKENNEY, S./NIEVEEN, N. (Hg.): Educational Design Research, London 2006, 121-150.
COBB, P./CONFREY, J./DISESSA, A./LEHRER, R./SCHAUBLE, L.: Design experiments in education research. In: Educational Researcher 32(1/2003), 9–13.
COHN, R.C./FARAU, A: Gelebte Geschichte der Psychotherapie: Zwei Perspektiven. Stuttgart 1995.
GRAVEMEIJER, K./COBB, P.: Design research from a learning design perspective. In: VAN DEN AKKER, J./GRAVEMEIJER, K./MCKENNEY, S./NIEVEEN, N. (Hg.): Educational Design Research, London 2006, 45–85.
HUßMANN, S./THIELE, J./HINZ, R./PREDIGER, S./RALLE, B.: Gegenstandsorientierte Unterrichtsdesigns entwickeln und erforschen - Fachdidaktische Entwicklungsforschung im Dortmunder Modell. In: KOMOREK, M./PREDIGER, S. (Hg.): Der lange Weg zum Unterrichtsdesign: Zur Begründung und Umsetzung genuin fachdidaktischer Forschungs- und Entwicklungsprogramme, Münster/u.a. 2013, 19-36.
KATTMANN, U./GROPENGIEßER, H.: Modellierung der didaktischen Rekonstruktion. In: DUIT, R./RHÖNECK, C. V. (Hg.): Lernen in den Naturwissenschaften, Kiel 1996, 180-204.
KATTMANN, U./DUIT, R./GROPENGIEßER, H./KOMOREK, M.: Das Modell der Didaktischen Rekonstruktion - Ein Rahmen für naturwissenschaftsdidaktische Forschung und Entwicklung. In: Zeitschrift für Didaktik der Naturwissenschaften 3 (3/1997), 3-18.
KLAFKI, W.: Didaktische Analyse als Kern der Unterrichtsvorbereitung. Die Deutsche Schule 50 (1/1958), 450–471.
PLOMP, T./NIEVEEN, N. (Hg.): Educational design research, Enschede 2013.
PÖHLER, B.: Konzeptuelle und lexikalische Lernpfade und Lernwege zu Prozenten - Eine Entwicklungsforschungsstudie, Dortmund (Dissertation) 2017.
PREDIGER, S.: „Auch will ich Lernprozesse beobachten, um besser Mathematik zu verstehen." Didaktische Rekonstruktion als mathematikdidaktischer Forschungsansatz zur Restrukturierung von Mathematik. In: Mathematica Didactica, 28 (2/2005), 23-47.
PREDIGER, S./GRAVEMEIJER, K./CONFREY, J.: Design research with a focus on learning processes – an overview on achievements and challenges. In: ZDM - Mathematics Education 47(6/2015), 877-891.
PREDIGER, S./LINK, M./HINZ, R./HUßMANN, S./THIELE, J./RALLE, B.: Lehr-Lernprozesse initiieren und erforschen – Fachdidaktische Entwicklungsforschung im Dortmunder Modell. In: Der mathematische und naturwissenschaftliche Unterricht, 65 (8/2012), 452–457.

Verzeichnis der Autor/-innen

Nicole Blanik ist wissenschaftliche Mitarbeiterin am Forschungs- und Nachwuchskolleg FUNKEN an der Technischen Universität Dortmund.

David Faßbender ist wissenschaftlicher Mitarbeiter am Forschungs- und Nachwuchskolleg FUNKEN an der Technischen Universität Dortmund.

Prof. Dr. Claudia Gärtner ist Professorin für Praktische Theologie und Religionspädagogik am Institut für Katholische Theologie und im Leitungsteam des Forschungs- und Nachwuchskolleg FUNKEN an der Technischen Universität Dortmund.

Prof. Dr. Susanne Prediger ist Professorin für Grundlagen der Mathematikdidaktik am Institut für Erforschung und Entwicklung des Mathematikunterrichts und im Leitungsteam des Forschungs- und Nachwuchskolleg FUNKEN an der Technischen Universität Dortmund.

Prof. Dr. Hubertus Roebben ist Professor für Religionspädagogik an der Katholisch-Theologischen Fakultät der Universität Bonn.

Dr. Theresa Schwarzkopf ist wissenschaftliche Mitarbeiterin am Institut für Katholische Theologie der Universität Paderborn und ehemalige Stipendiatin im Forschungs- und Nachwuchskolleg FUNKEN der Technischen Universität Dortmund.

Dr. Barbara Strumann ist Lehrerin für Sonderpädagogik, Fachleiterin und Fachberaterin für die Fachrichtung emotionale und soziale Entwicklung und ehemalige Kollegiatin im Forschungs- und Nachwuchskolleg FUNKEN der Technischen Universität Dortmund.